U0453232

Research on Empowered Action
of Community Residents' Autonomy

社区居民自治的赋权式行动研究

许宝君　著

中国社会科学出版社

图书在版编目(CIP)数据

社区居民自治的赋权式行动研究 / 许宝君著. --
北京：中国社会科学出版社, 2025. 1. -- ISBN 978-7-
5227-4485-8

Ⅰ. D638

中国国家版本馆 CIP 数据核字第 2024VK6771 号

出 版 人	赵剑英
责任编辑	郭如玥
责任校对	周　昊
责任印制	郝美娜

出　　　版	中国社会科学出版社
社　　　址	北京鼓楼西大街甲 158 号
邮　　　编	100720
网　　　址	http：//www.csspw.cn
发 行 部	010-84083685
门 市 部	010-84029450
经　　　销	新华书店及其他书店

印刷装订	北京君升印刷有限公司
版　　次	2025 年 1 月第 1 版
印　　次	2025 年 1 月第 1 次印刷

开　　本	710×1000　1/16
印　　张	17
插　　页	2
字　　数	288 千字
定　　价	98.00 元

凡购买中国社会科学出版社图书，如有质量问题请与本社营销中心联系调换
电话：010-84083683
版权所有　侵权必究

内容提要

社区居民自治是城市基层群众自治制度的核心，是基层民主实践的有效形式和路径。从1989年颁布《中华人民共和国城市居民委员会组织法》算起，社区居民自治已经开展了30年，但自治效果却不尽如人意，甚至陷入了内卷化的困境。究其原因，其根源在于居民权力的缺失，即行动权和决定权的缺失。回顾历史发现，社区建设从单向度的行政控制阶段向多向度的政社合作阶段转变过程中，尽管多元主体开始参与社区治理，社区公共权力也有所转移，但从未落入居民手中，居民一直处于"缺权"状态。因此，推进居民自治的关键在于赋权居民，即把社区公共事务的决定权和行动权交给居民，不断增强居民自我行动的能力。

纵观社区居民自治研究历程，其经历了从"价值—制度"范式到"结构—功能"范式，再到"条件—形式"范式的转变，但其都只聚集于居民自治外部的制度、结构和条件，是一种静态研究，而没有就居民如何自我组织起来自我行动起来提供更多解释和操作性的路径。鉴于此，本书构建了"流程—行动"范式，即围绕居民自我行动的要素建立可操作的流程，根据流程再采取针对性的行动，试图跳出制度主义的泥淖，进而转向行动研究，着眼于居民自治内部要素的挖掘和行动路径的构建。

流程式赋权是"流程—行动"范式的产物，是社区居民自治理论的突破。流程式赋权包含四个阶段的赋权，整个流程都是围绕"如何使居民自我行动起来"这一中心议题展开。第一个阶段是组织赋权，即赋予居民自我建立组织的自主权，让原子化的居民再组织起来，让居民在组织中获得身份和功能，以组织为载体推进自治，积累社会资本，并重构自治单元。第二个阶段是规则赋权，即赋予居民自我制定公约的自主权，使居民公约成为民意的合约，进而让居民在规则的指引下实施行动，发挥公约的认同和约束效力，避免"搭便车"和"机会主义"行为。第三个阶段是心理赋权，即赋予居民自我制定激励机制的自主权，让居民内心真正能够感受到参与带来的回报和价值，在此基础上产生的一种积极的心理体验，并持之以恒采取行动，增强自治动力。第四个阶段是项目赋权，即赋予居民自我创意项目的自主权，让自治组织项目化运作，在资源供给的基础上创新自治运行方式，拓展自治组织的参与渠道。

这四个阶段的赋权是环环相扣、层层递进、前后呼应的。其中，组织赋权是基础，提供自治组织；规则赋权是关键，提供自治公约；心理赋权是动力，提供自治激励；项目赋权是保障，创新自治方式。从"建组织"到"定规则"，再到"强激励"，最后到"创项目"是一个赋权的连续统，培育居民自治就是赋权流程的梯度递进。

流程式赋权是行动者集体构建的结果，是外部赋权和自我赋权的统一。政府赋权主要体现在制定自治政策和提供自治资金方面。政府提供培育自组织的政策，并通过项目购买的方式增强自组织的生存能力，拓展自组织的发展空间。社会组织赋权主要体现在能力和技术供给方面。社会组织服务居民的过程中也注重增强居民自我服务的能力，尤其是提供了专业的社会工作技术和方法，使居民可以自主行动起来。社区居委会主要是引导居民自治，引导居民表达需求、建立组织、制定公约、创意项目、挖掘领袖等。不过，这些都只是外部赋权。外部赋权要通过居民自我赋权才能发挥作用，因而居民要主动运用这些外部条件，自我增强自治意识和自治能力。

同时，各主体在集体赋权过程中实现了权力共生。集体赋权是以居民为中心，把相关事务的决定权和行动权交给居民，而不是把居民当作被服务、被给予的对象。居民的创造性、能动性和积极性得以释放，权能得到了明显增强。居民自治能力增强后，政府、社会组织和社区居委会也从原来"保姆式"的包办关系中抽离出来，也就不会被居民原有无限的依赖所拖累，获得了更多自由安排的时间和自主决定的空间。因此，这种赋权不是权力此消彼长的过程，而是共生共存的关系。

归根到一点，即流程式赋权与社区居民自治有很强的耦合性，能够使城市社区居民自治运转起来。流程式赋权是以居民为中心的多主体集体赋权的结果；是外部赋权和自我赋权共同作用的结果；是社区居民自治经验凝练和理论突破的成果。后续，将在党建引领背景下深化对社区居民自治的研究，使这种赋权式行动既能有助于加强党的领导，优化党的领导方式；又能促进社区参与，激发居民自治活力。

目 录

导论 ……………………………………………………………… (1)
  一 研究缘起与问题意识 ………………………………………… (1)
    (一) 研究缘起 ……………………………………………… (1)
    (二) 问题意识 ……………………………………………… (3)
  二 分析框架与研究方法 ………………………………………… (5)
    (一) 分析框架 ……………………………………………… (5)
    (二) 研究方法 ……………………………………………… (6)
  三 核心概念界定 ………………………………………………… (9)
    (一) 居民自治 ……………………………………………… (9)
    (二) 行动研究 ……………………………………………… (10)
    (三) 赋权 …………………………………………………… (11)
    (四) 流程式赋权 …………………………………………… (13)

第一章 "流程—行动": 社区居民自治一个新的研究范式 ……… (16)
  一 学界既有研究视角与研究范式 ……………………………… (17)
    (一) 既有研究视角及简要评析 …………………………… (17)
    (二) 既有研究范式及简要述评 …………………………… (30)
  二 "流程—行动"研究范式的提出及解释 …………………… (34)
    (一) "流程—行动"范式的内涵及特点 ………………… (34)
    (二) 从"国家—社会"到"行动者" …………………… (36)
    (三) 从制度主义到行动研究 ……………………………… (39)
    (四) 居民自治场域中的行动者 …………………………… (41)
  三 小结 …………………………………………………………… (43)

第二章 权力缺失与赋权: 社区居民自治内卷化及其突破 ……… (45)
  一 无权: 单向度行政控制时期的居民自治 …………………… (45)
    (一) 单位制时期(1949—1978)的居民自治 …………… (46)

（二）社区服务时期（1978—2000）的居民自治……………（47）
　二　弱权：双向度政社合作时期的居民自治………………………（49）
　　（一）社区建设时期（2000—2012）的居民自治……………（49）
　　（二）社区治理时期（2012年至今）的居民自治……………（51）
　三　缺权：社区居民自治内卷化的根源及其困境…………………（53）
　　（一）决定权与行动权：居民自治程度判别……………………（53）
　　（二）社区治理模式变迁中的居民自治状态……………………（55）
　　（三）权力缺失与社区居民自治的多重困境……………………（59）
　四　赋权：社区居民自治的路径突破与方式选择…………………（61）
　　（一）赋权方式及其局限…………………………………………（62）
　　（二）流程式赋权的提出…………………………………………（64）
　五　小结……………………………………………………………（65）

第三章　一阶赋权：组织赋权与自治单元重构……………………（67）
　一　下沉或上移：自治单元的两种分析进路………………………（68）
　　（一）自治单元下沉：热点透视…………………………………（68）
　　（二）自治单元上移：一种反驳…………………………………（69）
　　（三）科层思维桎梏：垂直构建…………………………………（70）
　二　自治单元的横向构建：第三种分析进路………………………（71）
　　（一）个体化的社会与再组织化…………………………………（72）
　　（二）组织与社会资本的再生产…………………………………（73）
　　（三）社团与自治单元的再选择…………………………………（75）
　三　自治单元的法团主义：自治与行政耦合………………………（77）
　　（一）自治与行政互动的命题阐释………………………………（78）
　　（二）法团主义模式的构建与回应………………………………（79）
　四　社区社团的生成过程及培育路径………………………………（81）
　　（一）志愿类社区社团的产生……………………………………（81）
　　（二）互助类社区社团的产生……………………………………（83）
　　（三）治理类社区社团的产生……………………………………（86）
　　（四）枢纽型社区社团的产生……………………………………（89）
　　（五）社区社团培育路径凝练……………………………………（92）
　五　社团内部要素与自治的相关性分析……………………………（94）
　　（一）社团领袖与自治关联分析…………………………………（95）

（二）社团规模与自治效益分析…………………………（98）
　六　组织赋权：自治社团构建的内核………………………（101）
　　（一）政策层次上的赋权…………………………………（102）
　　（二）操作层次上的赋权…………………………………（104）
　七　小结………………………………………………………（107）

第四章　二阶赋权：规则赋权与自治公约选择………………（108）
　一　规则、自治规则与居民公约……………………………（109）
　　（一）规则的意蕴及功能…………………………………（109）
　　（二）非正式规则与自治规则……………………………（110）
　　（三）居民公约：自治规则的典型………………………（111）
　二　包办式居民公约的制定逻辑……………………………（113）
　　（一）政府直接制定，统一使用…………………………（113）
　　（二）街道制定框架，社区填写…………………………（113）
　　（三）社区居民委员会自己制定…………………………（114）
　三　协商式居民公约的产生过程……………………………（115）
　　（一）会议协商型公约……………………………………（115）
　　（二）网络协商型公约……………………………………（117）
　　（三）技术协商型公约……………………………………（120）
　四　两类居民公约自治绩效差异分析………………………（124）
　　（一）两类居民公约的特征比较…………………………（124）
　　（二）自治规则设计的理论参照…………………………（127）
　　（三）两类居民公约的合理性考察………………………（130）
　　（四）两类居民公约自治效力检视………………………（132）
　五　规则赋权与协商式居民公约构建………………………（136）
　　（一）赋权：协商式公约的内核…………………………（136）
　　（二）协商式公约的选择与构建…………………………（138）
　六　小结………………………………………………………（140）

第五章　三阶赋权：心理赋权与自治动力强化………………（142）
　一　参与回报：激励的正当性与自组织的适用性…………（143）
　　（一）选择性激励：破解集体行动困境的药方…………（143）
　　（二）霍曼斯命题：激励与行为的相关性表达…………（144）
　　（三）公益与收益：居民参与回报的二元之争…………（145）

二　激励理论梳理与自组织激励的原则构建……………（146）
　（一）传统激励理论展现………………………………（147）
　（二）跨领域的水土不服………………………………（148）
　（三）第三部门激励机制………………………………（149）
　（四）新的激励原则构建………………………………（151）
三　公益银行：社区参与的激励方式探索…………………（152）
　（一）积分兑换机制……………………………………（153）
　（二）公益银行产生……………………………………（153）
　（三）典型地方实践……………………………………（154）
四　积分激励机制的效用及可行性分析……………………（161）
　（一）增强居民参与动力………………………………（161）
　（二）优化辖区资源配置………………………………（163）
　（三）促进社区邻里交往………………………………（165）
　（四）原理验证及可行性………………………………（167）
五　心理赋权：自治韧性解释与架构………………………（168）
　（一）激励机制：一种心理赋权方式…………………（168）
　（二）自主性建构：心理赋权的焦点…………………（170）
六　小结………………………………………………………（173）

第六章　四阶赋权：项目赋权与自治方式创新…………（175）
一　外部动员与居民自治的生长……………………………（176）
　（一）外部动员：居民自治的必要条件………………（176）
　（二）政治动员：政府惯用的动员方式………………（177）
　（三）情感动员：社区常用的动员方式………………（178）
二　项目制与基层自治方式创新……………………………（180）
　（一）传统动员方式的解释限度………………………（180）
　（二）项目制：治理机制新理路………………………（181）
　（三）项目动员：一种新的方式………………………（183）
三　社区公益创投：居民自治项目化探索…………………（185）
　（一）社区公益创投运行路线…………………………（185）
　（二）社区公益创投实践特征…………………………（190）
　（三）社区公益创投项目评估…………………………（194）
四　社区居民自治项目评估方式与标准……………………（195）

（一）结果导向：社会公益项目一般评估标准……………（196）
　　（二）过程导向：居民自治项目绩效评估标准……………（198）
　　（三）项目收益："人的变化"+"物的变化"………………（200）
　五　社区居民自治项目的运作绩效…………………………………（203）
　　（一）政府角色功能逐渐明晰…………………………………（203）
　　（二）社区引导自治能力提升…………………………………（203）
　　（三）动员居民参与效应凸显…………………………………（204）
　六　项目赋权：自治运转方式变革的关键…………………………（205）
　　（一）通过项目推进居民自治…………………………………（205）
　　（二）根据居民需求确定项目…………………………………（207）
　　（三）根据居民意愿评估项目…………………………………（209）
　七　小结……………………………………………………………（210）
第七章　流程式赋权的集体构建与社区居民自治的梯度递进………（212）
　一　流程式赋权的基本环节与产生过程……………………………（212）
　　（一）组织赋权是基础…………………………………………（212）
　　（二）规则赋权是关键…………………………………………（214）
　　（三）心理赋权是动力…………………………………………（215）
　　（四）项目赋权是保障…………………………………………（216）
　　（五）赋权连续统构建…………………………………………（217）
　二　赋权流程的集体构建与权力共生………………………………（218）
　　（一）政府赋权…………………………………………………（219）
　　（二）社会组织赋权……………………………………………（220）
　　（三）社区居委会赋权…………………………………………（222）
　　（四）以居民为中心的集体赋权………………………………（223）
　　（五）集体赋权行动中的权力共生……………………………（224）
　三　社区居民自治的理论突破与发展趋势…………………………（227）
　　（一）培育自治：赋权流程的梯度递进………………………（227）
　　（二）社区居民自治走向社区社团自治………………………（229）
　四　小结……………………………………………………………（231）
第八章　结论与讨论……………………………………………………（233）
　一　基本结论…………………………………………………………（233）
　　（一）社区居民自治研究范式转换与发展走向………………（233）

（二）流程式赋权与社区居民自治的深度耦合…………（235）
　　（三）社区居民自治是集体赋权和建构的结果…………（236）
　　（四）社区居民自治重点培育路径与推进方式…………（238）
　二　核心讨论………………………………………………（240）
　　（一）自治组织的边界及其与政府关系的调适…………（240）
　　（二）正确认识党建引领与居民自治的辩证关系………（242）

参考文献……………………………………………………（246）
后记…………………………………………………………（260）

导　　论

党的二十大报告指出："健全基层党组织领导的基层群众自治机制，加强基层组织建设，完善基层直接民主制度体系和工作体系，增强城乡社区群众自我管理、自我服务、自我教育、自我监督的实效。"[①] 长期以来，国家都高度重视基层民主建设，强调健全充满活力的基层群众自治制度，在城乡社区治理、基层公共事务和公益事业中广泛实行群众自治，着力推进基层直接民主制度化、规范化、程序化。社区居民自治真正始于21世纪初的社区建设，居民自治与社区建设有一定的内在契合性。国家把"扩大民主、居民自治"作为社区建设的基本原则，社区建设中应当确立起以群众自治为核心的基层民主化的主导方向。社区居民自治是基层群众自治的重要表现形式，在基层治理现代化背景下，如何推进社区居民自治是新时代基层治理和民主建设面临的重大议题。

一　研究缘起与问题意识

（一）研究缘起

中共中央、国务院印发《关于加强基层治理体系和治理能力现代化建设的意见》指出，坚持以人民为中心，以增进人民福祉为出发点和落脚点，以加强基层党组织建设、增强基层党组织政治功能和组织力为关键，以加强基层政权建设和健全基层群众自治制度为重点，以改革创新和制度建设、能力建设为抓手，建立健全基层治理体制机制，推动政府治理同社会调节、居民自治良性互动，提高基层治理社会化、法治化、智能

[①] 习近平：《高举中国特色社会主义伟大旗帜　为全面建设社会主义现代化国家而团结奋斗——在中国共产党第二十次全国代表大会上的报告》，人民出版社2022年版，第39页。

化、专业化水平。也就是说,加强社区治理既要重视政府作用,也要增强社会协同和居民自治,提高居民自治水平是创新社区治理的重要基础。① 在现代化的社区治理体系中,政府起主导作用,社会调节起协同作用,居民自治起基础作用,三者缺一不可。

纵观我国社区发展历史,社区建设从单向度的行政控制向双向度的政社合作转变过程中,政府治理结构明显得到了优化,社会组织等社会力量也逐渐被纳入到社区治理结构中,政府的主导能力和社会的协同能力都有所提升,然而,社区居民基本仍旧游离在社区之外,居民自治难以推进,出现了"政府在行动、社会在行动,居民不行动"的尴尬局面。社区居民自治是城市基层群众自治制度的核心,是城市基层民主实践的有效形式和路径。自1989年颁布《中华人民共和国城市居民委员会组织法》算起,居民自治已经开展了30多年,但自治效果却不尽如人意,与国家的政策初衷和民众的原始期待仍有很大差距。

近年来,学术界对居民自治研究也逐渐趋冷,外界媒体对居民自治的关注度也逐渐下降,甚至出现"自治已死"的声音,② 这是因为,他们看不到居民自治的实践带给基层民主甚至国家民主的希望。再观近年来社区建设实践,各地都十分强调"治理"和"服务",而较少强调"自治"。"居民自治"在社区建设中的分量有所下降。总体上看,无论是学界的理论研究还是政界的创新实践,居民自治都被不同程度弱化和边缘化了。这使我们不得不思考:居民自治就真的没有希望吗?如果有,又该怎样推进?这也是激发笔者选择"居民自治"这一议题的最初动力。

虽然从全国看,居民自治整体推进缓慢,但是一些局部创新又使我们感到欣喜。有幸的是,近年来笔者在武汉、成都、苏州、济南、温州、宁波、长沙、厦门、天津、黄石、荆门等地广泛参与社会调查,发现了许多居民自治的新元素和新现象,这为社区居民自治的研究提供了新的希望和窗口。

笔者研究经历主要聚焦在三方面:一是参与全国社区治理和服务创新试验区的方案申报、结项评估、经验总结。通过对社区治理创新和实验区的调查,发现了诸如成都的院落自治、黄石的楼栋自治、济南的社团自治

---

① 张雷:《构建基于社区治理理念的居民自治新体系》,《政治学研究》2018年第1期。
② 汤玉权、徐勇:《回归自治:村民自治的新发展与新问题》,《社会科学研究》2015年第6期。

等新的居民自治形式。二是参与社区工作者实务能力训练。通过对30多场社区实务能力培训的观摩发现，居民并不一定就是天生缺乏自治的意愿和能力，而是缺乏自治的技术和方法。通过专业社会工作技术的训练，居民完全可以自治起来。三是参与社区协商民主研究。蹲点发现，居民能够就物业矛盾、停车纠纷、噪声扰民、环境整治、社区教育等社区问题展开协商，自我解决问题，取得良好成效。这些地方实践赋予居民自治新的活力，这些事实也充分表明：社区居民自治是可以运转起来的。

进一步透视这些实践发现，社区居民自治的核心是赋权，尽管各地赋权方式有所差异。同时，这种赋权不同于一般意义上讲的赋权，而是一种流程式赋权，有其独特之处。因此，笔者决定从流程式赋权的角度深入研究社区居民自治，一方面期望提出解释性和分析性的概念，丰富和拓展社区居民自治理论，使社区居民自治研究从"价值制度"转向"行动研究"，切实使居民自我组织自我行动起来；另一方面期望在理论指导下，从地方实践中提炼出社区居民自治的一般路径，为全面深入推进社区居民自治提供可借鉴的经验。

（二）问题意识

学术研究首先要提出有价值的学术性问题，问题意识是学术研究的开端，"好的问题是成功的一半"。本书研究的问题来源于笔者长期的田野调查和理论思考。这些问题是微观的、具体的，并且每个问题不是碎片化的孤立存在，而是有着紧密的逻辑联系。

第一，我国社区治理从单向度的行政控制到双向度的政社合作阶段，居民自治都未能深入推进，甚至停滞不前的内在根源是什么？在单向度的行政控制阶段，社区处于"总体性社会"架构下，政府一元化的管理和控制压制了居民自治的活力，这是可以理解的，学界对此也有大量的研究。但是，党的十八大后，社会管理向社会治理转变，"一元治理"转向"多元治理"，政社合作的格局初步形成，社会活力有所释放，为什么居民自治仍旧没有多大进展？

第二，在外在行政结构大致相同的情况下，为什么有的地方居民自治停滞不前，有的地方运转良好？居民自治在什么样的条件下才能持续运转起来？由于我国特殊的制度安排，全国行政结构大致是同构的，即使一些地方的科层结构有所微调，如安徽铜陵、湖北黄石撤销街道办事处，但就纵向整体结构而言，也都大致相似。很多学者把社区居民自治的困境归因于外在行政结构的掣肘，认为社区行政化是居民自治难以发展的罪魁祸首。这种看法不是没有道理，但在行政同构的情况下，为什么有的地方的居民自治停滞不前，有的地方却运转良好？更何况，局部地方的行政结构做了一定程度的调整和优化，如深圳、杭州等地的"居站分离"[①]，武汉武昌区在街道层面上统一设置行政服务中心，上收了很多行政事项，社区的行政负担有所减少，但为什么社区居民自治仍旧没有多大进展？

第三，社区居民自治本质上是居民自我行动起来自主处理社区公共事务的过程，摒弃外在的结构不谈，要想使居民自我行动起来，到底要解决哪些具体的问题？以前关于居民自治问题的讨论也有很多，但大多较为宏观且主要从外部环境出发。本书主要讨论居民内部面临的具体问题，深度挖掘居民自治的内部要素，探究居民自治的内在逻辑。过多纠结外部结构，会忽视居民自治的内部要素，找不到居民自治新的生长点，陷入结构决定论的死胡同。

第四，社区居民自治的行动研究中有哪些赋权方式？赋权绩效如何？如果说地方实践的关键在于赋权，那么就要深入研究各地究竟赋了什么权，有哪些赋权类型和赋权方式，每种赋权有何特点以及有何联系，特别是每种赋权生成的条件是什么以及对居民自治产生什么样的影响。

能否从过程中提炼出流程化的要素并找到要素之间的联系建构具有分析性的框架？从而为构建和丰富社区居民自治的一般理论奠定基础。目前，学界对于赋权的研究已有很多，但大多数集中在行政赋权或法律赋权，涉及居民个体赋权较少。本书主要讨论赋权对于居民个体的意识和行为产生的影响，重点关注怎样的赋权才会使原子化的居民产生集体行动。

第五，集体赋权过程中，各个主体之间的权力关系是怎样的？是排斥还是共生？当前各种行政力量和社会力量已进入社区，多元共治已成共识。每个行动者都有自己的利益需求和独特的行动逻辑，本书关注的焦点是，看不同行动者不同的行为逻辑对居民自治产生的影响，居民自治运转良好的地方，各个行动者究竟扮演了什么样的角色。毋庸置疑，居民自治不是一个封闭的系统，也需要各种外部力量给予支持。居民的自主权不是

[①] "居站分离"是指社区居委会和社区工作站分离。社区居委会主要承担自治事务，社区工作站主要承担行政事务。

单边生产的，而是在集体行动中形成的。传统关于自主权的研究大多是站在排斥意义上讨论的，但在居民自治的集体行动中，各主体的自主权能否共生？

第六，原有分析范式的限度日益彰显，无法对新的要素进行分析，如何搭建一个分析范式对社区居民自治面临的事实问题和发展态势进行学理性解读？居民自治事实层面上的新问题和新实践需要构建一个新的分析范式对其进行学理性的解释。学者常用的"国家—社会"分析范式太过宏观，无法有效分析社会内部行动者的微观逻辑，无法更好地看到行动者对居民自治产生的影响。"结构—功能"范式过于强调外在结构对行动的规制作用，而容易忽视行动者的独立性和实践性，从而容易造成研究的禁锢和单一。

二　分析框架与研究方法

（一）分析框架

首先，建构研究范式（第一章）。在梳理和分析学界关于社区居民自治已有的分析视角和研究范式的基础上，建构"流程—行动"范式来解释社区居民自治的新问题和新现象。同时，分析"流程—行动"范式的内涵和特点，指出社区居民自治研究要从制度主义转向行动研究。

其次，分析历史变迁（第二章）。通过历史性分析找到社区居民自治内卷化的原因是缺权，即决定权和行动权的缺失。社区建设无论是处在单向度的行政控制阶段，还是双向度的政社互动阶段，虽然权力获得者在一定的历史时空中有所转移，但居民实际上长期处在"缺权"状态。同时，指出赋权是破解社区居民自治内卷化的路径，并提出流程式赋权的概念。

再次，指出流程式赋权的阶段（第三章到第六章）。基于社区居民自治内部问题的考察，针对性地提出四种赋权方式，即组织赋权、规则赋权、心理赋权和项目赋权。每种赋权方式单独成章，其都有自身独特的运作逻辑，有着不同的赋权效果。这四个阶段的赋权也是流程式赋权的具体步骤。四种赋权方式不是孤立存在，而是相辅相成、层层递进的，共同完成了流程式赋权的所有环节。这是本书的主体部分，重点就是要找到社区居民自治运转起来的流程式路径。

最后，总结提炼（第七章）。在前文分析的基础上进一步指出流程式赋权和社区居民自治的关系，深度阐释流程式赋权是如何使社区居民自治运转起来的。同时，分析流程式赋权过程中各主体的权力关系与功能作用，指出流程式赋权是政府、社会组织、社区居委会等主体集体建构的结果，社区居民自治是一个集体赋权的过程，并在此基础上说明流程式赋权对拓展和丰富社区居民自治研究有什么理论贡献。

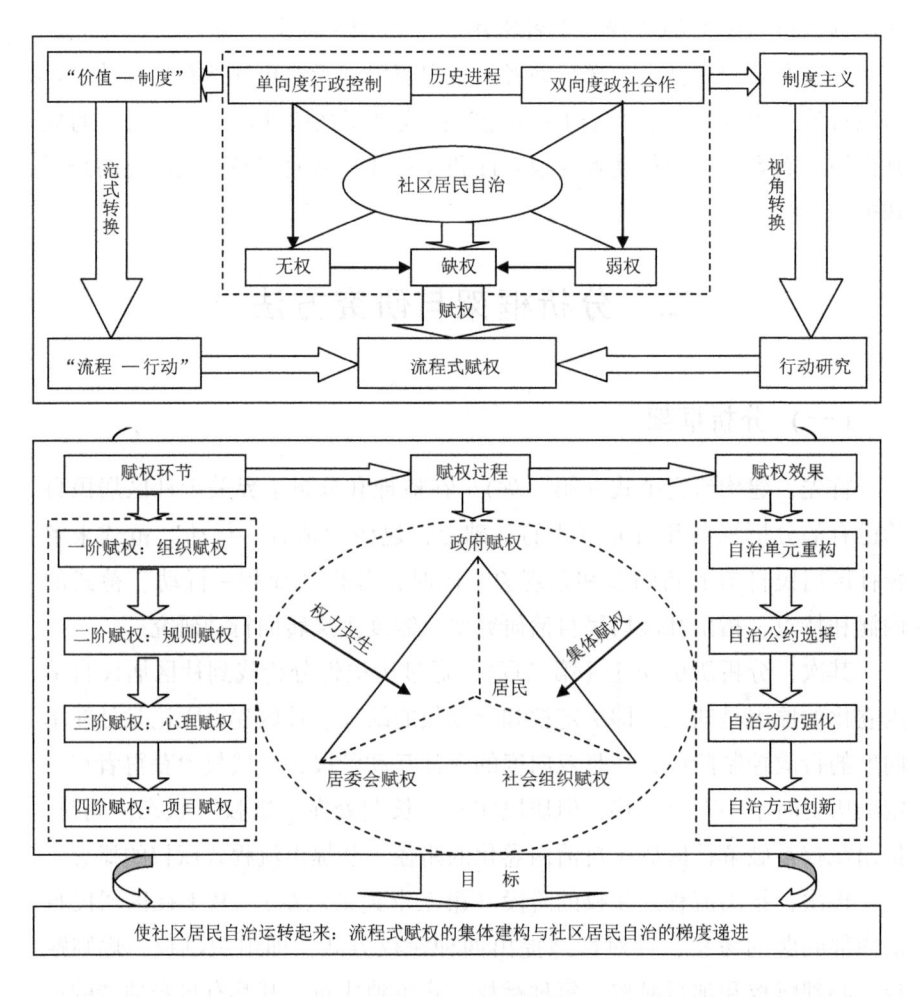

图 0-1 分析框架

（二）研究方法

研究方法是分析社会现象的工具，研究方法的恰当选择不仅可以有效分析研究主题，而且也使研究结论更让人信服，提升研究的信度和效度。研究方法总体上可以分为定性研究和定量研究两种。定量研究涉及诸多数据的处理，根据数据，找出变量与变量之间的关系，得出最终结论。定性研究本质上是从现实的资料中产生理论假设，然后通过假设检验和不断比较，逐步对研究问题做出充实和系统化的理解。① 本书以定性研究为主，定量研究为辅，主要从观察到的社会事实中提出问题、建构框架、阐释逻辑，最终对研究主题做出学理解释。

1. 文献研究。文献研究是学术研究少走弯路的预备步骤，是最常用和最基本的社会科学研究方法之一。② 虽然通过文献收集到的是二手资料，但是文献研究跨越了时空的限制，其既能够帮助我们纵向找到问题的来龙去脉，又能横向找到不同地域的发展状况，只不过，要对二手资料进行再度分析，去伪存真，去粗取精，有选择性地加以使用。本书选择文献研究采取的主要技术手段有：

一是收集学术文献。广泛收集学界关于居民自治研究的期刊、著作、时评，尤其是对该领域内一些知名学者的作品进行深度分析，总体上把握居民自治的发展状况。同时掌握不同文献的分析视角和核心观点，找到原文的不足和继续深化的突破口。二是收集法规政策。脱离国家现有的政策法规和大政方针，学术研究只能是空中楼阁，不接地气，因而关于社区居民自治的研究要有法可依，有规可循。笔者主要收集了社区建设历程中一些重要文献。比如《中共中央 国务院关于加强基层治理体系和治理能力现代化建设的意见》《民政部关于在全国推进城市社区建设的意见》《中华人民共和国城市居民委员会组织法》《中共中央 国务院关于加强和完善城乡社区治理的意见》等。三是收集地方资料。除了通过实地走访收集地方资料外，还运用互联网大量收集国内外关于基层治理、社区建设和居民自治等方面的创新做法，尽可能充实资料，以便在此基础上做进一步的理论提升。

2. 调查研究。"社会调查是一种有意识有目的认识活动，调查就像'十月怀胎'，解决问题就像'一朝分娩'。"③ 社会科学研究要走出书斋，避免单纯凭空逻辑演绎，要深入社会做深度调查，在详细了解社会事实的

---

① 陈向明：《质的研究方法与社会科学研究》，教育科学出版社2000年版，第8页。
② 张彦、吴淑凤编著：《社会调查研究方法》，上海财经大学出版社2006年版，第167页。
③ 张彦、吴淑凤编著：《社会调查研究方法》，上海财经大学出版社2006年版，第2页。

基础上再进行理论建构会使研究更具有说服力。本书做了大量的田野调查，收集了真实的第一手材料，采取的主要技术手段有：

一是深度访谈。针对社区居民自治问题，笔者访谈了多个社区工作者和社区居民，负责社区建设的部门领导，社区社会组织的领袖，社会组织的项目负责人等利益相关方，认真收集他们关于社区治理和居民自治的意见和建议，并做好详细笔录。二是实地走访。深入武汉、成都、济南、苏州等地，现场收集他们关于社区社会培育、社会组织建设、社区居民参与、社区公益创投、居民自治项目等方面的经验。幸运的是，笔者有机会在地方政府举办的社区工作者实务能力训练场上做长时间的参与式观察，更加深入了解社区的实际工作，相关行动者之间的关系以及社会工作技术给居民带来的改变。三是开放空间会议技术。开放空间会议技术是源于欧美的一种协商技术，参与者能够在轻松愉悦的氛围中充分表达自己的意见。结合传统的问卷调查方法，使相关方就社区居民自治面临的问题、取得的经验、发展的愿景自由发言，打破问卷结构的限制，收集的信息更为全面和真实。

3. 案例研究。案例研究是一种实证研究，"怎么样"和"为什么"的问题选择案例研究更具有解释力。[①] 案例研究是一种常用研究方法，我们不仅可以通过案例去验证假设，还可以从案例中提炼出规律性的东西。笔者选择案例研究采取的主要技术手段有：

一是多案例研究。单案例研究好比"把所有的鸡蛋放在一个篮子里"，容易出现"一步走错、全盘皆输"的局面，如果有条件应该采取多个案例研究。[②] 笔者近年来有机会参加了许多地方课题，有较好的科研平台，和团队成员共同采集了100多个案例，为本书奠定了良好的基础。二是案例深描。采取过程式非结构化的方式对每个案例进行深度描写，注重事件发生的背景和开展的过程；关注居民自治过程中人的变化、物的变化以及社区的变化。尤其注重事情发展过程中行动者之间关系的变化、行动者行为方式的变化、不同环节之间逻辑联系。三是案例比较。只有在比较中才能看到事情的进展。本书一方面对居民自治运转良好和运转不畅的案

[①] [美]罗伯特·K. 殷：《案例研究：设计与方法》（原书第5版），周海涛、史少杰译，重庆大学出版社2017年版，第14页。

[②] [美]罗伯特·K. 殷：《案例研究：设计与方法》（原书第5版），周海涛、史少杰译，重庆大学出版社2017年版，第79页。

例进行深度比较，在比较中去发现居民自治的问题和经验；另一方面对不同地方居民自治运转良好的案例进行深度比较，发现相同点和不同点，并看各个要素是否能够互补。

三　核心概念界定

（一）居民自治

居民自治（Resident autonomy）是城市社区建设的基本原则之一，也是基层群众自治制度的核心。居民自治涉及许多方面的社会关系，是政治学、社会学、管理学、人类学等不同学科共同研究的议题。目前，学界对居民自治没有统一的定义，但一些具有代表性和启发性的定义给我们提供了参照。

表0-1　　　　　　　　　　居民自治的经典概念

定义者	概念内涵
费孝通	居民对社区层面上问题的决定结果、决定方式和决定权力表示认可，并逐渐形成尊重自我决定的习惯。[①] 居民自治是居民自主参与社区管理的过程，是城市社区民主化建设的过程。
陈伟东	社区利益相关者运用民主协商的方式处理社区公共事务，而不需要外部力量强制干预，以此使居民逐渐走入自我教育、自我管理、自我服务和自我约束的秩序的过程。[②]
朱光喜	居民遵照有关制度规范，把居委会作为平台，围绕公民权自主处理社区公共事务的过程，其目标在于使社区成员自主实现共同的权力和利益。[③]
谢立中	居民自治是基层社会治理的一种形式。居民自治包括"自治权"和"自治主体"两个方面的内容，前者很大程度上取决于居民自治组织自定职权和代理职权之间的比值，后者取决于居民参与社区事务的积极性。[④]

[①] 费孝通：《居民自治：中国城市社区建设的新目标》，《江海学刊》2002年第3期。

[②] 陈伟东：《社区自治——自组织网络与制度设置》，中国社会科学出版社2004年版，第20页。

[③] 朱光喜：《居民自治与业主自治：两种社区自治机制的比较——基于公共事务自主治理理论的视角》，《广东行政学院学报》2012年第4期。

[④] 谢立中：《城市居民自治：实际涵义、分析模式与历史轨迹》，《江苏行政学院学报》2002年第3期。

续表

定义者	概念内涵
桑玉成	社区居民自我管理自己生活在其中的社区事务，社区管理的最终目标要实现社区居民自治，社区要努力培养自治意识和自治能力。①
刘建军	居民基于自身需求和公共问题，运用协商民主的方式与其他利益相关者借助居民大会、民议事会等制度载体，依靠居民公约等形式共同处理社区公共事务，完善社区治理体系，实现公益行动的行动、结构和过程。②
民政部	在社区内实行民主选举、民主决策、民主管理和民主教育，逐步实现居民自我管理、自我教育、自我服务和自我监督，③ 即我们通常以上所讲的"四个民主"和"四个自我"。

归纳起来，以上关于居民自治的内涵大致有三种认识。一是权力说。强调居民或自组织处理社区公共事务的选举权、决策权、管理权和监督权。居民自治的目的是行使自己的权力和实现自己的利益。二是过程说。强调居民自治是一个利益相关者自主处理社区公共事务的过程。居民自治既是自组织的过程，也是与其他主体协商治理社区的过程。三是民主说。居民自治是一种"草根民主"，是基层民主建设的核心。城市社区建设的核心是要推动以居民参与为核心的民主建设。

这些概念都从不同侧面阐释了居民自治内涵和外延，为我们提供了很好的借鉴。基于既有的认识和现实状况，笔者提出了第四种认识，即行动说。居民自治是一种居民自我组织起来自我行动起来的集体行动。本概念重点关注居民行动过程和行动要素，而对行动结构和行动价值不做过多讨论，更多的是一种操作性的定义。

（二）行动研究

行动研究（Action research）是社会情境的研究，是从提高行动质量的角度来进行研究的研究取向。④ 行动研究源于20世纪40年代，心理学

---

① 桑玉成、杨建荣、顾铮铮：《从五里桥经验看城市社区管理的体制建设》，《政治学研究》1999年第2期。

② 刘建军：《居民自治指导手册》，格致出版社、上海人民出版社2016年版，第15页。

③ 中共中央办公厅、国务院办公厅关于转发《民政部关于在全国推进城市社区建设的意见》的通知（中办发〔2000〕23号）。

④ 杨静、夏林清主编：《行动研究与社会工作》，社会科学文献出版社2013年版，第3页。

家 Kurt Lewin 1944 年首次提出，经过七十多年的发展已经演变成了一个规范的学术概念，并且外延还在不断扩大，涉及心理学、教育学、管理学、社会学等学科。行动研究不仅是关于行动者的研究，也是一种研究方式，其内涵主要包含三个要素：

一是研究和行动的统一。传统的研究是研究者去研究行动者，行动者是被研究者，两者处于隔离状态。行动研究强调日常生活中的每个人都是研究者，专家也是行动者。专家不能用专业权威排斥实际行动者，而行动者也要承担研究的社会责任，研究和行动要高度统一。二是解释和改变的统一。传统科学研究注重解释社会现象，即关注"是什么"的问题，主张把社会事实结构化、理论化，而不注重解决社会问题。行动研究既强调解释世界，更强调改变世界。行动研究主要关注的是"介入的实践"（the practice of intervention），关注的是"怎么做"的问题。也就是说，不仅要分析问题是什么，产生的背景及原因，更要找到问题的解决之道。研究就是为了解决问题而存在的。三是自助和辅助的统一。行动研究一方面强调行动者的主体性，行动者要有独立实践不受外界干扰的自主权和自主性；另一方面强调外部力量要主动帮助实践者，为实践者提供各种支持，但是这种辅助是以激发行动者实践的主体性为前提的，不能侵蚀参与者的能动性。

（三）赋权

赋权（Empowerment）是来自于西方的一种理论和实践，[①]最初来源于美国黑人公民权利运动领袖 Solomon 所著的《黑人赋权：压制性社区的社会工作》一书，后来逐渐发展成一个规范的学术概念。赋权实质是学者对个体或组织有权或无权的关系进行理论化的结果，其涉及政治学、社会学、社会工作、管理学等学科领域。目前，学界关于赋权没有一个操作性的权威定义，不同学者赋予了其不同的含义（表0-2）。

---

① "Empowerment"一词有赋权，也有增能的意思，因而有的学者翻译过来就称其为"赋权增能"。实际上，赋权必然伴随着增能，两者相辅相成，因此，本书就不再把赋权和增能分开论述，两者合二为一，贯穿全文。

表 0-2　　　　　　　　　　　　　赋权的经典概念

定义者	概念内涵
Solomon	组织成员被污名化后陷入无权的境地，赋权就是力图消除或降低个体无权状态的一种活动。①
Adams	个体或组织能够行使自身权力，掌握自身状况并实现自己目标的能力，以及能够帮助自己或他人最大限度提高生命品质的过程。②
Zimmerman	个体能够有效控制自己的生活，能够参与与自己生活相关的事项，并且能够内心感知和调整这种控制效能。③
Rappaport	个体或组织获取社区事务的控制机制，在社区获得影响力的一种过程。④ 该概念强调赋权的可操控性。
Riger	个体或组织在掌握一定资源的基础上，能够对自身事务做出有效选择和决定的能力，其不仅是一种主观感受，也是一种客观能力。⑤
陈树强	赋权是处理权力、无权和压迫造成的个体或组织的问题的一种理论和实践，目的是增强个人、人际或政治的权力以改变不利处境。⑥

由此可见，关于赋权的内涵纷繁复杂，很难给赋权下一个确切的定义，但我们可以从这些概念中提炼出一些共同的要素。仔细研究发现，这些概念都强调了权力赋予基础上的能力的提升。归纳起来，这些能力包括：一是获取资源的能力，强调个体或组织能够自主地调动和使用资源。二是控制生活的能力，强调生活不受外界控制，个体能够掌控和改变自己的生活方式。三是做出选择的能力，强调个体或组织能够根据外在环境和自身实际做出有效的选择。赋权的程度通过选择的使用和选择结果来衡量。四是实现权利的能力，强调个体或组织能够有效实现法律法规给予自身的权利，赋权的过程就是权利应用的过程。可见，赋权中的"权"既

---

① Soloman, B., *Black Empowerment: Social Work in Oppressed Communities*, New York: Columbia University Press, 1976.

② [英] Robert Adams：《赋权、参与和社会工作》，汪冬冬译，华东理工大学出版社 2013 年版，第 20 页。

③ Zimmerman, M. A., "Taking Aim on Empowerment Research: On the Distinction Between Individual and Psychological Conceptions", *American Journal of Community Psychology*, 1990, 18, pp. 169-177.

④ Rappaport, J., "Studies in Empowerment: Introduction to the Issue", *Prevention in Human Services*, 1984, 3, pp. 1-7.

⑤ Riger, S., "What's Wrong with Empowerment", *American Journal of Community Psychology*, 1993, 21, pp. 279-292.

⑥ 陈树强：《增权：社会工作理论与实践的新视角》，《社会学研究》2003 年第 5 期。

包括"权力"和"权利"两层含义，也涵盖了"政治权力"和"社会权力"两种类别。

本书中的赋权是一种比较广义的概念，包含上述界定中的多种因素，整体意指，把社区公共事务的决定权、行动权交给居民，提高居民自我组织起来、自我行动起来的能力的一种行动过程。本质上，赋权的过程就是一个增能的过程。赋权的目的就是要增强居民的行动力，扫除社会环境中的障碍，消除环境的压迫和排挤，拥有实现自我价值的信心和勇气。实际上，社会中的每个人都不缺少能力，只不过，这种能力不会自然释放，需要一定的手段才能激发。赋权就是一个能够激发自我能力的有效手段。

(四) 流程式赋权

流程式赋权是赋权的一种方式，就是如何把社区公共事务的决定权和行动权交给居民，使居民自我行动起来的一种方式。诚然，赋权对居民自治至关重要，但如何赋权关系到赋权的效果和成败。整体上看，当前学界讨论的赋权方式有三种：

一是政策文本赋权。即法律政策规定居民拥有参与社区公共事务的权力。例如，《居委会组织法》明确规定了居民有参与权，涉及全体居民利益的事情，要交居民会议讨论决定。国家或地方出台的各类文件中也有鼓励居民参与，保障居民权力的字面表达。二是主体结构赋权。即不同主体赋权给居民，形成了一种多元赋权结构。英国著名学者 Adams 教授把赋权分为自我赋权、个体赋权、团体赋权、组织赋权以及社区赋权和政治体系赋权六类。[①] 从自我、个体，到团体、组织，再到社区、政治体系，赋权主体逐渐增多，赋权层级逐步提升，形成了一种类似"差序格局"的赋权结构。国内学者陈树强沿用此逻辑，将其分为人际、组织、社区、政治等层面的赋权。[②] 杨义凤强调多主体和多层次赋权的重要性，提出了"合力赋权"的观点。[③] 三是媒介工具赋权。即借用新媒体、互联网等媒介进行的赋权。郑永年教授提出了"技术赋权"的概念，强调的就是互

[①] [英] Robert Adams：《赋权、参与和社会工作》，汪冬冬译，华东理工大学出版社 2013 年版，第 87 页。

[②] 陈树强：《增权：社会工作理论与实践的新视角》，《社会学研究》2003 年第 5 期。

[③] 杨义凤、马良灿：《合力赋权：社会组织动员参与有效性的一个解释框架——以 NZ 康复服务项目为例》，《福建论坛》(人文社会科学版) 2017 年第 3 期。

联网技术在政府和社会互动中的作用。① 互联网技术赋权打破了政治壁垒，使政府和社会的权力都得到了增强。喻国明等人提出了"关系赋权"的概念，强调的也是互联网使个人嵌入关系网络，从而改变社会权力格局的理念。②

这些赋权方式在一定程度上推动了居民参与，但也有一定的缺陷。政策文本赋权往往只限于文本的宏观规定，没有落实的具体措施。并且很多都只是一种号召，没有落实到行动。主体结构赋权虽然强调了赋权主体和层次的多元性，但没有说明每个主体和层次赋权的过程和方法。媒介工具赋权只是单一强调了互联网技术之于公众参与的作用，而没有形成一种系统性地推进公众参与的方法。仅仅依靠互联网技术，也不能完全使居民行动起来。归结为一点，这三种赋权方式的缺陷在于都太过宏观，没有具体说明使居民自我行动起来的方法和路径。

流程式赋权刚好弥补了这个缺陷。顾名思义，"流程"就是完成一个完整业务行为的过程和步骤。"流程式赋权"强调的就是赋权的具体方法，居民行动起来的步骤。当前居民自治的研究要更加精细化，要从以前侧重制度文本、结构功能的研究转向行动过程的研究。不过，流程式赋权并不就是与其他三种赋权方式截然对立的，而是互相补充的。这个概念带有很强的包容性。流程式赋权中也可能包含其他三种赋权方式中的某些要素。

当然，流程式赋权不是凭空而来的，是笔者在观察地方实践中总结提炼的。这些实践的核心过程是：首先是社区让居民自我建立社团，使分散的居民自我组织起来。其次是制定社团章程和居民公约，让他们依照章程和公约行动。运行一段时间后发现，居民因为缺乏参与回报，而逐渐退出社团，因此就制定了激励机制，鼓励居民参与。之后，政府发现这种方式具有很强的可行性，为了延续这种做法，就以项目化的方式推进这项工作，注入资源，让居民社团项目化运作。这个过程并不是一开始就架构好的，而是在实践中一步一步摸索前进的。

本书中的流程式赋权包含组织赋权、规则赋权、心理赋权和项目赋权

---

① 郑永年：《技术赋权：中国的互联网、国家与社会》，邱道隆译，东方出版社 2014 年版，第 3 页。

② 喻国明、马慧：《关系赋权：社会资本配置的新范式——网络重构社会连接之下的社会治理逻辑变革》，《编辑之友》2016 年第 9 期。

四个阶段，就是在上述实践基础上提炼总结的。第一阶段的组织赋权就是要让居民自我建立组织，加入一定的社团；第二阶段的规则赋权就是要让居民自我制定公约，自我约束和行动；第三阶段的心理赋权就是要让居民自我制定激励机制，增强参与动力和回报；第四阶段的项目赋权就是要让居民自我策划项目，增强社团的资源供给，创新社团的运作方式。这四个步骤是环环相扣、相辅相成、层层递进的，并且每个阶段的赋权也具有自身特有的流程。

这里可能令人疑惑的是，前三个阶段的递进趋势是很明显的，但项目赋权似乎不能融入，放在一开始也能成立。但要说明的是，这些地方实践是社区完成前三个阶段后，才予以项目支持的，并不是开始就是以项目化的方式推进这项工作的。因为资源和项目总是有限的，政府选择支持的是那些前期有一定基础的社区和社团，不可能一开始就支持所有的自组织。所以，我们要从地方实践的具体过程来看流程式赋权中各个环节的逻辑关系，不能从字面上简单加以理解。

第一章 "流程—行动":社区居民自治一个新的研究范式

范式(Paradigm)一词最早由库恩(T. S. Kuhn)提出,意指一个学科在概念体系、理论架构、研究进路、价值取向等方面的共同约定。[①] 任何研究都是在研究范式指导下提出假设、开展调查、收集资料,构建理论。没有范式,科学研究的语言游戏无从进行。科学理论的演变就是一个范式取代另一个范式的过程。[②] 中华人民共和国成立以来,居民自治变迁的历程也是研究范式转换的过程。研究初始,很多学者都是运用"价值—制度"范式进行分析,目的是探究居民自治的民主价值,构建基层民主制度,找到中国民主的出路。后来一些学者又用"结构—功能"范式分析已建立的制度结构对居民自治的影响。研究表明,现存的制度结构造成了社区行政化,自治功能无法发挥,居民自治内卷化已成定局。近年来,一批学者试图打破内卷化困境,提出了"条件—形式"范式,希望在满足相应条件的基础上探索居民自治多层次、多样式、多类型的有效实现形式,这为居民自治研究注入了新的活力。

但是,整体而言,这三种研究范式只是静态地聚焦于居民自治的制度、结构和条件,而没有就居民自治如何运转起来提供更多解释和操作性的建议。基于此,笔者试图提出一种新的研究范式,即"流程—行动"范式来解释近年来居民自治过程中的新现象、新问题。更希望在此基础上找到居民自治有效运转的路径,破解"自治空转"的窘境。

[①] [美] 托马斯·S. 库恩:《必要的张力:科学的传统和变革论文选》,纪树立、范岱年、罗慧生等译,福建人民出版社1981年版,第291页。

[②] [匈] 雅诺什·科尔奈:《制度范式》,载吴敬琏主编《比较》,中信出版社2002年版,第16页。

一 学界既有研究视角与研究范式

居民自治是一个历史较为长久的研究课题。不同的历史时期，学者们采用了不同的分析视角、构建了不同的分析范式。认真梳理和掌握这些视角和范式是我们研究的前提，也是我们创新的基点。

(一) 既有研究视角及简要评析

学界关于居民自治的研究很多，查阅文献后发现，虽然研究内容纷繁复杂，但都是分门别类从一些共同的角度切入。通过对这些视角进行分析，可以大体上把握居民自治的研究现状。梳理后发现，目前学界关于居民自治的研究视角大致有基层民主、公众参与、社会资本、内外对比、委托代理、内卷化、政社互动、条件前置、自治单元9种（表1-1）。

表1-1　　　　　　　　既有研究视角的解释力度及限度

研究视角	解释逻辑	解释力度	解释限度	研究范式
基层民主	社区居民自治不仅是一种低成本的管理体制创新，而且还有利于扩大民众政治参与和加强基层民主建设。	说明了社区居民自治的内在价值和国家推动居民自治的初衷。国家能够通过发展基层民主探索民主发展的中国道路。	仅停留在价值层面讨论，而未就实现路径做深入研究。近年来的居民自治实践并没有达到预想的蓝图，甚至相去甚远。	价值—制度
公众参与	居民参与是推动社区居民自治的根本动力和根本保证，是衡量社区自治工作的核心标准。	建构了清晰的标准，让我们能更直接理解居民自治的内涵和价值，也让我们直观看到了社区自治的困境来源于参与的缺失。	居民参与程度高低与居民自治水平高低的相关性还有待考察，两者未必就是线性关系；同时也没有考虑到无序参与对居民自治造成的负面影响。	
社会资本	社会资本的三要素即信任、规范和网络都与社区自治具有明显的正相关关系，即社区社会资本存量越多，社区自治水平就越高。	既分析了居民自治的内在价值，又为居民自治找到了内在出路。其最大的价值还在于突破了单纯对居民自治的外在结构进行讨论，而是从社区的内部去寻找居民自治的根基。	未能就社会资本产生的社区土壤进行分析，也没有就社区社会资本的获取提供更多操作性的建议。	
内外对比	与农村村民自治情况和国外地方自治情况，尤其是日本的情况作对比，为城市社区居民自治提供参照。	通过对比看到了城市社区居民自治的优势和不足，也为其发展找到了可借鉴的经验。	大多只是一种介绍性质，缺乏更深入的分析，尤其是在推动居民自治的路径方面还有待将国外的经验进行本土转化，以适应国内情境。	

续表

研究视角	解释逻辑	解释力度	解释限度	研究范式
委托代理	自治组织与政府和居民之间都是一种委托代理关系，且代理链不断延长。但这种关系中存在信息不对称、道德风险、逆向选择的弊端，不利于自治。	分析了居民自治的现实状况，明晰了社区自治结构，看到了自治的背后逻辑和结构困境。	主要分析了政府与自治组织的关系，并没有把带有独立性质的居民个体纳入其中；同时也只分析了居民自治的纵向关系，没有看到居民自治横向关系的变化。	结构—功能
内卷化	居民自治尽管做了很多变革，但由于没有突破社区行政化的桎梏，仍停留在原来的运行路径中，虽然表面形式有所变化，但实质没有多大发展。	指出了居民自治的结构性困境，看到了外部行政环境对居民自治的制约以及突破外部结构限制的困难。	没有从居民内部要素去深度解读这种内卷化困境，不利于找到自治的突破口，也不利于学术研究的拓展。	
政社互动	政府管理和居民自治结合不仅能够减轻社区的行政负担，还能发挥自治组织本有的功能，促进居民自治。	分析了居民自治面临的两难境地，又为问题的解决整体上提供了思路，平衡了行政与自治的关系。	这种解决办法只不过是针对社区行政化对应提供的破解之道，没有从社区内部找到办法；并且也太过宏观，不便操作；况且，也会导致一些新的问题，如居委会的边缘化。	
条件前置	居民自治要满足地域相近、利益相关、规模适度、文化相连和便于自治五个条件，要探索多层次、多样式、多类型的居民自治实现形式。	分析了五大条件与居民自治的相关性，为新时期的居民自治提供了理论指导，是居民自治理论的重大突破。	有些条件讲得过于绝对，并不是在所有情形中都能成立。例如，利益相关并不是开展自治的先决条件；同时，把这些宏观的理论和原则转化为具体微观的可操作的要素还需进一步探讨。	条件—形式
自治单元	较小的自治单元能够有效聚集个体利益和公共问题，可以提升居民参与自治的动力。当前居民自治单元过大，需要下沉和细化。	分析了自治单元与自治效率、效力和效能的相关性，这种解释具有一定的现实合理性。	没有就自治单元下沉后，社区居委会角色和功能做进一步分析，并且与现有法律法规有冲突的地方还待做进一步解释。	

1. 基层民主视角下的居民自治

居民自治兴起之时，很多学者把其放在民主框架内去解释它的意义和价值，认为这是中国民主发展的突破，是 21 世纪城市基层民主建设的开创性课题,① 对其抱有很大的期望,一批学术著作也悄然兴起。费孝通指出城市社区是基层民主建设的舞台,社区居民自治是一种"草根民主",是城市社区建设的新目标。② 社区居民自治虽然是政府主导型自治,但却是一种低成本的管理体制创新,有利于扩大民众政治参与和加强基层民主建设。③ 林尚立把基层群众自治上升到了民主政治建设的高度,认为基层群众自治首先发端于城市,是中国民主政治发展的逻辑起点和现实基点。④ 城市社区自治首先孕育了居民代表大会等政治民主参与的主体,其次培育和夯实了政治民主发展的社会基础,⑤ 居民感受到了现代民主的理念和实践。城市社区自治是除共产党执政的政府为民作主外的一种新的社会主义民主形式,⑥ 它能够把议会制的长处和直接民主的优势结合起来。⑦

后来,一些学者又用协商民主的概念去讨论居民自治的价值。居民自治不仅是选举民主的突破,也是协商民主的实践,以公民为主体开展的民主协商是基层民主的重要形态。⑧ 居民在社区公共空间中开展协商,可以有效汇集公共性意见,对政府公共政策产生一定的压力。⑨ 不过,一些学者认为基层民主的研究应当跳出社区居民自治的范畴,向基层政权机关民主、基层党内民主等更高范围拓展。⑩ 扩大自治式民主的层级范围是政治社会化的必然要求。⑪

---

① 张纪、高巨云:《居民自治:21世纪城市基层民主建设的开创性课题》,《长春市委党校学报》2000年第3期。
② 费孝通:《居民自治:中国城市社区建设的新目标》,《江海学刊》2002年第3期。
③ 徐勇:《论城市社区建设中的社区居民自治》,《华中师范大学学报》(人文社会科学版)2001年第3期。
④ 林尚立:《基层群众自治:中国民主政治建设的实践》,《政治学研究》1999年第4期。
⑤ 娄成武、谷民崇:《城市社区自治:我国政治民主化发展的必然路径》,《理论探讨》2014年第3期。
⑥ 马仲良:《城市社区自治是社会主义新型民主的生长点》,《北京行政学院学报》2001年第1期。
⑦ 肖勇:《论我国基层自治的依据》,《探索》2001年第1期。
⑧ 林尚立:《公民协商与中国基层民主发展》,《学术月刊》2007年第9期。
⑨ 李海金、危薇:《协商民主与社区自治——基于武汉市W社区论坛活动的分析》,《党政研究》2014年第6期。
⑩ 戴桂斌:《基层民主:研究和实践的拓展方向》,《探索》2011年第1期。
⑪ 那述宇:《政治社会化与基层自治式民主拓展》,《南通大学学报》(社会科学版)2009年第1期。

综上，无论是基于哪种表述，基层民主视角主要说明了社区居民自治的内在价值，这也是国家大力推动居民自治的初衷。学者通过基层民主看到了中国民主的希望，国家也试图通过发展基层民主探索民主发展的中国道路。然而，理想和现实总有差距，近年来的居民自治实践并没有达到预想的蓝图，甚至相去甚远。但这并不是说居民自治的民主价值存在问题，而是我们不能总是停留在价值层面讨论，而要就实现路径做深入研究。

2. 公众参与视角下的居民自治

虽然学界对社区居民自治的内涵没有统一的认识，但居民参与是居民自治的核心要素已达成共识。可以说，没有居民参与就没有居民自治。居民参与是推动社区居民自治的根本动力和根本保证，是衡量社区自治工作的核心指标。[①] 谢立中把居民参与作为核心变量构建了居民自治状况的理论分析模型。根据居民参与程度的不同可以把居民自治分为"低自治—低参与""低自治—高参与""高自治—低参与"和"高自治—高参与"四种形式。[②] 如前所述，面对居民自治的结构性困境，把政府管理和居民自治衔接起来是解决问题的关键，而居民参与就是把两者衔接起来的基础。[③] 参与的关键又在于把影响居民参与的外在要素转化为内在要素，变"要我参与"为"我要参与"。[④]

影响居民参与的因素有很多，参与的热情度、有效性和广泛性是居民参与有效性的内在因素。[⑤] 其中，居民参与意愿的高低直接决定了居民自治水平的高低。[⑥] 自治实际控制感是居民参与动力最重要的因素，然后依次为社区社会资本、人格倾向、自治态度和自治认识。[⑦] 居民参与不足是

[①] 胡建华：《论居民参与和社区居民自治》，《吉林省社会主义学院学报》2006年第2期。

[②] 谢立中：《城市居民自治：实际涵义、分析模式与历史轨迹》，《江苏行政学院学报》2002年第3期。

[③] 彭惠青：《内源性发展视角下服务型政府与城市社区自治互动研究》，《科学社会主义》2009年第5期。

[④] 彭惠青：《城市社区自治中居民参与的时空变迁与内源性发展探索》，《当代世界与社会主义》2008年第3期。

[⑤] 胡慧：《社区自治视角下的居民参与有效性探析》，《社会主义研究》2006年第4期。

[⑥] 程玮：《社区自治居民参与度调查与心理影响因素分析——以广东城市社区为例》，《湖北经济学院学报》（人文社会科学版）2010年第3期。

[⑦] 张雷、张平：《提升社区治理中居民参与自治的动力研究》，《天津行政学院学报》2015年第3期。

各地普遍的问题，总体上表现为参与意识淡薄、参与主体单一、参与内容有限、参与方式陈旧、参与渠道淤塞等方面，这也是居民自治难以推进的症结。针对该问题，学者也相应地提出了解决办法，例如，提高参与意识、丰富参与方式、拓展参与内容、疏通参与渠道等，但核心是要在协商民主的框架内实现国家和社会的权力互动。①

综上，公众参与视角使我们更为直接地理解了居民自治的内涵和价值，也让我们看到了居民自治的困境来源于参与的缺失。但实际上，居民参与程度高低与居民自治水平高低的相关性还有待考察，两者未必就是线性关系；同时其也没有考虑到无序参与对居民自治造成的负面影响。

3. 社会资本视角下的居民自治

除了从宏观上讨论居民自治的民主价值外，一些学者也从社会资本的角度去讨论居民自治的微观价值。社会资本也是一个舶来品，帕特南用其来解释意大利南、北部的地方自治的运作差异。所谓社会资本就是指能够通过合作行为来提高社会效率的信任、规范和网络等。② 很多学者认为社会资本对于促进居民自治有重要的作用，社区居民自治没有很好运转的原因除了国家制度的约束外，社区社会资本存量不足也是重要因素。李妮和张菊枝分别用实证研究和定量研究的方法论证了社会资本与居民自治的相关性。前者认为社区社会资本具有不可让渡性、可再生性、公共性和互惠性的特质，这可以促进社区居民协同合作，提高组织效率，降低治理成本；③ 后者的研究数据表明，社会资本的三要素即信任、规范和网络都与社区自治具有明显的正相关关系，即社区社会资本存量越多，社区自治水平就越高。④

然而，社会资本严重不足是我国社区自治面临的重大问题。政府主导的社区建设对社区社会资本的关注不够，居民参与明显不足，社区建设一

---

① 刘晔：《公共参与、社区自治与协商民主——对一个城市社区公共交往行为的分析》，《复旦学报》（社会科学版）2003 年第 5 期。

② ［美］罗伯特 D·帕特南：《使民主运转起来》，王列、赖海榕译，江西人民出版社 2001 年版，第 195 页。

③ 李妮：《社区社会资本与社区自治的关联及其发展》，《重庆社会科学》2008 年第 10 期。

④ 张菊枝、夏建中：《社区自治：繁荣城市社区社会资本的有效路径——基于社区自治与社会资本的相关性分析》，《兰州学刊》2014 年第 2 期。

直停留在表面,无法实现社区居民自治的目的。① 增加社会资本的关键在于促进居民参与。社会资本不属于个体,而是在个体互动交换中形成的,存在于居民的社交网络中。积极推动居民参与,增进社区认同能够较好解决居民自治内外主体结构失调、外部管理内卷化和自组织团体受限的问题,提升自治效能。②

综上,社会资本视角既分析了居民自治的内在价值,又为居民自治找到了内在出路。其最大的价值还在于突破了单纯对居民自治的外在结构进行讨论,而是从社区的内部去寻找居民自治的根基。但遗憾的是,已有研究未能就社会资本产生的社区土壤进行分析,也没有就社区社会资本的获取提供更多操作性的建议。

4. 内外比较视角下的居民自治

只有在比较中才能发现事物本身的优势和不足,也才能更好地吸收先进的经验。很多学者采取了比较的视角解释居民自治。首先是居民自治与村民自治的比较。徐勇认为城市社区自治相对于农村村民自治而言,城市社区自治内在动力较弱,外部环境更为宽松,但两者在内容上具有同质性,时间上具有继承性,结果上具有互补性。③ 这里的内在动力的差别主要体现在参与程度上。城市社区自治参与明显不足,且具有较强的政府规划性;农村村民自治中的参与具有更强的平等性和民间性。④ 赵秀玲则认为,相比农村村民自治而言,城市社区自治更具有开放性和多元性,公民性更强,不过两者都有自身的优势,应相互参照,取长补短。⑤ 孟迎辉等人则从法制的角度对二者进行了对比,指出城市社区居民自治的法制建设重点应是国家层面的制度建设,尤其是要加快修改《居民委员会组织

---

① 苗月霞:《社会资本视域中的中国城市社区建设》,《河北学刊》2007年第2期。

② 刘芳:《当议基层社区自治的主体创新与实践探索——以新市民的社区社会资本及协同参与为视角》,《理论月刊》2017年第8期。

③ 徐勇:《"绿色崛起"与"都市突破"——中国城市社区自治与农村村民自治比较》,《学习与探索》2002年第4期。

④ 马华:《地方政府中的基层民主与社区自治研究——以湖北省百里州镇与杨林桥镇为个案》,《学习与实践》2007年第6期。

⑤ 赵秀玲:《中国城市社区自治的成长与思考——基于与村民自治相参照的视野》,《江苏师范大学学报》(哲学社会科学版)2013年第6期。

法》。①

其次，与国外地方自治相比较。学界对国外地方自治的经验有很多介绍，其中以日本最为显著。俞祖成、周石丹从政策形成的过程、社区的激活和个体人格的尊重三方面介绍了日本地方自治的基本原则，并提出了居民自治决定团体自治的观点。② 中田·实着重介绍了自治组织"町内会"的特点，其本质是把住在社区内的家户和企业联合起来共同处理公共问题。③ 晏梦灵、刘凌旗则通过日本生活垃圾处理的微观案例展示了日本居民自治会的作用。④ 韩铁英则指出了日本居民自治的病理，即强调直接民主的理念变成了间接民主的制度。⑤

综上，这些研究为社区居民自治找到了可以借鉴的经验，但缺陷是，大多只是一种介绍性质，缺乏更深入的分析，尤其是在推动居民自治的路径方面，还有待将国外的经验进行本土转化以适应国内情境。

5. 委托代理视角下的居民自治

委托代理理论原本是西方的经济学理论，本质上是委托人和代理人基于"经济人"假设和契约文本产生的互动和博弈行为。后来，学者把这一理论模型引入到政治学、公共管理研究，重点讨论了行政科层制中"自上而下"的委托代理关系。我国社区建设实际上是填补单位制解体后社会管理的真空，社区被纳入行政科层体系已是不争的事实，社区居民自治也带有明显的委托代理特质。

雷美霞运用该视角分析了政府和社区单向度的纵向委托代理关系，这种关系实际上是行政代理，遵循科层管控逻辑，⑥ 社区成为了公共事务和

---

① 孟迎辉、邓泉国：《农村村民自治与城市居民自治的法制建设比较》，《社会主义研究》2007年第3期。

② ［日］今川晃、俞祖成、周石丹：《日本地方自治的基本原则》，《政治学研究》2016年第1期。

③ ［日］中田·实、张萍：《日本的居民自治组织"町内会"的特点与研究的意义》，《社会学研究》1997年第4期。

④ 晏梦灵、刘凌旗：《日本城市生活垃圾处理的联动机制与居民自治会的重要作用》，《生态经济》2016年第2期。

⑤ 韩铁英：《居民自治的生理与病理——日本地方政府与居民的关系浅析》，《日本学刊》1999年第1期。

⑥ 雷美霞：《论城市社区治理中的委托代理关系及优化》，《中共云南省委党校学报》2011年第5期。

公共责任的总代理，社区居民自治寸步难行；① 何艳玲则看到了社区自治中的"双重代理"，自治组织一方面代表国家向社会居民传递政府意志，另一方面代表居民向国家表达诉求，但是委托代理中的博弈逻辑使居委会的"自治性"受到侵蚀；② 王巍肯定了这种双重代理，并进一步指出前一种代理角色是隐讳但存在的，后一种代理角色是显在但软弱的，③ 居民的意见很难进入国家视野。颇有深意的是，陈伟东等人发现了社区自治中的第三种代理现象——"转代理"，④ 即居委会把行政事务转给居民小组等民间团体。这种现象表面看来是居委会的自我减负，实际上却是社区行政化的下沉，很有可能降低居民的自治能力。

当然，针对居民自治，并不是所有学者对委托代理关系都持否定态度。王启友认为委托代理是社区自治的根本出路，⑤ 因为这种代理关系能够让政府在恰当平衡民主和稳定的关系后推进社区自治。窦泽秀则把这种委托代理关系的合理性纳入了公共行政视野进行分析，指出政府委托行政和社区自治行政结合的必要性。⑥

综上，无论对委托代理秉持什么态度，这种视角都有效分析了居民自治的现实状况，明晰了社区自治结构，看到了自治的背后逻辑及结构困境。但是，该视角主要分析了政府与自治组织的关系，并没有把带有独立性质的居民个体纳入其中；同时也只分析了居民自治的纵向关系，没有看到居民自治横向关系的变化。

6. 内卷化视角下的居民自治

戈登威泽、格尔茨、黄宗智、杜赞奇等著名学者都对内卷化有过经典

---

① 许宝君：《自主性与公共性的弱化：社区公共事务治理的双重困境》，硕士学位论文，华中师范大学，2016年。

② 何艳玲：《都市街区中的国家与社会——乐街调查》，社会科学文献出版社2007年版，第113-114页。

③ 王巍：《社区治理结构变迁中的国家与社会》，中国社会科学出版社2009年版，第130页。

④ 陈伟东、余坤明：《"转代理"：转型期低收入社区居委会自我"减负"的行为模式——武汉市X社区"门栋自治"的背后》，《社会主义研究》2005年第4期。

⑤ 王启友：《论城市社区建设中的社区自治与委托代理》，《江南社会学院学报》2007年第1期。

⑥ 窦泽秀、荆友奎：《论政府委托行政与社区自治行政的有机结合》，《中国海洋大学学报》（社会科学版）2003年第6期。

的概述，虽然各有不同，但其共同的内核是，尽管某一事物做了很多变革，但仍停留在原来的运行路径中，虽然表面形式有所变化，但实质没有多大发展。很多学者借用内卷化视角来分析基层自治和居民自治面临的困境。何艳玲和蔡禾首先分析了城市基层自治组织的内卷化。尽管出现了居委会成员直选、社区居民代表大会等新的组织形式，但居委会实质性的行政性质仍没有改变。① 易臻真则表达了相同的看法，具体体现在自治组织机构行政化、精细化和片面化。② 社区居委会功能行政化，组织模式和政府机构组织模式高度一致，其根源于国家权力渗透基层导致的权力内卷化。③ 居委会、居民和积极分子形成的组织结构权力只能靠人情维系而非政治关系，基层动员机制极为脆弱，④ 居民也只是碍于情面被动地参与到社区事务中去，象征性地表现出对居委会的服从和支持。⑤

实际上，以上研究都是从政府与自组织关系异化导致的社区行政化的角度去分析自治的内卷化。除了纵向关系异化导致的内卷化外，社区内部横向关系的张力，如居委会与业主委员、物业公司之间的张力也导致了自治内卷化。⑥ 饶有趣味的是，有学者打破外部行政化思维的定势，从内部主体性角度分析了居民自治改而不变的现象，认为居民自治内卷化源于居民主体性的缺失。⑦ 值得注意的是，由于集体经济和产权的存在，农村居民自治内卷化主要根源于自组织的自利性和营利性。⑧ 针对社区自治改革的内卷化，有的学者提出了"内卷化规避"的空间模型，⑨ 试图为打破内

---

① 何艳玲、蔡禾：《中国城市基层自治组织的"内卷化"及其成因》，《中山大学学报》（社会科学版）2005年第5期。

② 易臻真：《城市社区治理的内卷化危机及其化解——以上海市J街道基层治理实践为例》，《人口与社会》2016年第1期。

③ 陈宁：《国家—社会关系视野下的社区建设：走向内卷化的权力秩序——基于对长春市J社区的研究》，《兰州学刊》2010年第7期。

④ 王婷：《中国城市社区建设的内卷化分析》，《学海》2010年第4期。

⑤ 桂勇：《邻里空间：城市基层的行动、组织与互动》，上海书店出版社2008年版，第221—225页。

⑥ 黄宇：《社区自治组织"内卷化"及其功能变迁》，《湖北社会科学》2009年第1期。

⑦ 许宝君、陈伟东：《居民自治内卷化的根源》，《城市问题》2017年第6期。

⑧ 李伟、杨超：《基层自治"内卷化"与农村社会工作的结构性困境》，《社会工作》2015年第4期。

⑨ 张付强：《我国社区自治改革的内卷化分析——一种空间模型的视角》，《公共管理学报》2009年第3期。

卷提供一个分析框架。

综上，尽管分析角度不同，但上述研究都很好地指出了居民自治的结构性困境，看到了外部行政环境对居民自治的制约。然而，美中不足的是，鲜有学者从居民内部要素去深度解读这种内卷化困境，不利于找到自治的突破口。

7. 政社互动视角下的居民自治

针对社区行政化导致的自治困境，根据我国特有的政治结构，很多学者主张把政府管理与居民自治结合起来，以实现二者各自的功能。行政一体化导致社区陷入行政困境，但行政与自治分离又会导致脆弱的社区自主性，行政与自治衔接或许是解决问题的最优路径。① 再者，两者衔接也是化解基层政权建设与居民自治内在张力的唯一办法。② 两者结合不仅能够减轻社区的行政负担，还能发挥自组织本有的功能，促进居民自治。③ 不过，两者结合过程中要注重政府角色的重塑，政府与社区的关系应从纵向控制转为横向互动，④ 政府应当协同居民开展自治，服务型政府的构建是必然选择。⑤ 戴祥玉则构建了"三轮驱动"（体制改革、资源整合和自治能力）政府自我推动机制以深化社区自治。⑥

一些学者就如何使政府管理与居民自治衔接提供了参考路径。如，在思想上要树立"社区共同体"理念；制度设计上要注重把顶层设计与底层参与结合起来；文化建设上要注重增强社区文化认同；等等。⑦ 可喜的是，政社互动理论在实践中也得到了印证。杭州的"分类治理"和"复

---

① 舒晓虎、张婷婷、张文静：《行政与自治衔接：对我国城市基层社会治理模式的探讨》，《学习与实践》2013年第2期。

② 杨辉、张根福：《论城市基层政权与居民自治的有机衔接》，《浙江师范大学学报》2003年第3期。

③ 解红晖：《城市基层政府与社区自治组织的良性互动关系》，《社会科学家》2013年第1期。

④ 江正平、赵莹莹、曲春生：《基层政府在城市社区自治中的角色重塑》，《中州学刊》2008年第6期。

⑤ 彭惠青：《内源性发展视角下服务型政府与城市社区自治互动研究》，《科学社会主义》2009年第5期。

⑥ 戴祥玉：《地方政府自我推进型治理创新：转型期城市社区自治的发展路径——基于4类社区治理创新典型案例的研究》，《北京理工大学学报》（社会科学版）2017年第3期。

⑦ 沈佳文：《社区自治与基层行政"无缝对接"的逻辑理路——基于国家和社会二元分析框架下的微观考量》，《长白学刊》2013年第4期。

合主体"的尝试,① 大连的"365社区治理模式",② 深圳的"社区工作站"模式,③ 以及一些地方的网格化治理④实践都较好地诠释了这种理论,对解决居民自治的问题都提供了有益的经验。

综上,基于政社互动视角既分析了居民自治面临的两难境地,又为问题的解决从总体上提供了思路。但是这种解决办法只不过是针对社区行政化对应提供的破解之道,而没有从社区内部找到办法,并且也太过宏观,不便操作。况且,一些地方实践也导致了另外的问题,如深圳模式导致了自组织的边缘化,网格化模式导致了居民的依赖。

8. 条件前置视角下的居民自治

随着2014年中央"一号文件"指出要探索不同情况下村民自治的有效实现形式以来,⑤ 村(居)民自治的研究热度再次升温。徐勇首先指出居民自治要满足地域相近、利益相关、规模适度、文化相连和便于自治五个原则,探索多层次、多样式、多类型的居民自治实现形式。⑥ 邓大才分别讨论了这些要素与自治的相关性。利益相关是自治形成的首要条件,其中又以经济利益为主;地域相近是自治的自然条件和空间基础;文化相连是自治形成的思想基础和联系纽带;规模适度是自治形成的组织基础;群众自愿是自治形成的主体基础。⑦ 这些要素与自治的有效性之间有显著的相关关系。

地域相近是一个社会联系和地理联系互构的单位。⑧ 我国有相近地域开展自治的传统,地域相近地方的居民利益关联度更大或者有着其他方面

---

① 郎晓波:《政府行政管理与城市社区自治良性互动的路径研究——基于杭州城市基层社会管理体制的改革与创新》,《中共杭州市委党校学报》2013年第5期。

② 石施:《城市居民自治下"政社互动"运用研究——以大连市"365社区管理模式"为例》,《改革与开放》2017年第12期。

③ 王东:《论社区管理中居民自治和政府机构的互动——深圳社区工作站模式的启示》,《四川行政学院学报》2006年第6期。

④ 张正州、田伟:《政社整合:城市社区自治组织的再造尝试——基于XL社区网格化管理服务改革实践》,《中共福建省委党校学报》2017年第9期。

⑤ 《关于全面深化农村改革加快推进农业现代化的若干意见》。

⑥ 徐勇、贺磊:《培育自治:居民自治有效实现形式探索》,《东南学术》2014年第5期。

⑦ 邓大才:《村民自治有效实现的条件研究——从村民自治的社会基础视角来考察》,《政治学研究》2014年第6期。

⑧ 胡平江:《地域相近:村民自治有效实现形式的空间基础》,《华中师范大学学报》(人文社会科学版)2014年第4期。

的社会联系，可以形成"有机团结"，产生集体行动。利益相关是居民自治的内在动力，① 两者有明显的正相关关系，即利益相关性越大，自治的动力就越强。居民自治源于利益相关的制度变迁，这种利益既包括公共利益，也包括私人利益。居民自治要以群众的利益需求为导向，不断搭建利益诉求平台。组织规模与自治效率、自治效能和自治效力都有明显的相关关系。自治规模较小，居民自治的可能性就越大。当前以居委会为中心的自治单元过大，降低了居民自治的效能。② 任何形式的居民自治都要植根于本土的文化。文化塑造自治人格和凝聚自治共识，为自治提供了合理性，尤其是现代公共文化形塑了自治的未来。③ 协商民主开辟了居民自治实现路径，丰富了居民自治实现方式，是实现居民自治的有效运转机制。④

综上，这些观点为新时期的居民自治提供了理论指导，是居民自治理论的重大突破。但是，有些条件讲得过于绝对，并不是在所有情形中都能成立。例如业主与物业公司之间有紧密的利益联系，但两者并没有联合起来自治，相反，经常发生利益冲突，扰乱自治秩序。同时，把这些宏观的理论和原则转化为具体微观的可操作的要素还需进一步探讨。

9. 自治单元视角下的居民自治

近年来，一些学者认为居民自治效果不理想的原因在于自治规模过大，因而主张缩小自治单元，提升自治效力。张大维、陈伟东等人首先以武汉市"院落自治"和"门栋自治"为例，说明了较小的自治单元能够产生集体行动，提高治理绩效。⑤ 这种自治单元可以是院落、门栋，也可以是居民小组、社区团体。刘强等人认为基层治理单元过大也一直备受诟病，治理单元细化和下沉是趋势，由此可以解决公共服务、民主权利和社

---

① 胡雅琼：《利益相关：城市居民自治的内在动力》，《江西社会科学》2016 年第 3 期。
② 白雪娇：《规模适度：居民自治有效实现形式的组织基础》，《东南学术》2014 年第 5 期。
③ 任路：《文化相连：村民自治有效实现形式的文化基础》，《华中师范大学学报》（人文社会科学版）2014 年第 4 期。
④ 任路：《协商民主：居民自治有效实现形式的运转机制》，《东南学术》2014 年第 5 期。
⑤ 张大维、陈伟东、孔娜娜：《中国城市社区治理单元的重构与创生——以武汉市"院落自治"和"门栋自治"为例》，《城市问题》2006 年第 4 期。

区秩序等众多问题。① 那么,究竟如何选择自治单元呢?有什么样的标准?李增元宏观建构了自治单元的划分原则。他认为人是自治单元的核心,确定的自治单元应当可以呼应民主政治建设,便捷公共服务,遵循资源配置最优原则,提升社区自治能力和促进人性解放。② 邓大才微观构建了自治单元的选择标准。自治单元的划分要遵循利益相关、产权相同、文化相通、血缘相连、地域相近五个原则。③ 成都的小单元治理实践为居民自治营造了良性运转的"内环境"和"外环境",也印证了自治单元下沉理论。④

当然,并不是所有人都持相同的观点。唐鸣等人认为自治单元下沉至村民小组的做法是缺乏法律支撑的,以此为依据开展试点的理由不是很充分、确实的。⑤ 陈明认为"单元下沉"提法的科学性还有待商榷,理论上还存在逻辑矛盾,未来自治的形态不是"单元下沉"而是"单元上移"。⑥ 许宝君认为应当突破纵向思维的桎梏,横向建构以社区社团为核心的自治单元,使居民自我行动起来。⑦ 刘建军则认为基层自治的形态应该是多层次、多样性的,包括楼栋自治、自治家园、业委会自治、居委会自治、街居制五个层级,层级自治是基层治理的方向。⑧

综上,自治单元视角有效分析了自治单元与自治效益的相关性。较小的自治单元能够有效聚集个体利益和公共问题,可以提升居民参与自治的动力,这种解释具有一定的合理性,但是,当自治单元下沉后,社区居委

---

① 刘强、马光选:《基层民主治理单元的下沉——从村民自治到小社区自治》,《华中师范大学学报》(人文社会科学版)2017年第1期。

② 李增元:《农村基层治理单元的历史变迁及当代选择》,《华中师范大学学报》(人文社会科学版)2018年第2期。

③ 邓大才:《中国农村村民自治基本单元的选择:历史经验与理论建构》,《学习与探索》2016年第4期。

④ 成都市政法委、成都市社科院联合课题组等:《"小单元治理"与"网格化管理"的互促融合——成都创新基层社会治理研究》,《四川省社会主义学院学报》2015年第4期。

⑤ 唐鸣、陈荣卓:《论探索不同情况下村民自治的有效实现形式》,《当代世界社会主义问题》2014年第2期。

⑥ 陈明:《村民自治:"单元下沉"抑或"单元上移"》,《探索与争鸣》2014年第12期。

⑦ 许宝君:《我国城市社区居民自治单元重构——兼对"自治单元下沉"论的反思》,《东南学术》2021年第1期。

⑧ 刘建军、马彦银:《层级自治:行动者的缺席与回归——多中心治理视野下的城市基层治理研究》,《杭州师范大学学报》(社会科学版)2015年第1期。

会是法定的自治载体又做何解释？社区居委会的角色和功能又是什么？这些都是必须回答的问题，已有研究对其阐述甚少。

整体而言，学界关于居民自治的研究内容纷繁复杂，涉及居民自治的历程、结构、问题、经验、条件等多方面的内容。综合运用了治理理论、公民社会理论、国家建构理论、社会资本理论、自组织理论等国内外理论。研究方法以定性研究为主，定量研究为辅。不过，这些研究可以从以上九个视角进行解读，每个视角都有其独特的解释力度，让我们更深刻地看到了居民自治的历史变迁和发展进程。但每个视角也都有其固有解释限度，这又为我们提供了新的研究课题和突破空间。

（二）既有研究范式及简要述评

1. "价值—制度"范式。居民自治研究初期，很多学者都是用"价值—制度"范式（VALUE-SYSTEM）进行研究。所谓制度就是指社会博弈的规则，形塑人们互动关系的约束。[①] "价值—制度"范式的基本立足点就是制度是建立在价值彰显的基础上的。当一种事物具备某种价值时，人们才会去构建相应的制度去保障这种价值，并且这种制度建构也是非常必要的。

已有分析居民自治的前四种视角都是"价值—制度"范式的具体运用。公众参与视角既看到了居民自治的动力源泉，也看到了居民自治的参与价值，因而居民自治的关键在于构建促进参与的制度。基层民主视角论证了居民自治的民主价值，把其看作是中国政治民主化建设的突破，因而居民自治的核心是要构建基层民主制度。社会资本视角看到了社会资本促进居民自治的内在价值，因而推进居民自治过程中要构建相应制度以集聚信任、规范、网络等社会资本，最大限度地避免社会资本的耗散。内外对比视角主要是看到了农村和国外自治制度对我国城市社区居民自治制度构建的借鉴意义。正因为这些价值的存在，我国才建立了以居委会为中心的"四个民主"制度，试图探索民主发展的中国道路。学界的研究也基本是围绕这"四个民主"制度展开的。例如，关注居委会直选、居民代表大会的成立、居民小组的运作。可以说，这一时期关于社区居民自治的研究

---

① ［美］道格拉斯·C.诺思：《制度、制度变迁与经济绩效》，杭行译，格致出版社、上海三联书店、上海人民出版社 2014 年版，第 3 页。

就是社区自治制度研究。

2. "结构—功能"范式。经典社会学家孔德、斯宾塞、帕森斯、吉登斯等都阐述过"结构—功能"的思想,众多学者也经常用其分析社会现象。所谓结构就是指"社会再生产过程中反复涉及的规则和资源"①,实际上就是引导和制约人们行动的制度、规则和价值等。"结构—功能"范式(STRUCTURE-FUNCTION)的基本立足点就是社会是具有一定结构的系统,并对社会整体发挥功能。个体虽然有选择自主行动的自由,但是归根到底要受到结构的限制。可以说,有什么样的结构就会产生什么样的行动。

已有三种分析居民自治的视角都是"结构—功能"范式的具体运用。委托代理视角看到了居民自治外在结构中的纵向控制关系。自治组织被卷入行政科层结构中,结果造成了社区的行政化,自组织的自治功能无法发挥。要推进居民自治就要优化委托代理关系,规避其中的道德风险和逆向选择。内卷化视角看到了居民自治的外部结构不断精细化,但自治效果仍旧很不理想。其归根结底是由于没有突破外在结构的限制,居民自治仍旧被锁定在原有的发展路径之中。固有的结构造成的路径依赖现象尤为明显。政社互动视角看到了结构与功能的两难境地,即行政与自治的张力。基层政权建设和民主自治存在一定的矛盾,只有把行政管理与居民自治二者结合起来才能有效平衡结构和功能的关系。由此可以看出,已有这三种视角的研究都是遵循了"结构—功能"范式,重点论证的就是居民自治的外在结构限制了居民自治功能的发挥,看到了居民自治面临的结构性困境。推进居民自治既要依赖这种结构,但又要做一定程度的优化。

3. "条件—形式"范式。自2014年中央"一号文件"指出要探索不同情况下村民自治的有效实现形式以来,一批学者就高度关注,并主张用"条件—形式"范式去激活居民自治的研究活力。"条件—形式"范式(CONDITION-FORM)的基本立足点就是在满足相应条件的基础上探索居民自治多层次、多样式、多类型的有效实现形式。

已有分析居民自治视角中的后两种都是"条件—形式"范式的具体运用。条件前置视角指出了居民自治应该具备的五个条件,这五个条件与居民自治的效力之间有明显的相关关系。并且这五个条件不是孤立存在

---

① [英]安东尼·吉登斯:《社会的构成》,李康、李猛译,生活·读书·新知三联书店1998年版,第52页。

的,而是紧密相连的,其中,利益相关尤为重要,是自治的内在动力。自治单元视角强调缩小和精细自治单元,理由是较小的自治单元能够满足有效自治的五个条件,才能有效凝聚公共利益,增强文化认同,产生集体行动。这其实又是条件前置视角的具体运用。小区自治、院落自治、楼栋自治、社团自治都是居民自治的有效实现形式。总体而言,"条件—形式"范式是居民自治框架构建、实现条件和实现形式的综合研究,是新时期居民自治理论和实践的又一次突破。这标志着自治外在价值向内在价值回归,单一形式向多元形式转变,选举过程向议事过程拓展。[①]

4. 既有范式的解释力度与限度。居民自治研究初期主要是采用了"价值—制度"范式,这种范式有力阐释了居民自治的价值,把居民自治看作是民主建设的突破,国家进而自上而下建构了以社区居委会为中心的社区自治制度。学界运用该范式产生了大量的学术成果,为以后的学术研究奠定了基础;同时架构的基本制度也为居民自治的实践提供了基本指导框架。但是,大多数学者只是把居民自治的价值放在国家宏大的民主政治建设的背景中予以关怀,没有过多关注居民自治的内在价值,如自治对基层社会治理的效用以及对人文素养的提升等。同时对居民自治的研究局限于社区自治制度的研究,并且也主要是热衷研究民主选举制度,其他"三个民主"制度关注甚少,这无疑造成了研究对象的单一,压缩了研究空间。更为重要的是,该范式只是对居民自治的价值和制度进行了论证,未能对价值的实现和制度的运作提供更多的解释,也不能有效解释居民自治运行中遇到的各种问题。

"结构—功能"范式主要关注居民自治的制度结构,研究的对象主要是在"价值—制度"范式基础上建立起来的制度,可以说,这是前一种范式的跟进和提升。该范式分析了自上而下构建的自治制度的优势和问题,尤其是对居民自治的问题进行了深度讨论,集中表现为社区行政化和自治内卷化。这些问题归根结底是一个结构性的问题,是自上而下建构的制度本身的缺陷,是基层政权建设和基层民主建设内在的矛盾。正因为这种结构性问题的存在才造成了自治功能的稀释。但是,该范式主要分析了政府与自治组织的关系,并没有把带有独立性质的居民个体纳入其中,毕竟,基层自治的主体是基层群众,微观分析居民行为的变化至关重要;同

---

① 黄振华:《村民自治研究的范式转换与理论提升》,《理论与改革》2015年第6期。

时也只分析了自治结构中的纵向关系,没有看到自治结构横向关系的变化;更为重要的是,该范式过度关注基层自治的外在结构,而没有对居民自治能力、自治意愿和自治方法等内在要素进行分析,也鲜有学者用自治的内部要素去深度解读居民自治内卷化困境。这不仅不利于找到居民自治的内在机理,而且还会造成研究的禁锢,因为我们很难突破制度结构的规制,找到自治新的增长点。

"条件—形式"范式看到了前两种范式的弊端,试图从居民自治实际运转问题的基础上建构居民自治有效实现的条件和形式。居民自治的形式不局限于一种,而是有什么样的条件就有什么样的形式。不同地方要因地制宜,根据实际情况加以选择。这种范式让我们看到了居民自治的多样性和差异性,为尘封已久的居民自治研究注入了兴奋剂。但是,该范式提出的自治的先验性条件与自治有效性之间的关系还有待进一步理顺和考证。有些条件讲得过于绝对,并不是在所有情形中都能成立。例如,有相关利益的个体就能组织起来自主开展自治吗?调查发现,业主委员会与物业公司之间有紧密的利益联系,但两者并没有联合起来自治,相反,经常发生利益冲突,扰乱自治秩序。自治规模要适度没有问题,但是究竟要多大的规模呢?重要的是,自治单元下沉后,有可能会产生居委会边缘化等新的问题,因而要对居委会的角色和功能做进一步分析和解释,毕竟,它是法定的居民自组织。

整体上看,这三个范式都具有一定的解释力,在一定程度上解释了居民自治的过程和实践,并且这三个范式不是孤立存在的,而是层层递进的。后一种范式都是前一种范式的继承和发展,逐步把研究推向新高度。但是每个范式都有其固有的解释限度,笔者上面已经解释,不再赘述。这里尤其值得注意的是,前三个范式有一个共同的缺陷,那就是,它们都只是聚集于居民自治的制度、结构和条件,而没有就居民自治如何运转起来提供更多解释和操作性的建议。居民自治运转起来就是居民要自我组织起来和自我行动起来,而这三种范式都无法为其提供理论指导。

"价值—制度"范式和"结构—功能"范式只是静态关注自治制度和结构,"条件—形式"范式虽然指出了居民自治要运转起来的内在条件,但是没有说明居民自我行动起来究竟需要哪些要素,换句话说,哪些内在条件还需要进一步转化为行动要素,其实质仍是一种静态研究,无法避免"自治空转"的问题。这个缺陷既是前三种范式共同的问题,也是深化研究的突破。本书正是看到了这些范式的优势和问题，试图在此基础上提出一种新的范式来解释近年来居民自治过程中的新实践、新问题、新现象；更为重要的是，要能够使居民自治切实地运转起来，让居民自我组织自我行动起来，从而也使居民自治研究从静态研究转向动态研究。

二 "流程—行动"研究范式的提出及解释

"流程—行动"范式是基于已有研究和现实问题基础上提出的一种全新的研究范式，实际是制度主义转向行动研究的结果，是参与式赋权行动的理论提升。其有独特的内涵和价值，为居民自治研究找到了新的突破点。

（一）"流程—行动"范式的内涵及特点

"流程—行动"（PROCESS-ACTION）范式关注的是如何让居民自我行动起来，其基本立足点就是围绕居民自我行动的要素建立可操作的流程，根据流程再采取针对性的行动。流程管理（PROCESS MANAGEMENT）是现代企业管理和公共管理的新理念，是以业务为核心构造端到端的、以提高业务绩效为目的的系统化方法。[①] 本书把流程管理的思想引入到社会治理领域，目的就是要建立居民自治的基本行动流程。其实质是为居民自治提供一种可操作的方法，让居民能够自主行动起来，让居民自治切实运转起来，同时也为居民自治研究提供一种新的分析范式。

第一，以问题为导向，着眼于居民自治内部问题。"流程—行动"范式首先关注居民自治的内部问题，而不是外在结构。所谓居民自治的内部问题就是指居民自我行动中的问题，具体表现为：一是自我离散问题。当前居民仍是一盘散沙，原子化的居民仍是游离不定，没有有效组织起来开展自治。个体临时的、突发的、碎片化的参与效益不高，居民往往缺乏参与载体而无所适从。二是自我逃避问题。在居民参与的集体行动中，"搭便车""机会主义"等现象经常存在。他们不愿为增进公共利益共同采取集体行动，自我逃避社会责任，选择"理性无知"[②]，"事不关己，高高挂

[①] 张志刚、黄解宇、岳澎：《流程管理发展的当代趋势》，《现代管理科学》2008 年第 1 期。

[②] 陈伟东：《社区行动者逻辑：破解社区治理难题》，《政治学研究》2018 年第 1 期。

起"的心态普遍存在；三是自我放弃问题。由于缺乏必要的参与激励，居民的参与意愿和参与热情逐渐消减。他们看不到参与回报和参与价值，久而久之主动放弃自治。四是自我夭折问题。自治常常由于缺乏必要的资源支撑而中途停摆，无法持续。政府投入社区的资源有限，社区和居民又缺乏开发和利用社会资源的能力，居民自治常常因为缺乏经费而被迫中断。

第二，以协商为手段，共同制定解决问题的流程。针对上面四个问题，"流程—行动"范式强调针对性地构建四步流程。一是建立组织。根据居民的需求、意愿、爱好和诉求，让分散的居民加入一定的组织中去，让他们在组织中获得身份和功能，在组织中增强自治认知和自治意愿，以组织为载体开展自治；同时根据居民意愿，协商选定组织领袖，合理划定成员分工。二是制定规则。良好的社群自治应当内生演化出有利于实现社群成员协商合作的行为规范。[①] 当居民自我建立组织，归属到一定的团体后就会产生集体行动的困境，因此要引导居民自我制定规则，明确行动边界和权利义务，按规则办事，尽可能避免"投机搭便车""逃避责任"的问题。尤其注意的是，这些规则必须是微观具体可操作的，必须是居民意愿最大公约数的集合，因为这样的规则才会有约束和认同效力，否则，只能是一纸空文，毫无价值。三是强化激励。任何行动的延续都需要持久的激励，居民自治行动也不例外。引导居民自我制定激励措施，让他们内心真正能够感受到自治带来的回报和价值，在此基础上产生一种积极心理体验，并持之以恒采取行动。不过，激励措施的制定要恰当处理好"公益"和"收益"的关系，毕竟居民自治是一种公共参与行为，不是盈利交换行为。四是链接资源。引导居民利用资源搜索图、资源心智图等方法广泛链接社会物质资源、人力资源、组织资源、技术资源等，强化自治的资源保障，提高行动的自主性和持续性。政府也可采取向居民自组织购买服务的方式，以项目化的形式提供资源支撑，创新自治方式。值得注意的是，链接资源不是自组织单方面地向他组织"化缘式"地要资源，而是要建构一种资源循环交换网络，做到互惠互利，人人共享。流程中的每一步都是环环相扣、层层递进的，一步一步让居民自我行动起来。同时如何建立

---

① 朱宪辰、李玉连：《异质性与共享资源的自发治理——关于群体性合作的现实路径研究》，《经济评论》2006年第6期。

组织、如何推选领袖、如何制定规则、如何链接资源等具体议题也应当做流程化处理。整体流程和具体流程相辅相成，最终构成一个自治流程的生态链和循环链。

第三，以实践为目的，根据流程针对性采取行动。"流程—行动"范式不仅关注解释世界，更关注改造世界，是以实践为核心的一种研究范式。无论是"找问题"，还是"定流程"，最终的落脚点都是"展行动"。行动的核心主体是居民，居民要自主行动起来。当然，居民是行动的核心主体并不意味着居民是唯一的行动主体。政府、社区居委会、社会组织等社会力量也要自主开展行动。只不过，他们的这些行动要围绕居民展开，目的是协助和辅助居民开展自治行动。居民自治不是居民或自组织单边的个体行为，而是以居民为主体多种力量集体行动的结果。但要注意的是，外在主体的行动不能干扰居民行动，更不能替代居民行动。社会主体在行动的过程中始终要以激发居民的主体性和能动性为出发点，自觉摒弃"为民作主""替民作主"的做法。

（二）从"国家—社会"到"行动者"

无论是讨论社区建设与居民自治，还是乡村治理与村民自治，"国家—社会"分析范式都占有主导地位，成为学界研究城乡基层治理的一个主流分析框架。[①]"国家—社会"分析范式强调从国家和社会的关系角度出发，以权力为核心，分析两者的博弈和互动。其简单可以分为"强国家—弱社会""强国家—强社会""弱国家—强社会""弱国家—弱社会"四种竞争形态，"国家中心主义""社会中心主义"和"社会中的国家"三种研究面向。[②]受国家和社会关系的影响，在社区治理层面形成了"作为国家治理单元的社区"和"作为社会自治单元的社区"[③]两种截然不同的研究思路。

"国家中心主义"强调国家建构和政府治理能力，国家建构理论、基层政权建设理论、国家自主性理论是其理论渊源。秉持这种思维的学者把

[①] 何海兵：《"国家—社会"范式框架下的中国城市社区研究》，《上海行政学院学报》2006年第4期。

[②] 张静：《政治社会学及其主要研究方向》，《社会学研究》1998年第3期。

[③] 杨敏：《作为国家治理单元的社区——对城市社区建设运动过程中居民社区参与和社区认知的个案研究》，《社会学研究》2007年第4期。

社区建设看作是政党主导下的社区自治建设的过程，① 社区是作为基层管理的一个单元而存在的。有的学者认为我国的社区是一种"行政社区"，② 居民自治发育不良，国家随时可以干预和控制。"社会中心主义"强调社会建构和民众自治能力，社会建构理论、市民社会理论和自由秩序理论是其理论基础。秉持这种思维的学者把社区看作是与国家相分离的一个独立的自治场域。社区建设是培育自治，推进基层民主，构建公民社会的重要举措。③"社会中的国家"强调两者的统合，参与式治理理论、网络化治理理论、多元协同共治理论是其理论形态。治理话语的兴起弥补了国家和社会的张力，治理本身就强调公共部门和私营部门的合作，因而国家和社会是互补与镶嵌，④ 政府和社区是共生与共长。⑤

"国家—社会"在分析社区治理结构和社会制度变迁方面具有较强的适用性，⑥ 由此也形成了行政模式、自治模式和统合模式三种社区治理模式，⑦ 但也存在解释限度。一是本土适应性问题。"国家—社会"是西方的舶来品，其前提假设是要有一个独立的国家和独立的社会。但是，中国的国家和社会不是截然对立的，也不是相互独立的，而是融为一体的。因此，我国的社区建设具有基层政权和民主政治双重构想的目的，简单地用西方的国家和社会概念来解释中国基层社会治理是不可取的。⑧ 二是边界难识别问题。国家和社会的边界如何划分？政府官员就代表国家，居委会就代表社会吗？实践中，居委会演变成一个"半官方、半民间"的组织，

---

① 刘晔：《公共参与、社区自治与协商民主——对一个城市社区公共交往行为的分析》，《复旦学报》（社会科学版）2003 年第 5 期。

② 顾骏：《"行政社区"的困境及其突破》，《北京行政学院学报》2001 年第 1 期。

③ 刘继同：《国家话语与社区实践：中国城市社区建设目标解读》，《社会科学研究》2003 年第 3 期。

④ 徐林、吴咨桦：《社区建设中的"国家—社会"互动：互补与镶嵌——基于行动者的视角》，《浙江社会科学》2015 年第 4 期。

⑤ 王汉生、吴莹：《基层社会中"看得见"与"看不见"的国家——发生在一个商品房小区中的几个"故事"》，《社会学研究》2011 年第 1 期。

⑥ 王巍：《国家—社会分析框架在社区治理结构变迁研究中的应用》，《江苏社会科学》2009 年第 4 期。

⑦ 魏娜：《我国城市社区治理模式：发展演变与制度创新》，《中国人民大学学报》2003 年第 1 期。

⑧ 何艳玲：《西方话语与本土关怀——基层社会变迁过程中"国家与社会"研究综述》，《江西行政学院学报》2004 年第 1 期。

既想获得体制的保护，又在努力争取自治空间。因此，很多时候，国家和社会的边界是非常模糊的，无法精确区分。三是矛盾难调和的问题。"国家—社会"分析思维带有强烈的冲突意味，尽管也有统合的分析取向，但带有理想色彩。受这种思维影响，容易走向极端。比如，有学者就认为国家应该退出社区领域，营造一个独立的自治形态。这种观点是不符合我国的国情的，没有政府支持，居民自治是难以推进的。

"国家—社会"分析视角能够从宏观上较好地看到居民自治的外部结构，但无法清晰地看到社区内部各行动者的相互关系及其对居民自治的影响。行动者分析视角强调关注微观主体的行动策略，能够有效观察居民自治的运作过程。"国家—社会"分析视角过分强调国家和社会的整体性和对立性，面临宏观关系的微观转换问题。[1] 实际上，国家和社会是交互渗透的动态边界，两者不是铁板一块，也没有清晰的界限，而是被不同行动者所分解，通过不同的社会行动和具体事件反映出来。[2] 并且，国家的代表和社会的代表也可能是相互重叠、相互影响的，国家与社会之间的关系都是在这些"代表"的互动中形成的。实践中，每个行动者都有自己的行为逻辑、利益追求和理想目标，合作、竞争、冲突、妥协是其典型形态，对他们的分析需要更多地考虑理性计算、策略选择、文化情感、社会网络等因素。[3] 因此，从行动者视角出发，我们能够更好地看到同一场域或不同场域中的行动及其相互关系，以及由此带来的空间结构的变化与转换。

社区居民自治的研究需要从制度主义转向行动研究，[4] 必须把居民自治放入社区治理主体的多重行动逻辑和行为关系中讨论才有价值。社区是不同行动者相互博弈的"角力场"，[5] 只有采取行动者逻辑，才能破解居

---

[1] 付建军：《在国家—社会和空间—行动者之间——当代中国城市社区建设的路径演变与理论因应》，《社会主义研究》2019 年第 1 期。

[2] 桂勇：《略论城市基层民主发展的可能及其实现途径——以上海市为例》，《华中科技大学报》（社会科学版）2001 年第 1 期。

[3] 徐丙奎、李佩宁：《社区研究中的国家—社会、空间—行动者、权力和治理——近年来有关社区研究文献述评》，《华东理工大学学报》（社会科学版）2012 年第 5 期。

[4] 许宝君：《社区居民自治研究范式转换及发展趋向》，《内蒙古社会科学》2020 年第 1 期。

[5] 肖林：《"'社区'研究"与"社区研究"——近年来我国城市社区研究述评》，《社会学研究》2011 年第 4 期。

民"理性无知"①（理性选择旁观而不愿行动起来）的问题。因此，探究居民自治不能只是一味地分析居民行动本身，而是要把居民行动放入各种行动关系中，才能更好地看到居民自治的发展样态与变迁过程。要特别指出的是，这里的行动者不是指单独的个人，而是组织化的个体。因为原子化、碎片化的个体参与热情和参与效益不高，组织化的个体才是决定社区事务和权力的行动者。②

（三）从制度主义到行动研究

"流程—行动"范式是学术研究从制度主义转向行动研究的结果。制度主义关注的重点不是具体的个人和事件，而是把具体事实抽象化为普适性的规范。③ 以前大多数关于居民自治的研究都是放入制度主义的基层治理研究范畴。我们经常运用的奥斯特罗姆的自组织和自主治理理论也都是建立在理性选择制度主义之上的。居民自治研究遵循制度主义的运作逻辑，试图构建一种普遍性的制度指导自治实践。这种研究一开始确实为推进居民自治提供了政策范本，全国社区居民自治也轰轰烈烈开展了起来。但是，随着社会复杂性、流动性和不确定增加，制度主义固有的缺陷也日益彰显，无法对多变的社会做出灵活的反应。尤其是，制度主义形塑了一种"中心—边缘"结构的社会治理体系已经很难应对复杂的社会问题。这种结构也造成了基层社会治理中"政府在行动、社会不行动、居民无行动"④ 的困局。

这种困局也预示着行动研究的回归。行动研究不再是以制度为中心，而是以人为中心，重点关注的是人的行动，人如何行动。行动研究以解决实际问题为出发点，目的是生产一种能够促进社会改变的有用知识。⑤ 行动的过程就是把理论和实践渗入到民众参与的过程，探究满足个人和社区

---

① 陈伟东：《社区行动者逻辑：破解社区治理难题》，《政治学研究》2018 年第 1 期。
② 桂勇：《邻里政治：城市基层的权力操作策略与"国家—社会"的粘连模式》，《社会》2007 年第 6 期。
③ 向玉琼：《从制度主义转向行动主义的社会治理——读张康之教授〈公共行政的行动主义〉》，《北京行政学院学报》2015 年第 5 期。
④ 陈伟东、陈艾：《居民主体性的培育：社区治理的方向与路径》，《社会主义研究》2017 年第 4 期。
⑤ 杨静：《回观历史 辨识经验 寻找变的力量——一个社会工作者的行动研究》，《中国农业大学学报》（社会科学版）2013 年第 3 期。

需求的有效方案，① 因此，行动研究本身就是一种实践。

行动研究在居民自治领域集中体现为三个方面：一是不以解释居民自治现象为重点，而是重在寻找居民自治的有效路径。二是关注的不再是制度建构，而是实体参与，包括需求的表达、问题的讨论、活动的策划、服务的提供、行动的设计、成效的评估等多个方面。三是建构的不是制度规范，而是行动流程，开展自治的具体步骤。从这个意义上看，行动研究是制度主义的突破，有效克服了制度主义的弊端，注重人的内在价值和实体行动，使居民自治研究从静态研究转向动态研究。同时，这种行动是一种赋权式行动。每个居民都是有自治意识和行动能力的，只是这种意识和能力需要赋权才能予以激发。"流程—行动"范式下的行动指的就是一种赋权式行动，具体表现在以下几个方面：

其一，研究者和行动者是合作关系。研究者要深入实践，与民众建立合作关系。无论是工作者、服务提供者、服务享受者、照料者都是研究的共同生产者或参与者，让他们觉得是自我在管理研究。②

其二，服务者和服务对象是伙伴关系。赋权式行动研究中的关系是一种互助的平等关系，不是"为"（for）和"给"（to）他们提供服务，而是"和"（with）他们在一起共同面对困难。③ 进一步说，社区自治过程中，无论是服务居民的社区居委会、社会服务机构还是社会组织等专业组织在提供服务的过程中，切忌凭借专业权威排斥居民，只把居民当作被服务的对象，而没有让他们也参与到服务的提供中来。

其三，核心是增强居民的主体性。主体性是赋权建构的核心内容。④ 主体性意味着个体自愿、自觉、自决、自动。社区居民与其他社会力量在互为主客体中产生互动，他们之间不是服务和依赖的关系。其他社会力量更不能是包办者，而是要以激发居民的主体性为宗旨，让居民能够自我把控和解决自治中的问题，在解决问题中增强权力和自治意识。

---

① 古学斌：《行动研究与社会工作的介入》，《中国社会工作研究》2013年第1期。

② ［英］Robert Adams：《赋权、参与和社会工作》，汪冬冬译，华东理工大学出版社2013年版，第213页。

③ 杨静、吉家钦、夏林清主编：《行动研究经典读书札记》，社会科学文献出版社2015年版，第16页。

④ 谭祖雪、张江龙：《赋权与增能：推进城市社区参与的重要路径——以成都市社区建设为例》，《西南民族大学学报》（人文社会科学版）2014年第6期。

其四，自主权共生。传统意义上谈自主权都是站在排斥的角度讲的。例如，讨论国家自主性的时候，就认为当国家的目标和社会的目标不一致的时候，国家有按照自己的意志和能力做出有利于自身利益选择的自主权。其实质是国家自主性排斥社会自主性。赋权行动中，每个主体都是独立自主的行动者，没有哪一个主体站在权力的制高点。其他主体赋权居民的时候，实际上也是在自我赋权，两者的自主权是共生而非排斥的。例如，社区居委会赋予居民自主权的过程中，居民自治能力得以提升后，也就不再过多依赖居委会，这样居委会也就可以不用时时刻刻围绕居民转，从而获得了处理其他事务的自主权。如果社区居委会不用赋权，那么它的自主权也会在被居民拖累中丧失。

其五，多维度多层次的赋权。赋权式行动包括个体层面的赋权、人际关系层次的赋权，尤其是社会参与层次的赋权。[①] 本书中的赋权更多关注的是微观层面上能够使居民自我组织自我行动起来的赋权行动，具体包括组织赋权、规则赋权、心理赋权和项目赋权。而且这种赋权是一种流程式而非结构式的赋权，目的就是要找到居民能够自我行动的要素。由此可以看出，赋权式行动研究突破了制度主义造成的"中心—边缘"的结构问题。每个主体都有自主行动的权力，都有参与公共事务的权力。

（四）居民自治场域中的行动者

利益越紧密，自治动力就越强。随着大量公共产品和公共服务进入社区，与居民利益相关的行动者越来越多，总体来看，主要是政府、社区自组织（居民）、市场企业和社会组织。政府主要提供基本公共服务，社会组织和社区自组织主要提供公益服务和志愿服务，市场组织主要提供有偿的个性化服务。

一是政府。我国的社区建设和居民自治是政府自上而下发动的，带有强烈的"规划变迁"的性质。可以说，政府与社区关系的合理性程度决定了居民自治的可及性程度。政府给社会自主空间的大小以及自身的成熟

---

① 个体赋权是指个体得以控制自身的生活能力以及对所处环境的融合与影响能力。人际关系层面的赋权一方面可以增加一定的社会资源或社会资本；另一方面可以提升自己的形象，争取公平的社会环境。社会参与层次的赋权目标指向对社会决策的影响，表达自己利益诉求和参与社会资源的分配，争取到与健康社会和进步文化相匹配的社会公正和社会平等待遇。参见范斌《弱势群体的增权及其模式选择》，《学术研究》2004年第12期。

度直接决定社区自治功能的实现程度。① 一方面政府本身具有很强的自主性，能够通过权力下渗，把自己的意志和偏好传达至基层社区；另一方面政府自身拥有很多决定性的资源，对于发动居民自治，促进社区参与至关重要。

二是社区自组织（居民）。社区自组织是居民自治的实践载体，通常包括社区居委会、业主委员会和社区社会组织（中介组织）。居委会是"三自"（自我管理、自我教育和自我服务）的群众性自组织，是居民自治的法定载体，其核心功能就是组织和引导居民开展自治。业主委员会是围绕房产和物业的核心利益组成的组织。随着房产结构的变化，广大居民组织起来自主处理房产纠纷和物业矛盾，维护自身利益，这是社区较为活跃的自治形式。有的学者把业主自治与居民自治并称为社区自治的两大机制；② 有的甚至认为业主自治起决定作用，居民自治起辅助作用。③ 社区社会组织是居民基于共同的兴趣、爱好或需求组成的组织，又称为民间组织或草根组织，如歌舞俱乐部、宠物协会、环保社团等。这类组织是近年来随着社区利益分化，为满足不同群体的需求自发成立的新兴非正式组织。

三是市场企业。政府兜底式、同质化的保障性服务难以满足居民多样化、个性化的需求，大量企业进驻社区，为居民提供服务，其中，物业公司最为常见。一方面按照利益相关者理论，企业是以营利为目的的市场组织，为了获得更广阔的发展空间，树立良好的企业形象，吸引更多的消费者，需要为社会做出相应的贡献，提升责任竞争力，因而很多企业深入社区开展慈善活动、公益活动。有学者就在分析业委会、居委会和物业公司"三驾马车"的关系中阐释了物业公司为实现经济利益，积极争取居民认同所采取的行动。④ 另一方面，按照企业社会责任理论，企业追求利润最大化的同时要主动承担社会责任，这是一种伦理要求。随着政府对企业社会责任的倡导，一些企业也主动深入社区，通过认领社区公益项目的形式

---

① 林尚立主编：《社区民主与治理：案例研究》，社会科学文献出版社2003年版，第9页。
② 朱光喜：《居民自治与业主自治：两种社区自治机制的比较——基于公共事务自主治理理论的视角》，《广东行政学院学报》2012年第4期。
③ 陈尧：《自治还是治理——城市小区治理的认识逻辑》，《江海学刊》2018年第6期。
④ 李友梅：《基层社区组织的实际生活方式——对上海康健社区实地调查的初步认识》，《社会学研究》2002年第4期。

参与社区公共事务。东部发达地区，这种取向尤为明显。例如，苏州工业园区实施"社企直通车"项目，以"社企资源共享、社区事务共商、社区家园共建"为宗旨，引导辖区企业、商家参与社区建设。

四是社会组织。社会组织是居民自发成立的，具有某种服务功能的非政府性、非营利性和社会性特征的各种组织形式及其网络形态，[①] 通常被称为除政府和企业以外的"第三部门"。社会组织在社区治理中的地位愈发凸显，一方面社会组织本身具有特有的服务功能，能够满足居民多样化和个性化的服务。可以说，以社会组织为主体的公益服务有效弥补了以政府为主体的公共服务和以企业为主体的市场服务的不足，完善了社区服务体系。另一方面，党的十九大等重要会议都提出了培育社会治理主体，激发社会组织活力的要求。自从民政部在全国推进"三社联动"以来，各地广泛引进社会组织，试图提升社区治理的专业化水平。

三 小结

学术研究范式的转换伴随着学术研究的突破和发展。当前，学界关于基层自治的研究趋冷，居民自治停滞不前，甚至有人提出"自治已死"的极端看法的根本原因就在于研究范式的固化和缺陷。社区居民自治研究经历了从"价值—制度"范式、"结构—功能"范式到"条件—形式"范式的转换过程。"价值—制度"范式力图找到居民自治的民主价值，构建居民自治的基本制度；"结构—功能"范式主要是批判制度结构对自治功能的制约，试图找到居民自治的困境；"条件—形式"范式力图找到自治运转的条件，并在此基础上探索自治多层次、多样式、多类型的有效实现形式。这三种范式层层递进，互勾互连，共同推进了居民自治的研究。

但是，这三种范式也造成了三个失落。"价值—制度"范式找到了居民自治的民主价值，并且往往把民主价值的实现与否作为批评自治成效的标准。故而，学者们往往因为居民自治的效果远远未能达到人们对民主追求的初衷的事实而悲观失落。"结构—功能"范式找到了居民自治面临的困境，但这是一种体制性困境，学者们往往因为很难找到打破现有自治结

[①] 王名：《走向公民社会——我国社会组织发展的历史及趋势》，《吉林大学社会科学学报》2009年第3期。

构的障碍的路径而悲观失落。"条件—形式"范式从应然层面论证和找到了自治所需要的条件,但实践者们往往因为很难找到把理论性的条件转化为可操作性的方法而悲观失落。究其原因,这些研究都只是静态地关注自治的价值、制度、结构和条件,而没有就居民如何自我行动起来,自治如何自我运转起来提供更多操作性的指导。

"流程—行动"范式试图弥补这个缺憾,其聚焦居民自治的内部问题,构建居民自我行动的操作流程,使居民自治研究从制度主义转向行动研究,逐步打破"自治空转"的困境。从这个意义上讲,"流程—行动"范式是宏观建构转向微观操作的过程;是制度主义转向行动研究的过程;是静态研究转向动态研究的过程。

第二章 权力缺失与赋权：社区居民自治内卷化及其突破

无论是从学理的角度，还是实践的角度寻找居民自治的路径，首先都要找到居民自治的问题。已有研究把居民自治的核心问题归根于社区行政化。这种看法无可厚非，但仅从外部结构去分析，没有看到居民自治的内部问题。居民自治的关键是居民能够自我行动起来，居民自治的问题就是居民自我行动中的问题。回顾历史发现，当社区建设处在单向度行政控制阶段，社区居民处于"无权"状态；在双向度政社合作阶段，社区居民处于"弱权"状态。总体上社区居民都是处在"缺权"状态。进一步说，尽管不同历史阶段社区权力有所转移，但居民都未能获得社区公共事务的决定权和行动权。问题集中表现在四个方面，即居民自我离散问题、自我逃避问题、自我放弃问题、自我夭折问题。正因如此，居民的主体性和能动性没有释放，居民没有自我组织自我行动起来，居民自治逐渐走向内卷化。

一 无权：单向度行政控制时期的居民自治

在单向度行政控制时期，政府是唯一的权力中心，政府高度控制社会，尤其是单位制时期，单位掌握了资源分配的权力，个人长期依附于单位，根本没有自主权，居民自治也就无从谈起。[①] 单位制解体后，政府大力发展社区服务，但总体上看，政府也是服务的唯一供给主体，居民未能开展自我服务，居民自治仍是停滞不前。

---

① 这里的"无权"是就整体社会而言的，并不就是说，居民没有一点权力。实际上，就算在单位制社会中，有的单位偶尔也会召开民主生活会，居民能够获得一点权力。但整体而言，居民获得的权力非常少，总体是处在"无权"的境地。

(一) 单位制时期 (1949—1978) 的居民自治

单位制是国家通过资源分配控制社会的一种形式。① 单位制的形成有着深刻的社会背景。

中华人民共和国成立后,传统家族和宗族的整合功能丧失,面对社会一盘散沙的局面,国家又缺乏城市管理的经验,于是把革命战争年代"公家人"管理的方式运用到了城市管理,建立了单位制。从经济的角度讲,单位制实际上是计划经济的产物。中华人民共和国成立时,我国社会资源总量不足,但又为了要赶超西方,国家实行了高度的计划经济,试图通过单位有效快速动员社会资源,依靠集体力量办大事。城市中的党政机关、国有企业都是典型的单位形态。

单位制有三个典型特征。一是功能全域性。单位办社会痕迹十分明显,个人的生老病死全部都由单位负责。例如,企业不仅要负责生产经营,还要承担社会管理职能,如治安、安全、教育、宣传,等等。企业不仅要为个人提供薪酬,还要负责个人的婚丧嫁娶、社会保障、家庭纠纷等。二是政治调控性。单位组织行政色彩十分浓厚,具有高度的政治性。单位取代了基层行政组织的功能,国家政策通过单位予以贯彻实施,依靠单位分配社会资源、动员基层群众。单位是国家控制和调配基层的中介。三是空间封闭性。单位实际上就是一个"微型社会",一切微观的社会组织都是单位,② 个人的所有需求都可以在狭小的单位空间中得到满足。这种封闭性尤其体现在资源的非流动性上。所有的资源都是单位内部控制和分配,个人只能凭借相应票据获取,不能通过外部交换的形式获得一些资源。

这一时期是城市社区居民自治萌芽时期。中华人民共和国成立后,原来基层社区管理的保甲制度被废除,一些地方如天津、杭州等地的居民自发成立了"居民小组"或"居民委员会"等群众性组织,在地方民主改革中发挥了重要的作用。1953 年 12 月,政务院要求各地建立居民委员会。1954 年 12 月颁布了《城市居民委员会组织条例》,首次以法律的形

---

① 李路路、李汉林:《中国的单位组织:资源、权力与交换》,浙江人民出版社 2000 年版,第 7—9 页。

② 路风:《单位:一种特殊的社会组织形式》,《中国社会科学》1989 年第 1 期。

式规定了居委会的属性——"群众自治组织",居民组织的法律地位也得以确定。然而,虽然这一时期居民自治得到了初步发展,但是社区居委会只是单位的补充。绝大部分人都还是受单位管控,只有一些极少的流浪人员、流动人口归社区管理。因而,这一时期的居民自治实际上并未得到多大程度的发展。

整体而言,单位制造成了"总体性社会"[①]格局。对于个体而言,单位制造成了个人的高度依赖。个人高度依赖单位,没有开展自治,也没有开展自治的空间。单位掌控了权力,个人处于无权状态,个人事务的决定权在单位手上。个人工资收入、职位升迁、评优评奖、子女入学、入党出国、食品卫生、教育医疗、户籍住房等微观事务全部都由单位操办,可以说,单位构建了个人"从摇篮到坟墓、从生产到生活、从分配到消费"[②]的生活模式,个人离开了单位几乎无法生存。由此可见,个人依附单位,单位依附国家。个人几乎没有处理自己私人事务的自主权,更别说有参与公共事务的自主权了。国家通过单位这一介质,有效地整合了基层社会,自上而下构建了严密的管控网络。在单位控制下,工作空间和生活空间高度重叠,个人不需要开展自治,也无法开展自治。

(二) 社区服务时期 (1978—2000) 的居民自治

党的十一届三中全会后,单位制逐渐解体,街居制成为基层社会管理的基本架构。单位的社会服务职能逐步外溢,居民的社会需求也不断增长。面对严重的服务短缺问题,1983 年民政部开始酝酿城市社会福利工作改革,1985 年时任民政部部长的崔乃夫提出了社区服务的概念,张德江部长做了进一步补充。1987 年民政部在武汉召开全国社区服务座谈会,集中讨论了社区服务问题。1993 年民政部联合 13 个部委颁发了《关于加快社区服务业的发展》,自此,社区服务在全国铺开。

社区服务主要是社区开展福利服务和便民利民的生活服务的过程。[③] 社区服务对象主要包括特殊群体、普通居民、企事业单位三类。一方面面向老年人、残疾人、青少年、优抚对象、贫困家庭等弱势群体

[①] 孙立平等:《改革以来中国社会结构的变迁》,《中国社会科学》1994 年第 2 期。

[②] 田毅鹏、漆思:《"单位社会"的终结——东北老工业基地"典型单位制"背景下的社区建设》,社会科学文献出版社 2005 年版,第 140 页。

[③] 唐忠新:《城市社会整合与社区建设》,中国言实出版社 2000 年版,第 88 页。

提供福利性服务。这是社区服务的重点内容和主体部分。另一方面是面向普通居民的便民利民日常生活服务。另外还有就是面向社区企事业单位提供"后勤"服务。有的学者把这一时期的社区服务分为三圈层。核心圈层（重点内容）是福利性服务，针对的是社区弱势群体；中间圈层（一般内容）是行政事业性服务，针对的是全体社区居民；边缘圈层（辅助内容）是商业服务，它的对象不限，是一般意义上社区服务的扩展。① 通过近20年的努力，社区服务有了长足的发展，兴建了一大批社区服务网点和服务设施，社区服务队伍的来源和服务内容都不断丰富。

这一时期，居民自组织的基本架构得以确立。改革开放后，随着计划经济向市场经济转型，总体性社会有所松动，单位制逐渐解体，城市基层社会组织面临新的重组，居民委员会的机构和称号相继恢复。1980年重新颁布了《城市街道办事处组织条例》《城市居民委员会组织条例》。1982年颁布的《中华人民共和国宪法》，首次以宪法的形式确定了居民委员会的性质和功能。1989年颁布的《中华人民共和国城市居民委员会组织法》完善了居民委员会的基本架构和角色功能。然而，虽然居民自治基本制度得以确定，但是社区的重点任务不是开展自治，而是开展服务，居民自治实际也没有多大发展。

这一点，我们从提供服务的主体和内容可以看出。首先，从供给服务主体看，绝大部分服务都是政府提供的，居民只是服务的享受者和消费者。按照萨瓦斯的民营化理论，这就是政府服务，② 即政府既是服务的安排者，也是服务的生产者。尽管获得的服务有限，居民也没有自我服务。其次，从服务的内容看，绝大部分服务是福利性服务，自主互助服务、志愿服务、公益服务非常少。也就是说，居民自身生产的服务很少，仍是依赖政府供给。虽然该时期单位制趋于瓦解，个人与单位之间的依附关系消减，但是，个人与政府之间的依附关系没有改变，只是政府控制基层社会的中介发生了改变。社区服务时期，政府仍旧掌握了社区公共事务的决定权和行动权。居民没有参与提供社区服务的意愿，也

---

① 李秀琴、王金华：《当代中国基层政权建设》，中国社会出版社1995年版，第289—292页。

② [美] E.S.萨瓦斯：《民营化与公私部门的伙伴关系》（中文修订版），周志忍等译，中国人民大学出版社2017年版，第54页。

没有相应的制度安排。尽管一些学者提出了"社区福利社会化"的看法，强调政府、集体和个人共同负担，但政府仍是绝对的权威主体，居民很少参与社区事务。

二 弱权：双向度政社合作时期的居民自治

在双向度政社合作时期，治理理念开始传播，社会权力开始分化，多元主体共同参与社会治理。多元共治中，居民或多或少获得了一些参与权力和参与机会，但该时期的重点是建设、是治理而不是自治。居民获得的权力还不足以支撑自治行动，尤其是在社区和社会组织的给予式服务中，居民的自主权仍被埋没。

（一）社区建设时期（2000—2012）的居民自治

随着 2000 年"中央两办"转发了《民政部关于在全国推进城市社区建设的意见》，社区建设在全国铺开。该文件把社区建设定义为，在党和政府的领导下，依靠社会力量，利用社区资源，强化社区功能，解决社区问题，促进社区政治、经济、文化、环境协调健康发展，不断提高社区成员生活水平和生活质量的过程。[①] 社区服务、社区卫生、社区文化、社区环境、社区治安是社区建设的重要内容。2005 年全国和谐社区建设全面铺开。2010 年两办联合下发了《关于加强和改进城市社区居民委员会建设工作的意见》，社区建设工作逐步提升。

社区建设时期实际上主要处理"四有"问题。一是有人管。主要是加强社区工作者队伍建设，构建一支年轻化、职业化、知识化的社区工作者队伍。以前很多人员都是退休后的干部或者是一些兼职人员，年龄都偏大且多为女性，文化层次不高，社区实际处在"无人管"的境地。二是有组织。主要是加强社区组织体系建设，完善基本组织架构。符合条件的地方全面组建居民委员会，配备相关人员，实现居民委员会全覆盖，充分发挥自组织功能；同时建立卫生环境工作委员会、文化教育工作委员会、民事调解治安工作委员会等组织。三是有经费。主要是解决

---

① 中共中央办公厅、国务院办公厅关于转发《民政部关于在全国推进城市社区建设的意见》的通知。

社区钱袋子不足的问题。以前社区没有工作经费，全靠社区干部"化缘"，或者发展小微经济，如开理发店、饭馆等自筹经费。后来经济发展功能逐步取消，政府每年拨付固定的工作经费。四是有场地。首先就是要解决办公场地缺乏的问题。以前很多社区都没有办公场地，一些办公室都是社区自建的违章建筑。之后这些违章建筑逐步拆除，政府修建了正规的办公场所，配套了办公设施。后来又增加了社区居民的活动场地，社区环境不断改善。

这一时期的社区居民自治有了一定的进展。国家文件明确指出"扩大民主、居民自治"是城市社区建设的原则，确定了社区自治的内容，即"四个民主"和社区自治的目的，即"四个自我"。[①] 居民自治的制度基本架构了起来，学界关于居民自治的研究也开始兴起，尤其是民主选举得到了很多关注。但是，该时期社区建设的重点是基础建设，即硬件建设，社区居民自治仍发展滞后。社区居民委员会的重点工作是完成基本行政任务，而不是引导居民开展自治。

尽管该时期社区选举有了很大的起色，但居民参与社区决策、社区管理和社区监督却很少。况且，就选举而言，城市社区滞后于农村，居民直选的比例非常低，大多数居民委员会的候选人还是由政府提名，居民参与选举的热情也不高。可见，这一阶段处于国家主导的政府行动阶段。社区事务的决定权和行动权仍在政府手中。政府主导了社区基础建设，规划了社区民主建设。尤其要注意的是，该阶段社区居民委员会被无形地纳入了政府科层体系，成为"准行政组织"或"类行政组织"。[②] 政府与社区居民委员会形成了一种委托代理关系，社区居民委员会成为政府加强基层社会管理的中介。它的法定"自治组织"角色和实际的"行政组织"的角色存在冲突，社区行政化现象严重，居民自治进展缓慢。

[①] "四个民主"是指民主选举、民主决策、民主管理、民主监督。"四个自我"是自我管理、自我教育、自我服务、自我监督。

[②] 吴刚：《类行政组织的概念》，《中国行政管理》2001年第7期。这一时期关于社区行政化的研究有很多。参见顾骏《"行政社区"的困境及其突破》，《北京行政学院学报》2001年第1期；向德平《社区组织行政化：表现、原因及对策分析》，《学海》2006年第3期；陈伟东、李雪萍《社区行政化：不经济的社会重组机制》，《中州学刊》2005年第2期；潘小娟《社区行政化问题探究》，《国家行政学院学报》2007年第1期，等等。

(二) 社区治理时期 (2012 年至今) 的居民自治

20 世纪 90 年代末至 21 世纪初，"治理"一词引入中国。治理和统治属于完全不同的概念，它意味着政府不再是社会管理的唯一权威，治理的过程是政府公共机构、私人机构和公民社会合作的过程。① 党的十八大（2012 年）首次把"社区治理"纳入了党的纲领性文件。社区治理的实质就是多元行动主体共同处理事务，解决社区问题的过程。党的十八届三中全会提出了推进国家治理体系和治理能力现代化的命题，这意味着"社会管理"向"社会治理"转型，"一元管理"向"多元治理"转型。推进社区治理体系和治理能力现代化是实现国家治理体系和治理能力现代化的基础。正因如此，中共中央、国务院专门颁发了《关于加强和完善城乡社区治理的意见》，这是目前关于社区建设的最高级别的文件。党的十九大也提出了"加强社区治理体系，推动社会治理重心下移"的要求。

社区治理最大的特征就是多元参与。政府、社区居委会、物业公司、业主委员会、企事业单位、社会组织等多元主体共同参与社区治理。协同治理、合作治理、网络治理、复合治理、参与式治理等社区治理模式也相继出现。② 其中尤其要关注的是社会组织的成长。要说社会治理提出后给社会带来最大的变化是什么，笔者认为社会组织的成长和发展就是典型的变化。无论是在社区服务时期，还是社区建设时期，政府都是高度控制，社会生机不足。当政府放松管制后，社会组织如雨后春笋，快速增长。当前各个地方都有鼓励和发展社会组织的政策，尤其是全国推行"三社联动"以来，社会组织就成为社区治理中不可忽视的重要力量。

相比以前，这一时期的居民自治有了较大程度的发展。治理理念下的政府管理放松了对社会的控制，居民自治获得了前所未有的发展空间，居民或多或少也有了一些参与的机会。党和国家的重要文件也都强调了公众参与的重要性，一些地方也做了很多有益的探索。但是从居民自我行动的角度讲，居民自治发展仍旧不理想。该时期，虽然政府单一行动的局面有

---

① 俞可平主编：《治理与善治》，社会科学文献出版社 2000 年版，第 6 页。
② 陈伟东、许宝君：《社区治理社会化：一个分析框架》，《华中师范大学学报》（人文社会科学版）2017 年第 3 期。

所缓解，社会力量尤其是社会组织也行动了起来，但居民仍然没有行动。很多社区的居民参与都有"被动性"的特征，即社区居委会利用各种手段动员居民参与，居民也只是随势而为，被动地、象征性地参与。大多数也只是碍于面子随机应付而已。

更深层次看，居民不愿行动固然与居民自身的意识、意愿和能力有关，但与政府、社区居委会和社会组织的"保姆包办式"的做法也有很大的关系。个体化社会造成了居民对公共事务漠不关心已是不争的事实，但这种漠不关心在"保姆式服务"中进一步增强。政府和居委会仍是大包大揽，直接为居民提供各种服务，而不愿把居民组织起来，让他们开展自治。"为民做主""替民做主"的现象时常存在。悲哀的是，得到服务后，居民往往还不买账，抱怨政府，这是由于他们没有提前征集居民需求，"拍脑袋"式的服务与居民的实际需求并不符合，甚至大相径庭，南辕北辙。尤为值得关注的是，政府购买社会组织服务后，社会组织也只是为了应付政府考核，快速地给居民提供服务，也没有让居民主动参与到服务提供中去。可见，社区治理时期，社区事务的决定权和行动权虽然有所分散，但居民仍没有多少权力，居民仍没有自主行动起来。

综上所述，居民自治总是与社区发展相联系的。社区发展的不同阶段，居民自治呈现出不同的状态，社区权力的配置也随之变化。总体而言，中华人民共和国成立后，我国社区建设与居民自治大致经历了四种状态（表2-1）。

表2-1　　　　　　　　社区发展与居民自治变迁脉络

阶段 状况	单向度的行政控制阶段		双向度的政社合作阶段	
	单位制时期	社区服务时期	社区建设时期	社区治理时期
居民自治情况	重管控、无自治	重服务、轻自治	重建设、轻自治	重治理、轻自治
居民权力配置	无权	无权	弱权	弱权

重管控、无自治。单位制时期，国家通过单位控制和整合社会，试图解决社会一盘散沙的局面，整合社会力量，集中力量办大事。单位就是一个微型的社会、全能的组织，集政治控制、社会管理、经济发展职能于一体，掌管了居民衣食住行等方方面面的事务，个人长期依附于单位，几乎没有任何权力，居民自治也就无从谈起。

重服务、轻自治。社区服务时期，面对单位解体和社会服务短缺的问题，国家大力发展社区服务。但是这些服务绝大部分都是面向社区弱势群体的福利性服务，志愿服务、互助服务、公益服务没有多大发展。也就是说，政府直接向社区提供了一些保障性的兜底服务，居民没有权力和机会参与到服务中去，只是坐享服务，没有开展自治。

重建设、轻自治。社区建设时期，政府的重点任务是解决"四有"问题，着力加强社区基础建设。不过，这一时期，国家也开始重视居民自治，构建了"四个民主"的自治内容，居民或多或少也获取了一些权力。但是，城市社区选举覆盖面不大，并且除了选举外，居民决策权、管理权和监督权很少涉及。国家的重点还是社区基础建设，居民自治处于从属地位。

重治理、轻自治。社区治理时期，政府积极转变理念和职能，鼓励多元主体参与社区治理，力图形成"社会协同、公众参与"的治理格局。尤其是国家提出推进治理体系和治理能力现代化后，社会活力不断增强，居民获得了一些参与权力和参与空间。但是，国家的重点是快速高效治理社会，维护社会稳定，而不太注重把居民组织起来，自我解决问题。一些社会力量进入社区后，也只是单纯地完成政府购买服务合同中的任务，而没有去激发居民的主体性和能动性。

三 缺权：社区居民自治内卷化的根源及其困境

无论是单向度行政控制时期，还是双向度政社互动时期，居民都是处于"缺权"的状态。尽管随着社区发展变迁，居民或多或少获取了一些权力，但是还远远不够，居民的主体性和能动性还未能得到有效激发，居民还是不能自我行动起来，这既是居民自治内卷化的根源，也是居民自治长期停滞不前的内因。

（一）决定权与行动权：居民自治程度判别

居民自治作为我国一种基本的民主政治实践，自治权是其制度构建和实施的核心，因此，居民自治的程度应当通过居民自治权的实现与否以及实现程度加以评判。所谓居民自治权就是指居民自我决策和自我处理公共事务的权力。一些学者按照居民自治的内容把自治权分为民主选举权、民主决策权、民主管理权和民主监督权四种类型。① 但有的学者认为这种划分稍显简单，居民自治权应该是多项具体权力构成的"权力束"，包括选举权、参与权、罢免权、决策权、知情权和监督权等。②

笔者认为，居民自治的内容纷繁复杂，居民自治权是多种权力的综合体，很难把它细分为某些具体类型，整体上可分为公共事务决定权和行动权两种。本质上讲，居民自治权是居民自主权的产物，决定权与行动权也正是自主权的核心变量。再者，居民自治的核心在于，居民能够参加社区公共事务管理，公共事务是居民自治得以发生的枢纽。③ 故而，要看社区居民自治的发展样态，就要看社区公共事务的决定权和行动权的配置状况。

如果按照这种评价标准，很多学者认为，居民社区参与率的高低是衡量居民自治水平高低的标准且两者呈正相关的看法就值得商榷。因为，当社区公共事务的行动权由居民掌握，但决定权在其他主体手中，即"你决定，我参与"，这时候居民的参与率也高，但很难说明居民自治水平也高。不过，参与状态能够直观反映出自治样态，自治权的实现也是通过参与状态体现出来的，所以，把居民的参与状况和自治权的落实状况结合起来看，就能够很好地看到居民自治的发展状况。具体而言，两者结合，可以分为以下四种类型（表2-2）。

表2-2　　　　　　　　　　居民自治程度判别

变量		社区公共事务行动权	
		无	有
社区公共事务决定权	无	Ⅰ. 参与冷漠	Ⅲ. 被动参与
	有	Ⅱ. 口头参与	Ⅳ. 主动参与

一是参与冷漠型。社区公共事务的决定权和行动权都不在居民手中，这时候居民完全被边缘化，他们没有参与，更谈不上自治了。这种情况在传统总体性社会结构下较为常见，居民只是被动地接受命令或响应号召，既无思想又无行动。二是口头参与型。居民拥有社区公共事务

---

① 张景峰：《居民自治权的理论探讨》，《河南科技大学学报》（社会科学版）2008年第3期。
② 张清、顾伟：《居民自治权论要》，《南京大学法律评论》2013年第2期。
③ 郑雯睿、汪仕凯：《组织创新、公共事务管理与城市居民自治——上海市H居民区自治个案研究》，《广东社会科学》2015年第1期。

的决定权而没有行动权,①也就是说,居民只是拥有口头表达意愿的权利,而无法通过自身行动去落实自己的意愿。这实际上只是一种"表演性参与"或"仪式性参与"。②事实上,在具体实施过程中,其他主体的执行效果与居民的初始意愿存在较大偏差,居民自治落实不够充分。三是被动参与型。居民拥有社区公共事务的行动权而没有决定权。这种类型在当前社区治理中普遍存在。社区公共事务普遍由政府、居委会或者其他主体决定,居民只是在政府行政动员或居委会感情号召下参与某些事务,居民的自治权和自主性未能得到体现。四是主动参与型。居民同时拥有社区公共事务的行动权和决定权。这是居民自治的理想类型,即"我决定,我行动"。居民主动参与社区公共事务彰显了个体的自主性,居民的自治权得以落实,社区共同体得以形成,这才是真正意义上的居民自治。

一言以蔽之,社区公共事务的决定权和行动权的归属状况是衡量居民自治水平高低的有效标准。要考察社区居民自治的运行状况,就必须从社区治理主体的行动及其互动关系出发,把衡量自治水平的两个核心变量放在整个行动者网络之中,着重分析决定权和行动权在不同行为主体间的配置情况。

(二) 社区治理模式变迁中的居民自治状态

权力配置关系结构布局,不同主体主导权力会塑造出差异化的自治效果。③通过分析居民自治权在社区不同行动者间的分配,我们不仅能够看到居民自治的发展状况,也能看到社区治理结构的变迁。同样,居民自治

---

① 纯理论讲,在行政体制内,决定权和行动权可以分割,两权可以分别属于不同的行动主体,因为它们之间有着权力约束和命令服从关系。例如,人大决定,政府执行;上级政府决定,下级政府执行。在行政体制外,决定权和行动权不可分割,两权只能属于同一行动主体,因为在不存在行政隶属和命令服从关系的情况下,很难让其他主体执行自己的决定。但现实中,即使在行政体制外,两权分割的现象也大量存在。因为除了运用命令服从关系外,还可运用利益关系、委托代理关系、感情关系等方式让其他主体执行自己的决定。例如,政府给予居民一定的物质刺激,让其甘愿执行政府决定。笔者也正是基于现实的考量而不是纯理论演绎提出了上述分类。

② 阿兰纳·伯兰德、朱健刚:《公众参与与社区公共空间的生产——对绿色社区建设的个案研究》,《社会学研究》2007年第4期。

③ 班涛:《权力结构视角下城市社区居民自治困境的生成与破解分析》,《内蒙古社会科学》2020年第6期。

与社区治理是互为前提和保障，又相互制约的，① 透过不同的社区治理模式也可以看到居民自治的运行状态（表2-3）。

表 2-3　　　　　　　　社区治理模式与居民自治样态

主体＼变量	决定权	行动权	社区治理模式	居民参与情况	居民自治样态
政府组织	√	√	行政主导型	参与冷漠	弱
市场企业	√	√	市场导向型	参与冷漠	弱
社会组织	√	√	社工给予型	参与冷漠	弱
社区自组织	√	√	居民自治型	主动参与	强
其他组织有决定权，居民有行动权			混合杂糅型	被动参与	较弱
其他组织有行动权，居民有决定权				口头参与	

1. 行政主导型。社区建设伊始，社区公共事务的决定权和行动权基本在政府手中，所有社区建设的政策措施都源于政府，始于政府。政府具有很强的自主性，居民自治十分脆弱，尤其体现在：一是居委会被行政捆绑，引导居民自治的功能缺失。政府按照自己的偏好和利益把属于自身的行政事务和行政责任层层下沉至社区，社区行政化取向明显。居委会整天围着政府转，根本没有时间和精力引导居民自治。二是居民自治章程由政府制定。社区工作制度，尤其是社区居民自治章程和自治公约都是街道制定的，社区和居民只能按照政府的规定和逻辑行事，可选择空间不大。三是居民自治的活动经费由政府管控。社区没有独立的账户，开展自治活动的经费须向街道申请。这种财务上的依赖和工作中的隶属关系直接造成了"端谁的饭碗归谁管"的局面。因此，行政完全主导下的社区治理，居民的行动权和决定权缺失，能动性和创造性缺失，居民自治效果不尽如人意。

2. 市场导向型。市场导向型主要存在城郊接合部的"村改居"社区。这类社区是城镇化快速发展的产物，市场经济组织在社区治理中起了重要作用。一是"村改居"过后，大量集体经济组织仍存在，村集体经济产权改制大部分选择了社区股份合作制模式，也就是说，村委会改居委会

---

① 易臻真、文军：《城市基层治理中居民自治与社区共治的类型化分析》，《安徽师范大学学报》（人文社会科学版）2017年第6期。

后，原来的经济发展型组织向社会服务型组织转变过程中，经济成分仍占很大比例，社区成员不仅从"村民"变为了"居民"，也从"村民"变成了"股民"。同时，大多"村改居"社区的集体经济公司领导班子和社区居委会成员交叉任职，有的居委会主任还兼任集团公司的董事长，因而社区事务大多也是按照市场逻辑处理的，居民的话语权不强。二是社区对集体经济公司依赖很大，集中体现在对其资金的依赖上。集体经济公司拥有较强的经济实力，叠加上政府对"村改居"社区的资金投入严重不足，社区基础建设资金、自治活动经费、工作运转经费很大程度上依赖公司的支持。这样，资金上的依赖直接导致了社区自组织的决定权和行动权的弱化，有时候不得不按照公司逻辑行事。三是"村改居"社区居民绝大多数都是由原来的农民转变过来的，乡土熟人社会的影响根深蒂固。他们行事常常是以人情为基础，契约精神欠缺，因而在发动居民参与方面，社区要更多地依靠与居民关系和利益更为紧密的集体经济组织。由此可见，从社区资源投入、组织机构架设以及社区关系营造等方面都能看出市场组织在此类社区治理中的作用，许多"村改居"社区也都面临居民自治重建的问题。

3. 社工给予型。随着社会组织的发展壮大，其比较优势也日益明显，尤其是在一些"软服务"领域，如精神慰藉、纠纷调解、志愿帮扶等方面的作用无可代替。近年来，国家积极推动"三社联动"，试图通过"三社联动"完善社区服务体系，优化社区治理结构，推动社区居民自治。"三社联动"为基层社会治理创新提供了方向，各地都十分重视社会组织的发展，制定了多种措施使其能够参与社区治理和服务。调查发现，目前全国实施的"三社联动"的基本运作逻辑是：社会组织向政府争取项目，社工负责具体落实，社区提供平台。然而，从其运作逻辑本身就可以看到，居民角色和功能的缺失，居委会也只是起到了"平台"的作用，两者的主体地位都未能得到体现。从其运作实践来看，社区服务项目的确定和提供都由社会组织执行，但是，社会组织只是按照政府的考核指标快速的、有针对性、有选择性地完成项目，很少在实施过程中发动居民参与。也就是说，社会组织实际上掌握了社区公共事务的决定权和行动权，居民仍然处于边缘地带，虽然整体上看，社会协同能力有所提高，但居民自治仍旧发展缓慢。

4. 混合杂糅型。混合杂糅型指居民只是拥有决定权和行动权中的一种。一是居民只是拥有行动权，即"你说，我做"。这种情况在现实中普遍存在，首先体现在政府与居委会的关系上。政府与居委会建立了一种异化的委托代理关系，其中，政府往往是事务的决定者，居委会是事务的总代理。政府层层下达文件和命令，居委会层层接受上级评比和检查。正因如此，有学者把居委会称之为基层政权庇护下的自治组织。[①] 其次体现在居委会与居民的关系上。居委会习惯大包大揽，替民作主，要么深囿于"居民没有公共意识""靠他们还不如靠自己"的自我判断而不愿意发动居民；要么就自己单方面决定，单纯号召居民参与即可。叠加上居委会的选择性行动加剧了它的合法性危机，导致了居民对社区自治的隔阂与疏离，[②] 因而居民往往只是被动地、应付性地参与一些与自己需求不太相关的事务。

二是居民只是拥有决定权，即"我说，你做"。这种情况首先体现在居委会与居民的关系上。居民对社区有较强的依赖，往往只是一味地向居委会提要求，让其为自己服务，而自己则宁愿坐享其成，也不愿开展自治，居委会"超级保姆"的称号也正是因此而得。其次体现在社会组织与居民的关系上。大部分社会组织在开展服务之前会做个需求调查，然后再按照居民的需求提供相应服务，但在开展服务过程中却不愿发动居民参与。居民潜意识中认为社会组织拿了政府的钱就理所应当为自己服务，提供服务是社工的事，与自己无关。由此可见，混合模式中，尽管居民拥有了一些自治权力，但由于畸形的代理和依赖关系存在，居民自治的效果也不太理想。

5. 居民自治型。居民自治的理想型模式是居民同时拥有社区公共事务的决定权和行动权，这样才能体现居民的自主性。近年来，成都市成华区、苏州工业园区、江苏太仓市、湖北黄石市等地的一些社区逐渐树立起了"社区是居民的，我们共同行动"的理念，把社区公共事务的行动权和决定权归还给居民，通过运用专业社会工作方法，让居民充分表达个人需求、讨论社区问题、链接社会资源、挖掘社区领袖、开展社区协商等，把社区治理当成是一种参与式行动；同时，自治的效果也主要是由居民来

---

① 王巍：《社区治理结构变迁中的国家与社会》，中国社会科学出版社 2009 年版，第 77 页。

② 杨爱、余雁鸿：《选择性应付：社区居委会行动逻辑的组织分析——以 G 市 L 社区为例》，《社会学研究》2012 年第 4 期。

评价，注重群众满意度的考察，并形成了自我检验和修复机制。这在很大程度上尊重并落实了居民的自治权，居民的社区认同感和归属感有了很大程度的提升，居民自治得以快速推进。

（三）权力缺失与社区居民自治的多重困境

社区发展进程中，从微观行动者切入更能清晰地看到社区权力的配置状况。在社区发展的不同阶段，权力不断转移。单位制时期，政府拥有绝对的权力，通过单位中介管控一切。社区服务时期，单位制逐渐瓦解，社区制走上舞台，但重点是发展社区服务，并且政府也是服务的唯一供给主体。提供社区服务的决定权和行动权仍在政府手中。社区建设时期，政府与社区居委会建立了委托代理关系，试图依托社区居委会管理基层社会。社区居委会相应地获取了社区事务的决定权和行动权，成为了"小巷总理"。社区治理时期，强调多元参与和多元共治，积极发展社会组织，并通过政府购买服务的形式让社会组织参与社区治理。社会组织相应地获得了一些社区事务的决定权和行动权，成为社区治理的重要力量。

然而，从整体上看，虽然不同阶段社区权力有所转移，政府也不再是唯一的权力中心，但是权力从未落到居民手中。居民一直处在"缺权"的状态，居民没有自我行动起来，这也就是居民自治内卷化的根源。居民权力缺失的后果就是不行动或行动的不连续。单向度行政控制时期是政府单独在行动，双向度政社合作时期，社会组织也开始行动，但从头到尾，居民都没有加入行动行列，形成了"政府在行动、社会在行动、居民不行动"的困局。调查发现，居民不行动或行动的不连续主要体现在以下六个方面，这也是社区居民自治的内在困境。

一是居民自治缺乏意愿。意愿是行动的逻辑起点，居民自治内卷化首先表现在自治意愿的缺乏。一方面，我国缺乏自治传统，居民自治先天不足，本身参与意识薄弱，自治热情低下，"事不关己，高高挂起"成为常态。另一方面，政府和社区居民委员会大包大揽，充当"保姆"，造成了居民自治后天不良。政府和社区两委习惯于把居民当成被管理的对象、被服务的群体，没有意识到居民是管理的主体和服务的参与者。在社区两委"保姆"式关照下，居民或多或少能得到某些服务、某些福利，尽管不尽如人意但不需要自己出力，因而宁愿坐享其成也不愿开展自治。在这种"替民做主"的氛围中，居民只是被动的接受者，而不是主动的参与者，依赖感膨胀,自治意愿被消磨殆尽,结果反而出现"服务越多、自治越弱"的内卷化困境。

二是居民自治缺少组织。计划经济向市场经济转型后,单位制逐渐解体,个人从原来单位的束缚中解放出来,重新获得了自由,个体化社会逐渐形成,其典型的特征就是个人主义盛行,集体主义式微。个人都是按照自己意志分散行动,社会仍旧是一盘散沙,缺乏再组织化的工具。政府出于组织风险影响社会稳定的考虑,对于居民自我组织也有诸多限制,加剧了居民自我离散的倾向。居民缺乏参与的组织载体,原子化的居民无所适从。尽管社区居委会是居民自治的法定组织,但一方面由于居委会被行政化严重,常常陷入众多行政事务漩涡中无法自拔,没有更多时间和精力引导和组织居民参与;另一方面,现代社区规模很大,很多社区都是上万人,内部差异大、异质性强,居委会以整个社区为单元开展自治的效益不高。

三是居民自治缺少动力。马克思认为,"人们奋斗所争取的一切,都同他们的利益有关。"① 利益是居民自治的内在动力,居民自治是为了保障和实现个体的某些利益,相关利益和利益的相关性决定了居民自治的基础和形式。② 但我国城市社区利益关联程度低,居民自治缺动力。一方面,居民与社区之间关系松散,居民流动性大,没有共有的产权等集体所有制的束缚,相同利益少。同时,当前居民自治单元过大,利益相关性低,达成集体共识难度大,自治的可能性较小。另一方面,社区现存的共同利益,如共同的兴趣爱好、利益诉求等都具有一定的隐秘性,没有被及时挖掘和激活。同时,政府或其他组织往往只是"拍脑袋"决策,没有考虑居民的利益偏好,居民参与缺乏动力。可见,由于利益的缺失,居民自治难以发展。

四是居民自治缺乏能力。居民缺乏自治能力,自治进程举步维艰。一方面缺乏自治的方法。居民不知道如何表达需求,使自己的诉求被他人所理解和接受;如何组织活动,使活动有序有度开展;如何开发资源,使行动得以延续,如何联系群众,使居民踊跃参与。简而言之,居民缺乏协商对话的方法,自主行动能力弱。另一方面缺乏自治的规则。"无规矩不成

---

① 《马克思恩格斯全集》第二卷,人民出版社 1957 年版,第 103 页。
② 邓大才:《利益相关:居民自治有效实现形式的动力基础》,《东南学术》2014 年第 5 期。

方圆",自主治理总是要依托于一定的社会规范,但居民缺乏自主制定规则的方法和能力,常常使自治陷入"有想法、没办法"的困境。现有的居民自治公约都是由街道统一制定,每个社区的自治公约都大同小异,内容不仅宏观且约束力不强。

五是居民自治缺少资源。在很多情况下,居民自治由于缺乏必要的资源支撑而中途停摆。一方面政府投入社区的资源有限,专项用于居民自治的经费不足,尤其是政府投入不规范、不持续、随意性大,居民自治常常由于缺乏经费而中断。同时,由于部门主义和行政壁垒的存在,各单位投入资源比较分散,没有得到整合。有显性政绩的领域争相资助,难出成绩的领域则无人问津,资源没有得到优化配置。另一方面,社区思维受限,只盯住行政资源,而未能有效开发和利用社区社会资源,大量社会资源被迫闲置。居民更是缺乏链接社会资源的能力和方法,自治常常陷入停滞。因此,在外部政府资源和内部社会资源不足的情况下,居民自治很难发展。

六是居民自治不持续。居民自治可持续性差,一方面缺乏自治激励机制。郑杭生认为,社会制度持久运行需要一套包括由激励标准、激励手段和激励过程构成的激励机制。[①] 然而,目前社区发动居民要么是打"感情牌",利用私人关系说服居民参与;要么是发放"小礼品",利用物质诱导居民参与,总体上缺乏一套激励居民主动参与的常态机制,因而这种参与行为往往表现为一种短暂的"情感行动",没有上升到"价值合理性行动"的层次,行动弹性大,可持续性不足。另一方面缺乏自我评价权。居民自治效果的评价权完全掌握在政府手中,居民本身没有话语权。但政府制定的评价指标往往只是为了政绩的需要,居民只是在设定好的评价体系中苦苦挣扎,久而久之,厌恶感剧增而不愿行动。可见,在缺少外部激励的情况下,参与行动不可持续,自治也就难以持续推进。

四 赋权:社区居民自治的路径突破与方式选择

找到居民自治的内部问题后,就可以顺藤摸瓜,找到开展居民自治的

[①] 郑杭生、郭星华:《社会运行激励机制初探——中国社会稳定和发展的一个重要问题》,《社会科学战线》1991年第4期。

内在路径。赋权与自治之间有很强的关联性和耦合性，赋权是推进居民自治的有效路径。但要注重赋权方式的合理选择，其关系到赋权的成败和自治的绩效。

（一）赋权方式及其局限

既然权力缺失是居民自治内卷化的根源，那么，毋庸置疑，赋权就是破解内卷化的内在之道。赋权就是把处理社区公共事务的自主权，即决定权和行动权交给居民，不断挖掘和激发居民的主体性和能动性，让其能够自我行动起来的过程。学界关于社区自治层面上的赋权也有诸多讨论。陈伟东认为社区赋权是居民自治的理论进路，赋权社区有利于提高居民的参与能力。[①] 尹浩指出赋权是城市基层治理新机制，因为赋权有利于打破"政府行政中心—居民自治边缘"结构的路径依赖，使双方能够有合作的平台和机会;[②] 同时也探讨了社区治理的多维赋权机制，重点包含社区赋权和制度赋权两种机制。[③] 有学者进一步细化了赋权的内容，认为赋权居民应该重点赋予表达权、协商权、执行权和评价权。[④]

现有研究都从宏观上讨论了赋权之于社区治理和居民自治的作用，归纳起来，主要集中在三个方面：一是行政赋权。行政赋权强调还权于社区，扩充基层权力，理顺政府和社区的关系，实现社区自组织的功能归位和法定属性。[⑤] 政府要把社区从行政隶属关系中抽离出来，落实社区自治权，下放社会自组织权，[⑥] 扩大社区自治空间。二是技术赋权。技术赋权强调运用自然技术和社会技术推动居民参与。郑永年提出了"技术赋权"的概念，认为互联网技术打破了政治壁垒，使政府和社会的权力都得到了

[①] 陈伟东：《赋权社区：居民自治的一种可行性路径——以湖北省公益创投大赛为个案》，《社会科学家》2015年第6期。

[②] 尹浩：《"无权"到"赋权"：城市基层社会治理的新机制——以H省城市社区公益创投活动为分析对象》，《南昌大学学报》（人文社会科学版）2016年第5期。

[③] 尹浩：《城市社区微治理的多维赋权机制研究》，《社会主义研究》2016年第5期。

[④] 许宝君、陈伟东：《社区治理理念创新及其技术实践》，《中州学刊》2017年第7期。

[⑤] 谭祖雪、张江龙：《赋权与增能：推进城市社区参与的重要路径——以成都市社区建设为例》，《西南民族大学学报》（人文社会科学版）2014年第6期。

[⑥] 李增元、程又中：《赋权、放权与维权：转型期的农村基层善治及其实现途径》，《华中师范大学学报》（人文社会科学版）2014年第1期。

增强，两者的互动有了可能。① 三是主体赋权。主体赋权强调不同主体赋权给个体，形成多元化、多层次的赋权结构。英国学者亚当斯把赋权分为自我赋权、个体赋权、团体赋权、组织赋权以及社区赋权和政治体系赋权六类。② 美国学者奥斯本等人把赋权分为组织赋权、雇员赋权和社区赋权三类。③ 这些赋权方式实际上都是按照赋权范围划分的，建立了一种赋权领域结构，强调的是个人应当接受多个领域的赋权。很多国内相关研究都沿用了此种划分逻辑，如陈树强把赋权划分为人际、组织、社区、政治等层面的赋权；④ 杨义凤强调多主体和多层次赋权的重要性，提出了"合力赋权"的观点。⑤

上述研究在一定程度上推动了居民参与，但也存在解释缺陷。一是行政赋权只是说明了居民自治外部的赋权环境，没有就内部赋权要素做更多阐释。这也就是实践中包括减负增效、居站分离、清单制度、准入制度、在街道统一建立行政事务服务中心等诸多行政赋权措施没有达到预定效益的重要原因。尽管这些改革剥离了诸多社区行政事务，但居民自治仍然难以发展。二是主体赋权只是说明了个体需要赋权的范围和层次，但没有说明赋权的过程和方法。从个体到政治体系，赋权领域逐步扩大，赋权层级逐步提升，但个体自我行动起来的路径仍不明确。三是技术赋权只是阐明了技术之于公众参与的作用，而没有形成一套系统推进公众参与的方法。况且，仅靠技术也无法完全让居民参与进来，还容易陷入技术决定论的困境。

深层次看，三者都有一个共同的缺陷：都是一种平面化、结构式的赋权，没有具体说明使居民自我行动起来的赋权路径。这里的核心问题是：如何通过赋权使居民一步一步地自我行动起来。毋庸置疑，这需要一系列的赋权，并且不同赋权之间要有逻辑联系，形成一个有机的赋权连续统。

---

① 郑永年：《技术赋权：中国的互联网、国家与社会》，邱道隆译，东方出版社2014年版，第3页。

② [英] Robert Adams：《赋权、参与和社会工作》，汪冬冬译，华东理工大学出版社2013年版，第87页。

③ [美] 戴维·奥斯本、彼德·普拉斯特里克：《摒弃官僚制：政府再造的五项战略》，谭功荣、刘霞译，中国人民大学出版社2002年版，第217—227页。

④ 陈树强：《增权：社会工作理论与实践的新视角》，《社会学研究》2003年第5期。

⑤ 杨义凤、马良灿：《合力赋权：社会组织动员参与有效性的一个解释框架——以NZ康复服务项目为例》，《福建论坛》（人文社会科学版）2017年第3期。

基于此，本书尝试按照居民自我行动起来的要素，提出流程式赋权的概念，试图从行动研究的视角出发，建构居民自治路径，增强居民自治能力。

（二）流程式赋权的提出

赋权是破解居民自治内卷化的核心，但究竟怎样赋权才能使居民自我行动起来呢？解决这个问题首先就要回到居民自我行动的问题，针对问题的赋权才是问题的解决之道。基于地方实践中居民自治缺意愿、组织、动力、能力、资源等问题，本书提出组织赋权、规则赋权、心理赋权和项目赋权四种赋权方式。

组织赋权主要是解决居民自治缺乏意愿和组织的问题，让居民拥有自我建立组织的自主权，使居民加入一定的组织。居民只有进入组织才能获得身份和功能，也只有在组织中才能增强自治意识和自治能力。把原子化的居民聚集起来，从碎片化的参与上升为组织化的自治是解决居民自我离散问题的关键。规则赋权主要是解决居民自治缺乏规则和方法的问题，让居民有自我制定规则的自主权，使居民能够自我约束自我承担。只有在相应的规则约束下，个人才能在集体行动中减少"搭便车""机会主义"等逃避社会责任的行为。但切记，只有居民自主制定的规则其才愿意遵从，这样也才能发挥规则的约束和认同效力。心理赋权主要是解决居民自治缺少动力和激励的问题，给予居民相应参与回报，增强自治的可持续性。居民长期维系自治行为需要有效的激励机制，只有在激励的刺激下，居民才会保持自治的动力。仅凭一腔热血的自治是不能长久的。项目赋权主要解决居民自治缺乏资源和方式的问题，让居民有获取资源的权力，使居民在开展自治中有相应的资源，使居民自治组织能够持续运转起来。居民自治项目化运作一方面能够使行政资源撬动社会资源，增强居民自治的资源保障；另一方面也能找到居民自治的运作方式，使居民自治能够落地并持续运转起来。

这四种赋权方式并不是纯粹理论建构的结果，而是根据地方的具体做法提炼而成的。要注意的是，调查发现，这四个问题不是同时出现，而是社区在发动居民自治过程中，逐步体现出来的。一开始，社区也没有完全摸清这些问题，只是"走一步、算一步"。当社区发现居民是一盘散沙的问题，社区就试图建立社区组织，把居民组织起来。但把居民组织起来后又发现，他们还是不愿采取自治行动，逃避责任甚至发生冲突，需要规则予以约束。可是，当规则生成后，居民依照规则行动一段时间后，又中途放弃，于是，社区引导居民制定了激励机制。然而，当激励机制生成后，社团又自主运行了一段时间后发现，社区和社团自主链接的资源有限，难以持续支撑，于是，政府主动介入，以项目化的方式注入资源，选择性扶持发展良好的居民组织。

由此可见，这些问题具有连续性，地方采取的措施也具有连续性，因而针对这些问题的赋权方式也具有连续性。也就是说，这四种赋权方式不是孤立存在的，而是相辅相成、层层递进的，笔者把其概括为"流程式赋权"。换言之，居民自治的赋权过程是一个流程式过程。这四种赋权方式本身就构成了一个完整的赋权流程，并且每种赋权方式都有自身的流程。其也是流程式赋权与其他赋权方式的最大不同之处，使居民自治的研究没有仅仅停留在理论层面的讨论，而是为居民自治发展提供了可操作的路径。

五 小结

社会结构从单向度的政府控制向多向度的政社合作转变的过程中，居民自治内卷化趋势一直没有改变，只是出现了一些新的内卷化特征。居民自治本质上是居民自我组织、自我行动起来自主处理社区公共事务的过程，但推行至今，居民都没有很好地做到这一点。在计划经济时代的政府单向度控制的社会结构中，社区一切事务由政府掌控，居民没有自主行动的空间。后来，随着"社会管理"向"社会治理"转变，单向度的政府控制向多向度的政社合作转变，以社会组织为核心的社会力量积极行动起来，社会协同也有所增强，但居民仍旧很少行动，始终游离在社区公共事务之外。

研究发现，居民自治内卷化既涉及外部结构的限制、变革路径的依赖，又涉及个体理性的束缚和自我锁定的钳制，但说到底，即是居民权力的缺失。尽管中华人民共和国成立以来，社区行动者逐渐增多，政府组织、社会组织、社区组织、市场组织等主体快速嵌入社区，社区权力在不同行动者之间的配置有所变化，但居民一直都是处于"缺权"状态，居民自我组织自我行动起来的条件和环境还不成熟。因此，居民自治仍旧发展缓慢，甚至停滞不前，与人们的主观愿望相差甚远，陷入"政府做得越来越多，居民却越来越远"的尴尬境地。

如何解释和破解社会关系变迁中居民自治"变而不改，改而不变"的内卷化问题是必须回应的话题。居民自治内卷化内源于居民权力的缺失，具体表现为主体意愿、组织、能力、动力、方法、资源等要素的缺失。遏制居民自治内卷化趋势的变革既要涉及社会关系的调整，又要涉及社会权力的重置，否则居民自治理想与现实之间的鸿沟始终无法填补。实践证明，赋权能够较好地解决这个难题。换言之，破解内卷化的根本路径是赋权居民，这在学界基本已达成共识，但对赋权方式则讨论不一。赋权方式不一样，产生的效果存在较大差别。居民自治需要制度化和结构化的多维赋权方式，包括组织赋权、规则赋权、心理赋权和项目赋权的综合运用，笔者把其概括为流程式赋权。

为更好推进居民自治，政府需通过流程式赋权，把自治权重归居民，优化自治主体与其他主体的权力关系，并使外部行动者为居民自治提供条件；同时，居民则要把外界赋权转化为自我赋权，重拾自治信心，增强自治能力，充分利用外在条件激发内部功能，把多重赋权转化为自我行动，在自我行动中找到参与价值。

第三章 一阶赋权：组织赋权与自治单元重构

面对个体化、原子化、分散化的居民，推动居民自治首要的就是要把居民组织起来，通过组织化的参与开展自治。在基层，参与式发展可具体化为明确的社区自组织行动。① 组织赋权是达到此目的有效方式，这也是本书要讨论的第一阶段的赋权。组织赋权有两层含义：一是重视自组织建设，采取多种措施，促进自组织发展，以组织化的方式推动自治；二是自组织是根据居民本身的意愿建立的，不是外部权威直接建立的。对于社区居民自治而言，这个组织是指自组织，即通常讲的社区社团。

社团能够促进自治和民主。经典作家帕特指出，社团一方面培养了成员合作和团结的习惯；另一方面增进了利益表达和利益集结，能够产生大量社会资本，促进民主和自治。② 当前关于居民自治单元的讨论有"上移"和"下沉"两种观点。这两种观点都是纵向地从"自治层级"的角度去构建自治单元，而忽视了横向网络的构建。社团就是横向构建的参与网络的集合，其能够形成网络化、扁平化的自治结构，有效克服"上移或下沉"论的弊端，是自治单元的有效选择。实践表明，以社团为载体的自治能够很好地聚集居民意愿、维护居民利益，彰显自治价值。从这个意义上讲，居民自治就是复合型的社团自治。不过，组织赋权是社团能否建立起来，能否运转起来的关键。其涉及政策层面和操作层面两个层次的赋权，前者主要是为了解决组织化的问题，后者主要是解决自主化的问题。

---

① 潘泽泉：《参与与赋权：基于草根行动与权力基础的社区发展》，《理论与改革》2009年第4期。

② [美]罗伯特 D·帕特南：《使民主运转起来》，王列、赖海榕译，江西人民出版社2001年版，第103页。

一 下沉或上移：自治单元的两种分析进路

关于自治单元的讨论是学界研究的热点。目前学界对此大致形成了两种针锋相对的观点。

很多人认为，自治单元应当下沉，因为这能缩小自治规模、提高利益和文化的关联性，进而有利于破解集体行动的困境，提升自治效益。但有的学者认为，自治单元下沉也不能解决自治面临的根本性的、体制性的问题，并且有悖于民主发展的方向，自治单元应当上移。这两种观点实际上都是受科层思维的桎梏，纵向地建构自治单元，而忽视了横向网络的构建。

（一）自治单元下沉：热点透视

自治单元下沉最先源于对村民自治的讨论。2014年中央"一号文件"指出要探索不同情况下村民自治的有效实现形式，并明确提出"可开展以村民小组为基本单元的村民自治试点"。自此，关于自治单元的讨论蜂拥而起。关于自治重心下沉的研究最初源于广东佛冈县的实践。针对管理单元和认同单元脱嵌，治理基础和社会纽带缺失以及自治发育与政府管理的衔接问题，佛冈县开展了以自然村为单位进行村民自治的实践，并取得了一定的成效。[①] 徐勇教授认为关于"村民自治有效实现形式"的提法也适合城市社区居民自治，甚至更为迫切，并首先提出了推进居民自治的五大原则，即利益相关、地域相近、文化相连、规模适度和便于自治。[②] 之后，一批学者用这五个原则讨论了自治单元与自治有效性的联系，尽管讨论的立足点有所不同，但都得出了一个共同的结论，即传统以居委会或村委会为单元的自治规模过大，自治效果不好，自治单元下沉或细化很有必要，其主要依据有四：

一是利益相关是居民自治的动力，相关利益和利益的相关性决定了自治单元的大小。一般来说，较小单元里的居民相关利益多，自治的可能性

---

① 胡平江：《自治重心下移：缘起、过程与启示——基于广东省佛冈县的调查与研究》，《社会主义研究》2014年第2期。

② 徐勇、贺磊：《培育自治：居民自治有效实现形式探索》，《东南学术》2014年第5期。

大。从社区、小区到楼栋利益相关性递减。①二是地域相近是居民自治的空间基础。地域相近的地方人们交往才会多，也才会有自治的可能。地域相近才能形成有机团结，也才容易产生集体行动。我国开展自治既有地域相近的文化传统，也有地域相近的有利条件。②三是居民自治依赖适度的组织规模，规模较小，自治效率、自治效能以及自治效力则较大。传统居委会的规模过大，居民自治的直接性和群众性难以体现。③四是居民自治依赖较强的社会联结。单元较小，社会联结更为紧密、持久、频繁，自治的可能性才大；并且单元较小，人们的文化同质性就大，相同的文化更容易形成紧密且持久的社会联结。④邓大才系统考察了这些因素与自治的关联，认为每个因素的功能不一样，有效自治不是某一个因素单独起作用的，而是多因素综合的结果，其都是有效自治的函数。⑤

（二）自治单元上移：一种反驳

自治单元下沉的看法提出来以后，很多学者对此表示认同，认为其突破了传统居民自治的局限，一时成为学术研究的热点。但是，一部分学者却不以为然，对其提出了质疑，甚至批评。唐鸣教授等人认为自治单元下沉至村民小组的做法是缺乏法律支撑的，以此为依据开展试点的理由不是很充分、确实的，⑥其理由主要有三：

一是自治重心下沉不一定就能使自治落地。把自治单元下沉至村（居）民小组并不意味着自治的问题在村民小组就可以解决了。如果在小组内坚持一言堂，不采取民主协商的方式解决问题，自治还是无法落地。相反，自治单元保持不变，只要采取协商民主的方式开好居村（民）小

---

① 邓大才：《利益相关：居民自治有效实现形式的动力基础》，《东南学术》2014年第5期。
② 胡平江：《地域相近：村民自治有效实现形式的空间基础》，《华中师范大学学报》（人文社会科学版）2014年第4期。
③ 白雪娇：《规模适度：居民自治有效实现形式的组织基础》，《东南学术》2014年第5期。
④ 李鹏飞：《社会联结：探索村民自治基本单元的关系基础》，《求实》2017年第9期。
⑤ 邓大才：《村民自治有效实现的条件研究——从村民自治的社会基础视角来考察》，《政治学研究》2014年第6期。
⑥ 唐鸣、陈荣卓：《论探索不同情况下村民自治的有效实现形式》，《当代世界社会主义问题》2014年第2期。

组会议，自治也能够落实。二是利益相关不是开展自治的先决条件。基层自治与居民的利益存在一定的关系，但不是严格的一一对应的线性关系。城市社区里的人都是来自五湖四海，他们之间并不存在紧密的利益联系，但其自治水平并不低于有集体经济利益作为纽带的村民自治。退一步讲，假如自治与利益有严密的联系，但自治单元下沉后也不一定就会增强居民之间的利益联系。在社区层面上，关于公共事务，居民自治也可以形成利益共同体。三是自治单元下沉有悖于法律精神和民主发展的方向。村（居）委会组织法规定，村委会或居委会才是法定的自治组织，把自治单元下沉至村（居）民小组等更小规模的单元的做法缺乏法律依据。再者，下沉后，村委会和居委会的角色又是什么；国家基层政权建设的载体又将是什么等一系列问题还需厘清，这涉及基层社会的重组。同时，自治应该是一个从下至上，范围不断扩大的过程。自治单元下沉意味着民主层级不升反降，其有悖于民主建设的原则。

有学者则直接指出，村民自治的单元不是下沉，应该是上移，未来的形态是乡镇自治。① 一是自治单元下沉不能解决自治困境。自治的困境一方面源于居民无法对公共事务达成共识并采取集体行动；另一方面源于政府与基层组织以及基层组织之间的权责不清。自治单元下沉并不能解决自治意愿低，居民不参与的问题；更不能解决基层自治组织自治能力不强、组织间权责关系不清，自组织被行政化的问题。二是零星的地方实践不能替代整体趋势。自治单元下沉的实践源于广东清远等局部实践，其并不能代表基层自治的整体趋势，更何况，其实践带有明显的国家建构的色彩。三是"单元下沉"的提法并不科学。现代民主应该是一个不断扩散的过程，从宗族自治到乡村自治，再到乡镇自治，甚至有的学者提出了县域自治。自治单元下沉的提法明显和民主扩展的原则是相反的，其不利于发展基层民主。

（三）科层思维桎梏：垂直构建

以上两种观点都是各执一词，各有道理。自治单元下沉的观点实际上是遵循的一种"微自治"理路。把自治放在小的单元或许更能激活居民的自主性，但其并不意味着下沉就能解决居民自治的问题，尤其是体制性

---

① 陈明：《村民自治："单元下沉"抑或"单元上移"》，《探索与争鸣》2014年第12期。

问题，有时候，这种问题反而更多了。自治单元上移符合民主建设的潮流，拓展了居民自治的范围和基层民主的范畴，但如何在更大的范围里激活居民的参与主体性是一个现实的难题。仔细推敲可以发现，这两种观点实际上都是遵循的科层思维，自治单元都是上下垂直移动，没有注重横向网络的构建。

就村民自治而言，持下沉观点的人主张把自治放在村民小组，村民小组是村委会的组成部分；持上移观点的人认为把自治放在乡镇，乡镇是村委会的上级。就居民自治而言，持下沉的观点的人认为把自治放在网格、楼栋；持上移的观点的人认为把自治放在街道或者撤销街道，拓展自治范围。这种"上移下沉"的观点实际上还是纵向流动，没有打破科层思维的限制。这一方面是为了推动自治；另一方面也是为了方便政府能够快速收集底层信息，保证政令能够上下通畅。这两种讨论与其说是从自治单元的角度考虑问题的，还不如说是从自治层级的角度考虑的，其存在两个明显的弊端：

一是纵向层级间存在"等级感"，上下级之间不能很好地对话。无论是城市里的"街道—社区居委会—网格（院落）"结构，还是农村中的"乡镇—村委会—村民小组"结构，都是一种层级结构，只不过，这种层级结构不同于传统科层制单一主体的层级结构，而是块状组织组成的层级结构，上下层级之间仍旧存在事实上的不平等关系。在同一层级之间可能容易自治起来，但是不同层级之间就很难自治，因为上下没有平等的话语权。二是横向联系缺失，难以形成整体的自治格局。同一区域不同自治单元的居民很难交流，容易造成碎片化的格局。例如，同一社区不同网格或楼栋的居民难以沟通，同一街道不同社区的居民难以沟通。他们虽然地域相对较远，但并不意味着他们就没有共同的利益和需求。当他们有联合起来开展自治需求的时候，"上移或下沉"划定的自治单元就难以满足。现实生活中这样的例子有很多，例如，社区全部业主联合起来与物业公司开展对话，维护业主权益。总之，"上移或下沉"的做法仍旧没有构建一个网络化、扁平化的自治结构，居民之间也难以有机团结在一起，自治单元的划分需要新的分析思路。

二 自治单元的横向构建：第三种分析进路

自治单元的选择要跳出纵向科层思维，从横向联系的角度出发，构建立体式、扁平化的单元结构。实践表明,社团能够有效促进居民参与和居民自治,是自治单元的合理选择。其一方面能够培育社会资本,促进基层民主和社会参与;另一方面横向建构了参与网络,有效弥补了"上移下沉"论的弊端。

(一) 个体化的社会与再组织化

单位制解体后,社会一盘散沙,个体化[①]趋势明显。以前在总体性社会框架下,单位包办了个人的一切,单位制瓦解后,个人从原有的束缚中解放出来,个体意识明显增强。后来社区填充了单位制解体后的社会管理真空,但是来自不同领域和地域的居民,群体利益分散,异质性突出,"事不关己,高高挂起"的心态普遍存在,很难有效聚合起来,开展自治。个体化一方面能增强个人自由选择度和流动性,进而使个体可以脱离原有的社群找到新的生活方式;[②] 但另一方面个人中心主义倾向明显,习惯于把个体的利益凌驾在集体利益之上,[③] 不愿参与公共事务。

对于社区居民而言,个体化的弊端集中体现在生活场域的陌生化和意义世界的功利化。一方面,社区只是国家建构的一个治理单元,不是西方意义上的共同体。尤其是一些商品房社区是来自五湖四海的个体组成的一个陌生的场所,并且流动性很强,不总是固定在一个社区,就像霍普所言,"每个个体几乎不从属于某个特定的地方或邻里共同体。"[④] 另一方面,居民的功利意识极强,高度关注个人利益,往往只参与与自己利益相关的事务,选择性忽视集体利益,采取的是纯粹的"目的合理性行动"而非"价值合理性行动"。[⑤] 这样的后果是,原子化的居民游离在社区之

---

① 按照贝克的理解,"个体化"是指"原先作为个体的行动框架及制约条件的社会结构逐步变动、松动乃至失效,个体从诸如阶级、阶层、性别角色之类的结构性束缚力量中相对解放出来,甚至当代许多社会制度的设计也迫使人类的存在采取个体化的生活形式"。参见 Ulrich Beck, *Risk Society: Towards a New Modernity*, London: Sage Pubulications, 1992.

② 阎云翔:《私人生活的变革:一个中国村庄里的爱情、家庭与亲密关系(1949—1999)》,龚小夏译,上海书店出版社 2006 年版,第 30 页。

③ 冯莉:《当代中国社会的个体化趋势及其政治意义》,《社会科学》2014 年第 12 期。

④ [英] 保罗·霍普:《个人主义时代之共同体重建》,沈毅译,浙江大学出版社 2010 年版,第 5 页。

⑤ [德] 马克斯·韦伯:《经济与社会》第一卷,阎克文译,上海人民出版社 2010 年版,第 114 页。

外，公共精神逐渐衰减，不愿参与社区公共事务，更谈不上居民自治了。即使有些个体零星的参与也只是一种"表演式"参与，内心认同度不高；或"碎片化"参与，参与效益不高。

面对个体化的社会和碎片化的参与，再组织化是唯一的路径。社会原子化的实质是社会联结机制——中介组织的缺失导致的个体孤立、人际陌生和道德失范。① 因此，再组织化就是让个人加入一定的组织，在组织中增强公共意识和责任意识，然后再以组织化的形式参与社会事务。管理大师德鲁克也认为人只有加入组织才会获得身份和功能，他直言道："没有人会把船只失事时一群无组织的、惊慌失措四处奔跑的人叫作'社会'，克服这种恐慌的唯一途径就是用社会组织重建一个社会。"②

组织对于个体成员合作和参与有重要的作用。一是组织提供了相对稳定的环境和沟通交流的平台，其能够打破陌生社会，增强个体的熟悉感和认同感，这也才有合作自治的可能。二是组织能够积聚力量和资源，解决个体参与无法解决的问题，正如费埃德伯格所言，"建立组织就是要解决不这么做就无法解决的难题。"③ 组织化的参与效益比个体参与效益明显要高。三是组织能够提供一种集体记忆，积累和传递成功的经验以及失败的教训，有利于改进集体行动的策略。④ 因此，组织化参与有无可比拟的优势。要推进居民自治就要扩大社会参与，要增强社会参与就要把社会再组织化，也就是说，要把分散的个体组织化。在分析居民自治单元的时候，首先应该考虑的是，划定的单元能否把居民组织起来，这也是笔者横向建构自治单元的逻辑起点。

(二) 组织与社会资本的再生产

个体化的社会导致了社会资本的大量流失，因而人们很难合作起来，

---

① 吴兴智：《国家、组织化与社会秩序——当前我国社会发展模式再思考》，《上海行政学院学报》2014年第3期。

② [美] 彼得·德鲁克：《社会的管理》，徐大建译，上海财经大学出版社2003年版，第7页。

③ [法] 米歇尔·克罗齐耶、埃哈尔·费埃德伯格：《行动者与系统：集体行动的政治学》，张月等译，格致出版社、上海人民出版社2017年版，第2页。

④ [美] 沃尔特·W. 鲍威尔、保罗·J. 迪马吉奥主编：《组织分析的新制度主义》，姚伟译，上海人民出版社2008年版，第222页。

开展自治。再组织化的目的就是要促进社会资本的再生产。所谓社会资本就是指能够通过合作行为来提高社会效率的信任、规范和网络等。①

社会资本之于社会治理有重要的作用。帕特南在《独自打保龄球》一文中指出，社会资本能够让公民更加轻松地解决集体问题，在一定程度上可以克服"集体行动的困境"。② 在另外一本名为《使民主运转起来》的书中提到，社会资本的关键作用在于使人们倾向合作、信任、理解和同情。在一个拥有大量社会资本的共同体内，投机行为会减少，志愿合作更容易出现。③ 奥斯特罗姆直接指出社会资本是理解如何实现合作和克服集体行动困境的核心基础。④ 福山把社会资本理解为一种社会规范及普遍信任，其是自由主义民主制度保持稳定的必要条件。⑤ 我国一些学者分别用实证研究和定量研究的方法论证了社会资本与居民自治的相关性，即社区社会资本存量越多，社区自治水平就越高。⑥ 归结到一点，这些经典研究都表明，社会资本能够促进志愿合作。对于居民自治而言，其无法通过外部权威强力推进，更多地需要依靠个体的志愿参与和一些非正式规范，因而社会资本就显得尤为重要。

科尔曼指出社会组织构成社会资本，组织的创立可以提高个人行动的一致性。⑦ 燕继荣认为社会组织是社会资本的酝酿场，没有健全的社会组织，就没有真正的社会自治。⑧ 第一，组织酝酿信任。信任就是人与人，

---

① ［美］罗伯特 D·帕特南：《使民主运转起来》，王列、赖海榕译，江西人民出版社 2001 年版，第 195 页。

② ［美］罗伯特 D·帕特南：《独自打保龄：美国社区的衰落与复兴》，刘波等译，北京大学出版社 2011 年版，第 343—355 页。

③ ［美］罗伯特 D·帕特南：《使民主运转起来》，王列、赖海榕译，江西人民出版社 2001 年版，第 195 页。

④ ［美］埃莉诺·奥斯特罗姆：《社会资本：流行的狂热抑或基本概念》，载曹荣湘选编《走出囚徒困境——社会资本与制度分析》，上海三联书店 2003 年版，第 24 页。

⑤ ［美］弗朗西斯·福山：《公民社会与发展》，载曹荣湘选编《走出囚徒困境——社会资本与制度分析》，上海三联书店 2003 年版，第 71 页。

⑥ 李妮：《社区社会资本与社区自治的关联及其发展》，《重庆社会科学》2008 年第 10 期；张菊枝、夏建中：《社区自治：繁荣城市社区社会资本的有效路径——基于社区自治与社会资本的相关性分析》，《兰州学刊》2014 年第 2 期。

⑦ ［美］詹姆斯·S. 科尔曼：《社会理论的基础》（上），邓方译，社会科学文献出版社 1999 年版，第 356 页。

⑧ 燕继荣：《社会资本与国家治理》，北京大学出版社 2015 年版，第 235 页。

人与组织、组织之间建立的一种理解、信任的关系，是社会资本的核心。不同的成员为了共同的目标建立了组织，这本身就是信任的表现，没有信任就不会自建组织；同时组织运作过程中，大家在为了共同目标努力奋斗的过程中又增强了成员之间的信任；更为重要的是，组织承担社会责任、参与社会治理、提供社会服务增强了公众对组织和政府的信任，毫无疑问增强了社会团结。

第二，组织产生规范。规范可能是深层次的价值观，也可能是世俗的规范，如职业规则，行为准则等。① 原子化的社会，个体没有行为规则，像无头苍蝇一样到处乱窜，容易产生冲突。组织产生了规范，指导人们该如何行动，个体有了参与的规则，社会就有了良好的秩序。同时，组织之间、组织与政府间也会形成规范，各个主体也都会有相应的制度约束，其既可能是正式制度约束，也可能是非正式制度约束，但都能促进各方有序合作。

第三，组织构建网络。原子化的个体彼此之间是独立的，组织能够给大家提供交流的平台，拓展了个体的人际关系网络。社会网络越密集，获得的社会资源也就越多。同时个体依托组织参与，一方面拓展了个人参与的范围；另一方面也拓展了组织的参与网络。例如，组织通过承接政府公共服务，拓展了参与渠道。

（三）社团与自治单元的再选择

社团就是人们根据自身的意愿和利益组成的社群或团体，是一种草根社会组织。正因为社会资本促进自治，社团能够产生社会资本，所以社团是自治单元的有效选择。托克维尔在《论美国的民主》一书中强调社团极大推进了美国的民主建设，人们无论年龄大小，地位高低，志趣如何都在组织社团，社团包办了一切。② 帕特南指出，意大利南北居民的政治生活、公共精神等方面的差异在于公民社团的数量和质量。社团有助于民主的效率和稳定，其一方面培养了成员合作和团结的习惯；另一方面增进了

---

① ［美］弗朗西斯·福山：《信任——社会美德与创造经济繁荣》，彭志华译，海南出版社2001年版，第30页。

② ［法］托克维尔：《论美国的民主》，吉家乐译，中国华侨出版社2014年版，第314页。

利益表达和利益集结。① 可以说，大量的结社是有效自治的一个前提条件。我们从不同自治单元选择标准的对比中就可以看到把社团作为自治单元的独特优势（图3-1）。

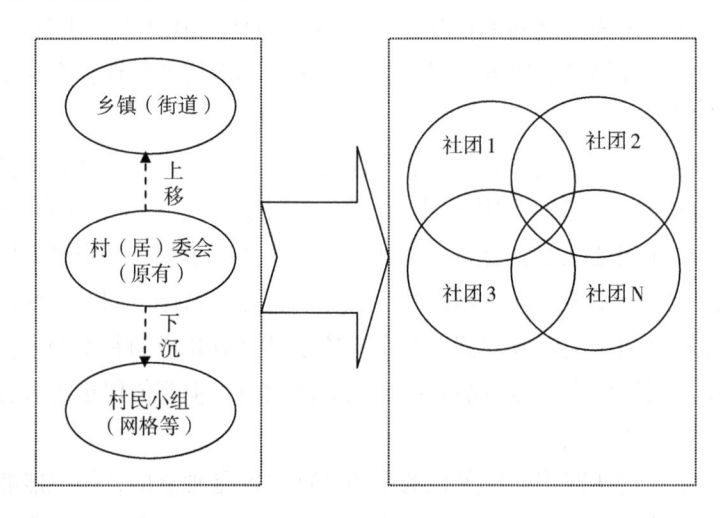

注：重叠的部分表示一个人可能参加多个社团，不同社团可能包含同一群人。

图 3-1　居民自治单元转化及重构模型

第一，如果说，利益是居民自治的动力，就算把自治单元下沉，把范围缩小，居民也不一定就会有相同的利益或者有紧密的利益联系，也不一定就会有参与公共事务的意愿。利益和意愿的叠加才能有效促进参与。社团都是有利益联系和相同意愿居民组成的团体，没有这两种东西，社团也就不复存在，因此，从这个角度看，社团使居民自治的可能性增大。

第二，就算把自治单元下沉，村民小组或者网格内的居民也不一定会形成一个共同体。换句话说，这只是他们生活的单元，不是他们行动的单元，他们还是不熟悉、不参与。例如，城市社区中同一楼层的两户居民都不熟悉，更别说一个楼栋了。社团一开始都是由有相同志趣的人组成的，之后又相互交流沟通，这样就产生大量的社会资本，自治也就有了可能。

第三，就算把自治单元下沉或上移，居民还是一盘散沙。下移了，规模变小了，不一定居民就团结了。居民仍旧是个体化、碎片化的参与，参

---

① ［美］罗伯特 D·帕特南：《使民主运转起来》，王列、赖海榕译，江西人民出版社 2001 年版，第 103 页。

与效益仍旧难以提高。社团是把居民组织起来的工具,依托社团组织化的参与效益要比个体"单枪匹马"式的参与效益更高。

第四,社团是横向构建的自治单元,每个团体都是平等的,团体的成员也是平等的,可以自由对话。社团构建了横向网络,个人不再是局限在某一域交流,如图3-1中重叠的部分表示一个人可根据需求,参加多个社团。同时以团体的形式参与政府合作,增强了个体与政府对话的能力,个人的利益和需求也能得到有效保证。

总之,自治单元的划分不应当是根据地域范围的大小,从层级的角度考量,而是要看划分的单元是否会成为一个自治共同体,把分散的居民组织起来。

值得注意的是,有的学者提出层级自治的概念,试图调和上移和下沉两种观点的冲突。例如,刘建军教授指出,基层自治是一个阶梯式的发展,不同层级有不同的自治载体和自治方式。城市基层自治是从楼组自治、到自治家园、到社团自治、到业委会自治、到居委会自治、再到街居制创新的层级转换。① 这种观点撇开了自治单元上移和下沉的讨论,强调多中心自治。但问题的关键在于,各层级能否形成一个利益共同体;是否有共同的意愿;是否会有机团结,是否能组织化参与;是否能产生社会资本。没有解决这些问题,层级自治也很难实现。事实上,要解决这些问题的确也非常困难。

三 自治单元的法团主义:自治与行政耦合

上面主要论述了把社区社团作为居民自治单元的理由之一,即社区社团可以积累社区社会资本,破解集体行动困境。但讨论自治单元重构的时候还面临另一个问题,即新构建的自治单元是否能够起到调适政社关系的作用,并且还要契合现行的制度和法律。借用法团主义的分析范式可以说明,把社区社团作为自治单元可以在现行法律和制度框架内恰当处理好自治与行政的关系,实现自治与行政的耦合。

---

① 刘建军、马彦银:《层级自治:行动者的缺席与回归——多中心治理视野下的城市基层治理研究》,《杭州师范大学学报》(社会科学版)2015年第1期。

(一) 自治与行政互动的命题阐释

党的十九大指出，加强社区治理体系建设，实现政府治理、社会调节和居民自治良性互动。我国的社区是嵌入国家体系内的一个治理体，开展社区建设，推进居民自治具有加强基层政权建设和基层民主建设，实现政府行政和社会自治融合的双重目的。因此，在讨论自治单元构建的时候，必须考虑基层政权建设和政府行政的问题，这关系到政府权威的树立和维护以及基层社会的和谐与稳定。实际上，学界提出自治单元下沉的潜在依据之一，也是便于政府快速收集基层信息，确保政令上下通畅。前面我们看到了把社区社团作为自治单元利于自治的优势，但是否也利于行政呢？

我们常常囿于思维定式，直观地认为，纵向到底构建的单元才利于行政，因为这样便于政府运用科层制自上而下控制和整合基层社会；横向构建不利于行政，因为其给人一种分散零碎，难以整合的视觉冲击。实则不然，横向构建的单元也能实现政府有效行政，加强基层政权建设的目的。其关键就是要合理认识自治单元调整后社区居委会的角色和功能，恰当处理好政府、社区居委会和社区社团的关系。这个过程我们可以用法团主义范式予以解释。

法团主义是统合国家和社会对立的一种分析范式，是国家和社会组织常规性互动体系的概括。法团主义首先由施密特提出，意指组织化的功能单位与国家互动争取群体利益并在需求表达、领袖选择以及组织支持等方面受到国家相对控制的模式。① 法团主义有几个典型的特征：一是国家承认社会团体的合法资格，但国家具有主导地位。二是把分散的个人利益以团体的形式传送到国家决策体制中去。三是团体在某一领域具有唯一性，不同团体间是非竞争的关系。四是团体的中介作用明显，一方面代表利益集团向国家传达成员利益；另一方面代表国家协调团体成员立场，维护内部秩序，使其符合国家意志。五是国家和团体是互动合作、相互支持的关系。质言之，法团主义就是以社团形式组织起来的公民社会的利益同国家的决策结构联系起来，但要受到国家主导和控制的制度

---

① 张静：《法团主义》（第三版），东方出版社 2015 年版，第 24 页。

安排。① 其具有三个优势：一是维护社会整合和团结；二是每个团体都有相对自由的活动空间；三是与政府融为一体，信息畅通，政策制定和落实方便快捷。② 从法团主义视角可以看出，"国家—社会"的二元关系演变为"国家—组织—社会"三元关系，组织在调控和协调国家和社会关系中有重要作用。

（二）法团主义模式的构建与回应

以社区社团为居民自治单元具有法团主义特征（表3-1）。正如法团主义认为的那样，当代社会出现问题不是个体自由不足，而是组织化不足造成的。③ 居民自治的困境首先表现在居民缺乏自治组织，一盘散沙，而不是个体自治能力不足，因此，要把居民组织起来，引导他们自我建立社团。这个引导责任由社区居委会承担，因为社区居委会的法定职能就是组织和引导居民自治，只不过，社区居委会引导和组织居民自治的方式发生了改变。以前是居委会采取行政动员或情感动员的方式直接号召居民参与，现在是居委会引导居民自我建立社团，让居民自我组织起来开展自治。进一步看，社团是自治单元精细化的产物。如以解决宠物扰民问题成立的"萌宠社团"；以解决社区脏乱差问题成立的"环境保护社团"等，相比笼统地以某一层级或地域为自治单元，更能有效地、专业地解决社区公共问题。

需要注意的是，这些社团仍是要在社区"两委"领导下运行的。社区社团不一定要注册，但要到社区登记备案，接受社区监督。社区社团与社区居委会是互相促进的关系，两者相互支持。社区居委会培育和发展社区社团；社区社团主动开展自治，参与社区治理，协助社区居委会实现国家目标。这时候，社区居委会实际上就是一个枢纽型组织或联合型组织，代表社区社团与国家开展对话，并协调内部关系，促进组织和谐。可以看出，社区居委会还是法定的自治组织，社区居委会的法定地位和法定功能没有改变，这一点与《居委会组织法》的规定是契合的。

同时，把社团作为自治单元，也没有改变社区居委会作为国家在基层

---

① 顾昕：《公民社会发展的法团主义之道——能促型国家与国家和社会的相互增权》，《浙江学刊》2004年第6期。
② 陈家建：《法团主义与当代中国社会》，《社会学研究》2010年第2期。
③ 张静：《法团主义》（第三版），东方出版社2015年版，第19页。

的代理人的角色。之前,我们把社区作为自治单元,国家整合基层社会是通过与社区居委会建立"委托—代理"关系来完成的。现在,把社团作为自治单元,国家仍然可以通过这种方式来实现政府行政,不会影响国家的控制力和整合力。政府与社区居委会也是互促关系,两者相互支持。社区居委会仍是国家建构的,是国家认可的基层群众自治组织,是政府和民众间联系的桥梁和纽带。只不过,在法团主义的框架下,国家不直接与个人发生联系,而是与联合型组织事先沟通。也就是说,政府仍然可以通过社区居委会传达国家意志,落实国家政策,整合基层社会。社区居委会和社区社团仍是要在国家政策允许的范围内活动,接受政府管理,维护国家权威,并协助政府提供社区公共服务。

表 3-1　　　　以社区社团为居民自治单元的法团主义特征

政府与社区居委会的互促关系	政府对社区居委会的支持	社区居委会是社区领域内唯一的且被国家法律承认的基层联合型组织(唯一性和合法性)
		政府给予社区居委会工作经费及发展政策(政策资金支持)
	社区居委会对政府的支持	接受政府管理,维护政府权威,化解社会危机,增强公众信任
		落实国家政策,传达国家意志,协助国家提供公共服务
社区居委会与社区社团的互促关系	社区居委会对社区社团的支持	培育社团,为其提供参与渠道和资源支撑
		代表社团与国家开展对话,向上传达社情民意,维护居民利益
	社区社团对社区居委会的支持	社团要在社区两委的领导下运行,要遵守社区自治章程和规则
		参与社区治理,配合社区两委开展工作,协助其实现国家目标

已有研究表明,通过建立国家、联合团体和基层组织三者间的法团主义模式可以建立起稳定的国家社会关系。社区利益可以通过基层组织及其联合团体传递至国家,国家仍然对基层组织的参与保持控制力。[①] 以社区社团为自治单元实际上建构了政府、社区居委会和社区社团三者间的法团主义模式。社区居民的利益由组织集中传至政府,政府也可通过组织实现国家意志,确保基层稳定。

---

① 王新松:《国家法团主义:新加坡基层组织与社区治理的理论启示》,《清华大学学报》(哲学社会科学版)2015 年第 2 期。

综上可见，以社区社团为自治单元不仅不会加剧社区行政化，而且还可以适当调适政社关系。政府、社区居委会和社区社团是一种相互促进，相互支持的关系。居民自我组织起来以后，社区居委会则更多地表现为一种联合型自治组织，成为了政府和社区社团的联系纽带。居民既能够依托社区社团有效自治，政府也能够依托联合型组织有效行政，以社区社团为自治单元可以有效实现自治与行政的耦合。

四 社区社团的生成过程及培育路径

社区社团又称社区社会组织。目前关于社区社团的概念没有统一的定义，[①] 但其内核都是指社区居民自愿成立的，满足个人需求的一种非政治性、非营利性的民间自治组织。关于社区社团的分类也不统一。根据社团成员参与事务的性质不同，我们把社区社团分为兴趣类社团、志愿类社团、互助类社团和治理类社团。兴趣类社团是居民靠某方面兴趣自然而然结成的团体，带有自娱自乐的性质，这种社团产生方式很简单，本书就不再讨论。下面重点讨论其他三种社区社团的产生过程。

（一）志愿类社区社团的产生

志愿类社区社团是社区居民经常开展社区志愿服务，自愿成立的一种民间服务团体。志愿服务是居民自愿贡献自己的财富、时间和能力为他人提供帮助，且不以获取物质报酬为目的的一种公益服务。[②] 志愿类社区社

[①] 如杨贵华认为，社区社会组织是"由社区组织或个人在社区范围内单独或联合举办的，以本社区成员为主体，以本社区区域为主要活动场所，遵守国家法律、法规，尊重社会公德，以自我管理、自我教育、自我娱乐为主要目的，满足社区居民不同需求的、自发形成的群众团体队伍或组织"；陈洪涛、王名认为，"社区社会组织是由社区组织或个人在社区范围内单独或联合举办的、在社区范围内开展活动，满足社区居民不同需求的社会自发组织"；康之国认为，社区社会组织是指"以社区居民为成员、由社区居民自愿成立的，以社区地域为活动范围、满足社区居民不同需求为目的、介于社区主体组织（社区党组织和社区居民委员会等）和居民个体之间的非营利性组织"。参见杨贵华《对当前我国社区民间组织建设的思考》，《科学社会主义》2005年第2期；陈洪涛、王名《社会组织在建设城市社区服务体系中的作用——基于居民参与型社区社会组织的视角》，《行政论坛》2009年第1期；康之国《完善社区社会组织参与社区服务机制研究——以天津市H区为例》，《天津行政学院学报》2011年第6期。

[②] 魏娜：《我国志愿服务发展：成就、问题与展望》，《中国行政管理》2013年第7期。

团服务的对象是他人或他组织,尤其是社区一些困难群体,如失独老人、残疾老人、贫困户等。这类组织在社区广泛存在,下面笔者将用案例的形式深描这类组织的产生过程。

案例 3-1:书香传承——爱心义教队

ATXY 社区成立于 2012 年,该社区属于现代新型中高端社区,社区新、居民新;居民文化水平高、社区内有大量的书法爱好者是其典型的特点。但社区存在三个迫切需要解决的问题:一是社区层面。社区成立晚,属于新建社区,居民入住时间短,邻里融合有待提升;二是书法爱好者层面。缺少一个互动交流、切磋技艺的平台,同时很多人都有做公益的意愿,但缺少平台;三是青少年及家长层面。困境儿童的家长们无力承担孩子兴趣拓展的费用;困境青少年渴望学习文化知识、开展兴趣活动,但缺少平台和资源。社区根据实际情况和人文环境培育了一个志愿类自治社团,即书香传承——爱心义教队,自我解决问题。

1. 需求调查,锁定群体。社区通过家访和外展两种形式收集居民意愿,各方主体意愿如下:社区希望搭建一个平台,营造一种互助和谐的书香氛围。二是书法爱好者需要建立属于自己的规范化组织,发挥余热,传承中国优秀传统文化,实现自我价值;三是青少年有课外兴趣拓展、学习中国优秀传统文化的需求。同时,锁定了 28 位有意愿的人,每位人员都有单独的信息表。之后,社区根据收集到的信息,在社区活动室组织开展"书画会友"第一届评比大赛,向书法爱好者表达了成立社团的想法,大家也积极支持。

2. 开展活动,推选领袖。社区利用"团队+书法+快乐"三元素,组织开展揉肩捶背、小组分享等活动,促进社团成员进一步熟悉交流。社区工作者引导书画社连续开展了"你我是一家"交流活动、文房四宝知识讲座、《颜真卿书法》切磋活动、《柳公权书法》交流四次活动。在活动中,一些成员积极性很高,也乐意为其他人服务,涌现出了胡某某、王某某、张某某、陈某某等社团骨干。之后,所有成员协商推选了社团领袖。凡是有人举荐的成员都被认定为社团领袖。根据个人特点,领袖成员自主协商进行了分工。各个领袖各司其职,又相互配合,确保社团正常运转。

3. 成立社团,开展服务。一段时间之后,大家有了默契,顺利成立了书画社社团，确定了社团标识；同时依据谁认同、谁签字的原则，共同制定出书画社管理制度。领袖组织大家商讨公益活动创意方案。社团成员自主协商"我们可以做些什么公益""什么时间做公益""谁来做公益"等问题。最终确定了三大公益事项。一是举办公益学堂（书法、绘画、国学）；二是为困境青少年捐赠学习用品；三是利用节日慰问表演，宣传国学精粹。随后，社团成员入户探访ZJ村的困境青少年。在ZJ村开展青少年招募活动，根据青少年的喜好进行分班，开展公益教学，并向困难学生捐赠学习用品。书画社成员参加了慰问驻地部队欢庆八一活动，他们向部队展示了自己的书法作品。晚会不仅增强了老人们的自信心，也扩大了书画社团的影响力，同时也宣传了国粹，弘扬了传统文化。

4. 多方合力，成效显著。对于辖区书法爱好者而言，老人自身价值得到体现，幸福感增强。书法爱好者通过组织结交更多志同道合的朋友，找到了归属感。对于困境青少年家长而言，缓解了家长教育孩子的部分经济压力，不同情况的家庭有了初步的交流，困境家庭有了更多帮扶。对于困境青少年而言，困境青少年拓展了兴趣爱好，学习了中华优秀传统文化知识，交往能力进一步提升。对于社区而言，社区由原先的"包办代替"转向"协商民主"，让居民自己做主，充分发挥了社区组织的作用，整合了辖区资源，推进了居民自治。

（二）互助类社区社团的产生

互助类社区社团是一群社区居民自愿组成的，相互帮助的团体。实际上，就是通过合作同时满足多方需求。例如，不同梯度年龄的老人集聚在一起，互帮互助，相互满足自己的养老需求。很多有不同特长的居民组成团队，取长补短，互相帮助，实现共赢。互助类社团的服务对象一般是社团成员自己，在社区也是大量存在，但其往往不是自然而然形成的，需要外界给予一个互帮互助的平台。案例3-2很好地阐述了这类社团是如何产生的。

案例3-2："银翼天使"——护老者互助社团

随着我国经济社会的不断发展，我国的老龄化问题也日益突出，"养老难"已经成为我们面临的几大难题之一。在我们国家，90%的老人是由家庭供养,老人的照护力量主要是配偶和子女。这一部分人有一个响亮的名字——"护老者"。护老者是社会养老压力最直接的承担者,由于社会关注少,心理压力大以及看护技能缺乏等原因,护老者们已感觉力不从心,忽老、虐老现象频发。SGL社区由10个单位的封闭式老旧宿舍院与一所新建小区组成,居住对象以老年人为主,其中多数老年人需要照顾,据走访发现,老年住户占据了半壁江山,其中80岁以上老人有100多人。社区内与老人同住的儿女达200多户,他们的生活状态和精神世界往往被忽视。社区试图成立一个社团让这些护老者相互帮助,化解养老纠纷,维护家庭团结。

1. 问题分析。在走访过程中涌现出了一批又一批的孝顺老人的典型事例,但通过与护老者的交流沟通,社区工作者发现了很多问题,归纳起来,集中在两个方面:一方面,家庭中两代人之间的矛盾和冲突越来越常见。老人与儿女之间关系自古以来就很复杂。俗语有云:"家家有本难念的经。"其中一本就叫"儿女经"。改革开放以来,受各种外来思潮的冲击,老人与儿女之间的矛盾也在随之升级,现已成为影响家庭和谐的"阿喀琉斯之踵"。另一方面,养老压力增大和养老技能需求的增加,社区的护老者们感觉力不从心,社会上"虐老"和"忽老"现象频发。护老者直接承担了社会的养老压力,在繁重的现实面前,他们的抗压能力和照护技能备受考验。

2. 需求调查。为了解护老者、老人和社区的需求,SGL社区前期主要采取电话访谈和座谈会等形式,以调查问卷为主要手段,全面调查走访了辖区护老者家庭。调查发现,需求主要表现在三方面。一是护老者的需求。渴望被理解被认同(家庭成员不理解护老者的付出),减轻心理压力;希望融入社会,增加老人护理知识。二是家庭的需求。希望解决老人与护老者之间的矛盾,促进家庭和谐;有接送孩子和帮忙买菜等日常琐碎的需求。三是社区的需求。传播敬老孝老的思想,促进家庭和睦和社区和谐。社区根据需求调查情况,建立了护老者家庭档案。

3. 锁定群体。该社区居民3862人中,年龄结构如下:18岁以下499人,18—25岁共203人,25—59岁共2212人(0—59岁2914人),60—79岁808人,80—99岁139人,100岁以上1人(60岁以上1047人)。60岁以上老人占总人口的24.5%,社区老龄化严重。在走访的294户老年人家庭中,由家庭子女照顾老人的居多,他们基本由40岁以上的无业与退休人员为主。调查发现，25 名护老者有意愿成立互助团队，初步锁定了目标群体。之后，又采取参与式需求调查方法，做社工游戏等方式，让成员之间相互熟悉交流，进一步锁定目标群体 15 人。

社团成员主要是针对护老者，并不是 80 岁以上的老年人，而是这些老人的子女和老伴。社区试图通过把这类日夜守护老人的群体聚集在一起，让他们彼此交流、彼此帮助，提升养老服务技能、减轻精神压力，营造尊老敬老的氛围；同时借助公益社团的力量，引起社会对于护老者群体的关注，给予护老者更多关爱，为社区养老创造一个良好的生活环境。

4. 开展活动。互助团队 15 人，3 人一组，大家自主创意并陆续开展了"谈天说地唠家常"、"一家亲"大串门、"活力舜耕"趣味运动会、"变变变"变废为宝活动、泉城秋韵乐赏朱家峪 5 项活动。"谈天说地唠家常"活动中分享了 LBZ 照顾老人的经历和经验。互助团内部成员逐渐熟悉，交流也日益通畅。"一家亲"大串门活动中，社团成员看望老人，拜访部分空巢老人，与老人谈心，了解老人需求。"活力舜耕"趣味运动会设置了沙包投篓、跳绳比赛、踢毽子比赛、夹乒乓球比赛等项目。在活动中大家友谊更加深厚，家庭的关系更为和睦。"变变变"变废为宝活动中利用废旧扑克牌和纸板，制作家庭集物盒，并发现了动手达人 FLC 和 YJH。"泉城秋韵"赏叶行活动中，社团成员和家人以及部分身体健康的老年人去南部山区红叶谷旅游，进一步加强了交流，增强了团队的凝聚力。

在护老者家庭中，具有代表性的是 DXL 家庭。DXL 于 1969 年出生，性格开朗，待人真诚，善解人意，拥有一个美满幸福和睦的家庭。自 1995 年结婚以来，和公公婆婆生活在一起达 20 余年。公公 2001 年因病去世，婆婆 60 多岁就曾患过脑血栓，行动不便，照顾婆婆的重任就落在了儿媳 DXL 一人身上。婆婆现已 90 岁高龄，长期卧床不起。

在她居住的单位大院里，DXL 的口碑很好，只要人们一聊起 DXL，大家就会竖起大拇指，交口称赞这位"好媳妇"，她的爱心赢得了很多人的尊重和称赞。婆婆前几年曾不小心摔倒过两次，而丈夫在外忙于科研攻关项目，无暇顾及，都是 DXL 一人送婆婆到医院，楼上楼下背着婆婆检查拍片，腿上打上石膏在家卧床，DXL 日夜陪伴不离左右。自从婆婆瘫痪以后，DXL 就几乎不能出门了，哪怕是外出一天。有时也想和家人一起到祖国各地去旅游观光，但一想到自己的责任，立即作罢。即使她的好朋友们约她到南部山区玩上大半天，踏踏青，她都会婉言拒绝。每当有邻居感叹她的辛苦，她总是说，这是她应该做的，没有过一句怨言。虽然私下里有时也对丈夫感到委屈和抱怨，但想到丈夫工作繁忙，委屈和抱怨很快也就烟消云散了。通过开展"一家亲"大串门活动，护老者社团成员看望 DXL 家里老人，加深了彼此之间的认同感，也舒缓了护老者的心情，理解其照顾老人的辛苦，弘扬了社区孝文化，传播了社区正能量。

5. 推选领袖。第二次活动发现了潜在目标领袖 LBZ 和 ZZ，第四次活动发现了潜在目标领袖 LEP。在这个过程中社区工作人员半退出，潜在目标领袖进入。五次活动结束后，社团召开总结会，分享活动收获，讨论活动存在的问题以及改正措施。同时协商推选了 LBZ、ZZ 和 LEP 三位领袖，自此实现了社区发现潜在目标领袖到由居民自己确定目标领袖的转变。

随后，社团独立策划、组织、开展邻里互助互动，其他居民也逐步加入志愿服务。现已经开展了为独居老人打扫卫生、教社区居民茶艺、急救知识培训、养生培训、义务巡防、"3·11"护绿、空巢老人走访等公益活动，并取得了良好的效益。一方面，护老者缓解了紧张的心理压力，建立了自己的社交圈子；同时也在相互交流中学习和掌握了护老方面的技能。另一方面，家人理解了护老者的艰辛和苦楚，双方都多了一份理解，缓和了家庭矛盾。此外，这些活动弘扬了社区孝道文化，传播了社区正能量，改善了社区养老的环境，减少了家庭矛盾，促进了社区和谐。

（三）治理类社区社团的产生

治理类社区社团是居民为了解决社区某一类公共问题而组成的团体。社区公共问题不是某一个人能解决的，必须依靠集体的力量才能解决。并且，社区很多琐碎的公共问题，政府无法介入，也无法解决，必须要靠居民自己协商解决。如，针对广场舞噪声扰民、宠物粪便污染社区环境、楼道卫生脏乱差等具体问题只能依靠居民自治。目前，在社区大量存在的都是唱歌跳舞等娱乐类、兴趣类社团，治理类社团相对较少，这也是我们需要大力培育的。

案例 3-3：七色空间——社区小院改造计划

YZS 小区南区属于开放式老旧小区，社区绿地常年缺乏统一规划与维修。调研发现，社区常年存在如下问题：一是居民层面。居民环保意识差，垃圾乱倒、物品随意堆放，并伴有居民高空抛物现象。二是社区志愿者层面。社区志愿者有意愿整改社区环境问题，但苦于志愿者分散，缺少组织，无交流平台。三是社区层面。公共环境无人打扫，垃圾乱堆放，环境卫生状况差；社区绿化带种植无序，部分花坛常年失修；绿化品种单一，绿植老化。因此，社区试图引导居民成立自治社团，自我解决这些环境问题，为居民搭建相互交流的平台。

1. 需求调查。通过实地走访、外展宣传、电话邀请和张贴通知四种形式收集居民意愿。同时，居委会和社会工作者们同具有意愿参与小院改造的居民一起，到小院各处进行实地走访，与社区居民边看边谈，深入发现小院在环境、设施等方面存在的各种问题，收集和讨论了来自社区居民们的改造意愿，并现场做了记录。整理和归纳各方意愿如下：一是居民希望打造七色花园，修剪树木，整治环境。二是社区志愿者希望建立规范化的社区志愿者队伍，推选志愿者领袖。三是社区希望搭建多种社区交流平台，深化社区服务、创新社区管理方式。

2. 锁定群体。发起人 DLD 老人同居委会一同设计了小院改造计划的宣传海报，开展了主题外展宣传活动。通过在小区内张贴海报、发放宣传单、讲解小院环境整改项目等方式招募志愿者，征集居民建议。社区居民纷纷对环境整改计划表示支持，期待改变小院面貌，并积极为小院改造建言献策，部分居民表示愿意加入小院整改行动，最后共招募有意愿的居民 18 人。随后，社区邀请目标群体在活动室开展了"小院改造论坛圆桌会议"。会上充分讨论了居民的想法，明确项目可操作性。之后，社区邀请了政府相关部门工作人员，同意愿群体共同召开了小院绿化带专项说明会，保证小院改造过程中的合理合法性。

3. 细化问题。居委会邀请目标群体采用开放空间会议技术，开展小院改造论坛圆桌会议，了解居民意愿。会前首先开展了社工小游戏，通过游戏让大家互相认识、交往熟悉，为接下来的需求调研营造良好的会议氛围。居民相互熟悉后就小院现有的和将来可能发生的环境问题表达了想法，具体如下：一是汽车、电动车乱停放、生活物品乱堆放；二是花坛植被种植单一、无序，不美观；三是树枝修剪不及时，影响居民生活；四是绿化植物选择不合理，柳絮乱飞，污染环境。

4. 开展活动。社区引导居民依次开展了社区环保志愿行动、小院绿地认养、设立护绿军团团长信箱等创意活动。按照之前的团队创意活动方案，首先开展了环保志愿行动。居民集中打扫社区公共区域内的卫生。在参与过程中，增强了居民环境保护的责任意识，提升了自我价值感；同时发现了潜在目标领袖 THL。其次开展了"绿地认养"会议。社区工作人员和社区居民共同商讨出公共环境认领和长期维护方法，将绿地划分成若干小块并制定了绿地编号指示牌。具有认养意愿的居民同社区签订认养协议，承担对应的清洁工作和绿化维护工作。此次活动在增能目标领袖的同时，发现新的目标领袖 ZJK。最后设立护绿军团团长信箱。在社区居委会和社会工作者的引导下，目标领袖 THL、ZJK 策划和组织了"设立护绿军团团长信箱"会议。居民对关于团长信箱设置的位置、用途、数量积极发言，热烈讨论。会议过程中，在继续增能目标领袖的同时，又发现了 DLD 和 JLX 两位潜在领袖。

5. 推选领袖。通过圆桌会议，利用开放空间会议技术和谈话棒技术，意愿群体推选出了段某某、张某某、田某某、姜某某四位社团领袖，将小院环境改造项目正式命名为"七色空间——社区小院改造"，并为社团确定了标识。各位领袖在工作上各司其职，主动参与、积极组织、相互配合、相互支持，促进了团队的整体建设。之后，通过协商，社团成立了"邻家"居民议事会、都市阳光义工服务队、护绿军团和萌宠协会四个微社团。各社团在领袖的带领下，根据社团特点，分别从自主商事议事，链接辖区企事业单位资源，开展社区环境保护服务以及宠物管理等方面开展小院改造活动。四个社团相互配合，确保改造计划顺利进行。

社团领袖代表退休老人 DLD，出生于 1953 年，具有良好的教育背景，退休后成为了社区活动的积极分子。他担任了社区议事会会长一职，是社区活动主要的提出者、策划者、组织实施者，是发现和解决社区问题的主要力量。DLD 热心社区公益事业，邻里关系和睦，在楼院居民中具有一定威信，在社区居委会重建及社区日间照料中心建设及运营过程中发挥了不可估量的作用。小院改造项目发起后，DLD 积极为社区小院改造与社区环境建设建言献策，率先投身于小院改造的实际活动中。

6. 实施计划。领袖和成员自主策划和开展了三次活动——"七色空间小院营造计划论坛"、院落修整活动、成立萌宠小组。在活动中，成员之间加深了了解，彼此之间达成共识，社团领袖的权威也进一步得到加强。在各方主体的共同努力下，小院面貌得到很大改观，环境绿化焕然一新。

首先，开展小院营造论坛活动。社团领袖在社区居委会和社工的帮助下自主策划和开展了七色空间小院营造计划论坛。讨论会上，各方主体就小院的进一步改造提出了具体可行的建议，为小院下一步整改制定了实施方案。其次，开展院落修整活动。按照先前小院营造计划论坛上得出的方案，社团领袖和社区共同组织和开展了修整活动。社团根据居民反映的"树枝影响生活"的问题，发动志愿者勘察并收集信息，并将勘察的情况及时上报给社区，社区上报给绿化所。随后，社团成员联合绿化所、社区物业公司，对绿化带和路面进行整治。剪去了危害行人的树枝的同时将树冠修剪美观；按照绿化设计移植了花木，增加了小院绿化的观赏性；安装了灌溉设施，连接水管，定期浇灌花木；清除了路面建筑障碍物，方便居民出行。最后，成立萌宠小组，整治宠物粪便。社区居民发现社区中饲养宠物的住户颇多，宠物在社区公共区域内的粪便污染了居民们的生活环境。为改变这一现状，社团成员自主策划、开展了萌宠聚会活动。会后，宠物家长们共同商讨倡导文明养犬的措施，并自主成立了萌宠协会，解决社区宠物粪便问题。在整个活动中，社团领袖发挥了带动作用，居民增强了参与意识。

（四）枢纽型社区社团的产生

枢纽型组织就是在同类别、同性质和同领域组织中发挥桥梁纽带作用的组织，联合会是枢纽型组织的常见形式。① 社区人口众多，根据不同利益、兴趣和爱好组成的社团也很多，然而社区资源是有限的，不同社团往往为抢夺资源而发生冲突，例如，不同舞种的舞蹈社团为了争夺社区舞蹈室而发生口角。当前基层社区碎片化的表征之一就是各个社区组织间没有沟通，各自为政，冲突不断。② 这时候就需要在分散的社团之上建立枢纽

---

① 沈荣华、鹿斌：《制度建构：枢纽型社会组织的行动逻辑》，《中国行政管理》2014年第10期。

② 尹浩：《城市社区微治理的多维赋权机制研究》，《社会主义研究》2016年第5期。

型社团,调和各个团体之间的矛盾,协调各个团体的行动。案例3-4中就是8支广场舞队伍相互争夺资源,经常发生冲突,社区最后成立了"亲密舞间"社团联盟有效解决了这一问题。

案例3-4:"亲密舞间"社团联盟

GJW社区最流行的就是广场舞。社区自发组建的广场舞团队有8支。她们舞出健康、舞出美丽,然而也舞出了队伍间的矛盾、居民的抱怨。仅一年时间,社区广场舞噪声投诉就达十几起,市环保部门也接二连三接到投诉。调查发现,主要问题有三个:一是场地资源有限,各支队伍往往因争夺场地而发生口角。有位居民经常向社区反映,"李大姐那个队不守规矩,又占了我们的地盘。"① 二是打扰广场周边居民休息,居民对此意见很大。很多居民抱怨道,"声音太大,吵得我家小孩没法复习,社区再不管,我们要把电源断了,让她们跳不成。"② "每天上班累得要死,早上想多睡会儿,周末想睡个懒觉都不成,从早到晚跳,烦死人了。"③ 三是各支队伍相互争夺荣誉和表演的机会,常常发生冲突。没有机会参赛的队伍常常抱怨,"我们的舞,跳得比她们队好,凭什么她们能参加比赛,我们不能啊?"④ 为了处理邻居的抱怨和投诉,使广场舞群体之间、广场舞群体与居民之间和谐共处,社区引导各支队伍成立了"亲密舞间"联盟社团。

第一,社区统计辖区文体团队及设施,收集活动场所周边居民意见。居民希望各支队伍能够合理规划时间,合理使用资源,相互包容,相互体谅,营造一个和谐的生活娱乐环境。第二,开展游戏和分享,增进熟悉和交流。社区通过游戏互动的方式让各支队伍相互熟悉,并让大家分享自己跳舞的感受。通过分享,把个人的快乐、记忆扩展为集体的快乐与记忆,增进居民之间的集体认同。第三,提出建立社团联盟的想法,逐步锁定目标群体。社区主动提出建立联合社团的想法,并征求各支队伍的意见。各

---

① 资料来源:访谈录音20170608ZJ。其中,20170608表示访谈时间,ZJ表示受访者姓名的首字母。以下均同,特此说明。
② 资料来源:访谈录音20170608WX。
③ 资料来源:访谈录音20170609XQA。
④ 资料来源:访谈录音20170608LSH。

支队伍表示支持,并自愿加入联盟。最后采取现场报名的方式确定了目标群体19人,其中包括8支队伍的8名领袖。第四,再次开展需求调查,把握目标群体的需求。目标成员锁定之后,引导师运用参与式需求调查技术对社区内的人群进行调查。引导师通过"成立联合社团开展公益活动我们的期待是什么,担心是什么,怎么样消除担心"的问题来发现目标群体的需求。第五,开展多次活动,发现并增能领袖。前几次活动中,社区发现了积极分子,初步锁定了目标领袖。之后,社区继续引导团队依次开展3—4次团队创意活动,采用"1+3+X…"[①] 依次递增法逐步发展领袖。目标领袖的作用和能力在连续开展的7次活动中不断凸显。他们担任了活动的策划者和组织者,带领成员细化活动方案,做好各项准备。最终经过民主推选,选出了4名领袖,确定了成员分工。第六,制定广场舞定点定时定量不扰民的公约。联盟自主协调每支队伍开展活动的时间,尽量把时间错开;自主协商确定参赛的队伍,做好对内沟通;自主制定措施,缓解和居民之间的矛盾。公约规范了各个文体队伍活动时间及地点,成立了广场舞监督动态巡查小组,每日进行常态化巡查。第七,社区将辖区文体资源交给联盟会安排使用。舞者们自觉遵守公约,广场舞不再是扰民舞,各文体团队之间和谐共处,广场舞大妈们也更加乐在其中。

李阿姨说:"之前每天晚上七八点的时候总是会准时地响起音乐来,我的心脏本来就有点毛病,每天听到这音乐之后,睡觉都要12点左右,找居委会说了几次之后,现在变了,很好。"[②] 居民对"亲密舞间"社团从观望到认知,从认知到认可,从认可到加入,形成了良好的社区公益氛围,激发了社区居民的活力。同时,社区资源利用率提高了。把社区舞蹈室等各类资源充分利用起来,改变了先前资源闲置浪费现象。之前的舞蹈室都是空着的,居民们更愿意在广场上进行活动。现在,舞蹈室基本上每天都是满的。此外,与辖区单位共建共享,社区居民都可以使用辖区2所学校的操场、2个大型公共广场、4个小区广场、6个室内活动室、1个室内舞蹈室。

[①] "1+3+X…"是指,每次活动一个组织者,一个引导师,一个助手,一个观察员。后续活动都换不同的引导师、助手和观察员。多次活动后,领袖就会慢慢增多。

[②] 资料来源:访谈录音20170608LLY。

(五) 社区社团培育路径凝练

以上案例虽然社团类型不同，培育的方法也有所差别，但是，我们可以从中提炼出社区社团培育的一般路径（图3-2）。但值得注意的是，每个社区可以根据实际情况适当调整，这里只是在总结案例的基础上，提供一个一般化的、样本式的方案。

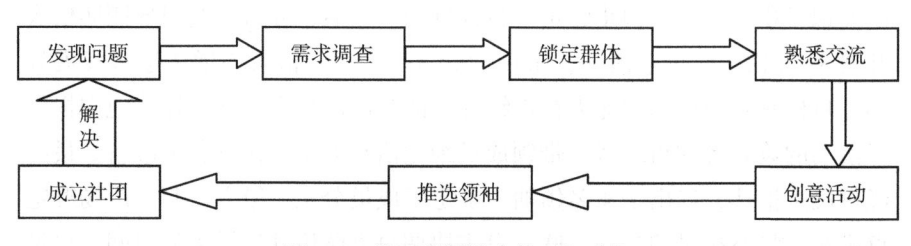

```
发现问题 → 需求调查 → 锁定群体 → 熟悉交流
   ↑                                    ↓
解决                                  
   ↑                                    ↓
成立社团 ← 推选领袖 ← ← ← ← ← ← ← 创意活动
```

图3-2 社区社团培育的一般路径

第一，发现问题。精确地找到问题是培育社区社团的逻辑起点。社区居委会提前主动了解社区有哪些突出的问题，根据问题有针对性地培育社团，培育社团的目的也是让居民自我组织起来，自我解决问题。第二，需求调查。采取入户访谈、问卷调查、网络调查等多种方式收集相关方的需求意愿。这些意愿不是社区主观臆断的结果，而应该是让利益相关方充分发表自己的意见，然后对他们的意见进行归并，找到意愿和需求的最大公约数。值得注意的是，如果有条件，这里最好采取参与式需求调查方法。① 其更能准确地、科学地、真实地收集居民的意见。第三，锁定群体。通过需求调查清晰准确地锁定要开展自治活动的群体，只有这样才能有针对性地提供服务，这也是社团成员的来源。不过，这里的群体规模不能太大。值得注意的是，政府或社区习惯"拍脑袋"做决策，通常是采取"一刀切"，没有细分目标群体，而是笼统地提供服务，效益不尽如人意。第四，熟悉交流。俗话说"远亲不如近邻"，毗邻而居是难得的缘分，然而"陌生人"组合成的城市社区，一扇门、一堵墙、一幢楼，便隔断了邻里间的关系。可以采取破冰游戏、茶话会、座谈会等方式，让居

---

① 参与式需求调查技术不同于传统的需求问卷调查。问卷调查是学者证明或证伪常用的方法。居民在预设好的框架里进行选择，但选项里不一定有居民自己的需求。同时，由于居民需求的多样化和个性化，制定者也很难穷尽所有的可能。因此，这种方法不能全面、准确地找到居民的需求，而参与式需求调查技术正好可以克服这个弊端。

民在互动中消除陌生感和不适感,从而建立一个权力平等且相互信任的交流空间。第五,创意活动。团队活动必须广泛协商、广纳群言、广集民智,让成员自主协商决定活动的内容、形式。各个成员都可以按照自己的需求和兴趣提出意见,然后对这些意见进行归类,自主协商开展活动的先后顺序。活动方案的制定过程也是一个协商的过程,要在协商中找到意见的平衡点。创意和开展活动的目的是要在活动中找到"积极分子",其也是潜在目标领袖。第六,推选领袖。群体只有推选出领袖,才能有效地、有序地组织活动。这里的领袖主要是一种"意见领袖",即指活跃在人际传播网络中,经常为他人提供意见、观点或建议,并对他人施加个人影响的人物。[①] 成员主要是通过民主协商的方式来推选领袖。各类活动依次开展3—4次之后,居民自身就会发现群体内的"积极分子",即他们心中的领袖。领袖不必唯一,可以是多人担任。多个领袖合理分工,轮流策划活动。第七,成立社团。举办多次活动并发现了意见领袖之后,就可以成立社团。社团成员自主协商确定社团的名字,制定简单明了的章程,合理界定社团的服务范围,清晰划分社团成员分工,形成具有一定约束力的服务公约等。社团成立后,就要按照其规章制度运作,每个成员都要遵守。

不过要注意的是,每个社团的性质都不是固定不变的,也不是单一的,他们之间是可以相互转化的。如兴趣类社团也可以导向公益,变成"兴趣+志愿"类社团;互助类社团也可以去帮助其他人,变成"互助+志愿"类社团。一些治理类社团一开始也是由兴趣、意愿链接而成的。除了笔者案例中列举的4个社团外,LX区还根据这套流程培育了很多社团(表3-2)。这些社团在为老为残、青少年教育、环境保护、纠纷调解、治安巡逻等事务中发挥了重要作用。

表3-2　　　　　　　　LX区社区社团展示(列举)

序号	社团名称	典型活动(列举)
1	"双阳同晖"——志愿服务社团	"学电脑,我开心"/"护花使者,快乐同行"/"玩中学"/"我教你学"
2	"亮剑风采"——"将校"志愿服务社团	"革命歌剧会演"/"书画展"/"革命故事分享"/"泥塑记忆展"
3	"红色印记"——党员互助社团	"党史宣讲"/"听爷爷讲红色故事"/"开展爱国主义教育活动"

[①] 邓若伊:《网络传播与"意见领袖"理论调适》,《当代传播》2011年第3期。

续表

序号	社团名称	典型活动（列举）
4	"清清泉水"护泉联盟	"爱泉护泉宣传活动"/"清理全池周边卫生活动"/"了解护泉文化"/
5	"铸爱接力"志服队	"志愿同行"/"庆三八活动"/"清理楼道活动"/"趣味运动会"/"快乐厨房"/
6	"关爱直通车"——能人志愿维修队	"棕香邻里情"端午节活动/乐天使残疾人趣味运动会
7	"睦邻同心"——我的自治家园	两次院落清理活动
8	"曲水商盟"自治委员会	呵护魅力曲水亭活动/"曲水彩虹"抹绿色活动
9	"霞光之爱"老人互助社	为老年人进行小品表演/组织厨艺显身手活动/举行老年书画比赛
10	"燕山新居"——居民志愿流动放映队	给农民工兄弟放电影/给农民工兄弟发放洗衣用品/给农民工兄弟发放御寒物品
11	名郡学堂微公益社团	争做名郡文明之星评选活动/雪野湖历奇体验式亲子夏令营学习/童音合唱队的汇报演出
12	"乐融幸福家"——全职妈妈互助家园	欣悦"音"聊活动/制作手工/拉丁舞学习/
13	"爱生活，爱养生"老年养生社团	养生专题分享/端午节趣味接力包粽子比赛/老年人乒乓球比赛/食品安全检测与营养搭配活动
14	青苹果成长乐园	"爸妈和我一起过六一"儿童节活动/"寻红色足迹，塑时代红心"红色教育活动/诵经典文化，做书香少年
15	"情暖桑榆"——长者精神关怀志愿社团	陪聊/理发活动/看望社区老人/康复治疗活动
16	"温启和平"——残疾人家属互助社	"爱在身边"护理知识交流会/"二次绽放"手工编织活动
17	"快乐同行"长北筑梦联盟	布艺课堂/书法课/手工串珠课堂/国画课堂/简笔画课堂
18	"众YI空间"——微社团联盟	"亲子自驾游活动"/"社区青年汇"联谊活动/"名郡电影节"活动/"传统文化会演"

五 社团内部要素与自治的相关性分析

从这些案例中我们可以看出，社团领袖和社团规模是影响居民自治效益的两个关键变量，它们之间有着密切的联系。调查发现，一个社团是否能够建立，是否能够顺利运行，社团领袖在其中起到了非常重要的作用。

社团规模的大小决定了社团运作的难易程度和持续时间,总体而言,社团规模较小时,居民容易自治起来。

(一) 社团领袖与自治关联分析

能否把居民组织起来,关键在于是否有草根领袖,古话说得好,"蛇无头而不行,鸟无翅而不飞。"西方作家帕累托的"精英阶级循环论"、莫斯卡的"政治阶级论"以及米歇尔斯的"铁的定律"都说明了社会精英之于社会治理的作用。我国也有很多学者探讨了古代乡绅、村庄精英在基层社会治理中的功能。杜赞奇在分析中国民间社会自主治理的时候指出,自组织能否发生的关键不仅在于自身是否拥有基本的社会资本存量,也在于是否存在一个或若干个民间领袖或精英。[①] 岳经纶、陈泳欣运用实证研究讨论了社会精英如何推动农村社区治理。[②] 归根到居民自治,居民自治需要在社团中运作,社团需要领袖带动和组织。罗家德等人就论证了社团自主运作过程中的"能人现象",包括能人的动员、能人的管理、能人的规则等。[③]

上述案例中,尽管每个案例中培育社团的路径有所不同,但是挖掘和增能社团领袖这一环节必不可少。社团领袖往往都是某一领域的"能人""达人""智人"能够很好带动居民自治,其作用主要体现在:

1. 发起自治,组织社团。领袖往往是比较有才能的人,是社团成立的发起者。如案例3-1中,"爱心义教"队的领袖ZGQ用毛笔撰写书画小组的招募公告,开展了以"书画小组"为主题的外展服务。通过张贴海报、绘制展板、发放项目宣传单等方式招募服务对象,征集居民建议。同时,ZGQ自身非常有才能,在社团里的威望很高,大家都愿意听从他的指导和安排。

> ZGQ,男,1951年出生,汉语文学与书法艺术专业。SD省档案

[①] [美]杜赞奇:《文化、权力与国家——1900—1942年的华北农村》,王福明译,江苏人民出版社1995年版,第5页。

[②] 岳经纶、陈泳欣:《社会精英如何推动农村社区治理?——来自台湾桃米社区的经验》,《南京社会科学》2016年第5期。

[③] 罗家德、孙瑜、谢朝霞、和珊珊:《自组织运作过程中的能人现象》,《中国社会科学》2013年第10期。

馆、SD 画院首批造型艺术家、中国孔子诗书画院艺术研究院副院长、上海世博会 SD 籍参展书法艺术家、上海世博会《政府礼品（书法长联）》创作者、《十体书法百米卷，百诗白句颂白泉》创作者、《国庆书法五十体》（网络版）创作者、"SD 文博会"政府金奖获得者。第一、二、三届"SD 文化产业博览会"唯一特约全程现场书法创作者。五岁习书，逐临欧柳颜赵，打下坚实基础。2006 年以二十种书体字体的书法作品，展览 33 天的形式步入书法界。2011 年，以近百幅作品组成的《GQ 书法 50 体》网络版问世。以人民大众广泛喜爱的楷书、隶书、行草书为主体的"GQ 书法"已经形成了自己独特的"清整、温润、闲雅、沉实"的风格。

从这段简介中我们可以看出，该社团领袖是一位非常有才能的人，自己在书画方面有很深的造诣，能够把书画爱好者组织起来交流技艺的同时，开展志愿服务。社团成员对他也非常认同，愿意听从他的安排。但这里的安排不是依靠科层制的行政命令自上而下指挥，而是完全依赖居民内心真正的认同。领袖通过自己的实际行动在社团中获得了权威，这种权威对于自治社团的成长至关重要。

再看案例 3-4 中"亲密舞间"社团联盟中领袖的特点构成（表 3-3），我们就不难理解社团领袖之于社团以及自治的作用了。这些特长正是组织社团、开展自治所需要的。

2. 多方沟通，链接资源。领袖能够链接资源，促进社团可持续发展。资源对于自治社团的成长至关重要。任何行动都离不开资源的支持，居民自治也不例外，"巧妇难为无米之炊"就是这个道理。社区社团是民间团体，不是依靠国家财政运转的，只有靠自身去筹集。社团领袖往往能够凭借自己的能力和人脉，为社团筹集资源。我们从案例 3-3 中就可以看到，社团领袖链接了很多资源，这才能保障改造计划顺利进行（表 3-3）。

表 3-3　　　　　　　　社团领袖链接社会资源概况

社团领袖	基本情况	连接单位	公益行动
YYQ	女企业家联盟成员	惟我传媒	社区公益互助平台发起人
LGD	辖区单位领导	优度 私人博物馆	社区摄影、收藏、书法协会发起人
LW	辖区企业老总	莱特装饰	给社区图书馆捐赠书籍读物

续表

社团领袖	基本情况	连接单位	公益行动
HY	物业公司经理	物业公司	协助社区培育孵化志愿团队，社区公益基金倡导发起人
WY	辖区企业负责人	文化传媒公司	长期捐助残疾人，每年捐款2万余元

由上表可见，通过发挥领袖的作用，链接了包括惟我传媒、莱特装饰等多家辖区企事业单位的资源，为"七彩空间——小院改造"项目的开展提供了大量的技术、人力和物资支持。资源对于居民自治的影响在于：一是资源的多少决定自治的广度。资源越多，居民自主开展的活动也就越多，自治的事务和范围都会随着资源的拓展而拓展。二是资源的属性决定自治的深度。自组织拥有的独立资源越多，其自治行为的可选择性空间就越大，对政府等他组织的依赖就越小，自治的效力也就更好。社团领袖自己链接的资源既能保障社团持续运行，又能保障社团的独立性和自治特性，在增强资源供给持续性的同时也增强了行动的自主性。[①]

概而论之，社团领袖推动居民自治的作用主要在于：一方面广泛动员居民参与。社团领袖来源于广大群众，与他们之间有着"共同的情感"，同时自身又具备较强的组织沟通能力，能够快速地收集居民意愿，动员居民参与。并且，这不同于刚性的行政动员，而是一种柔性的情感动员，动员效果较好。另一方面不断完善内部结构。领袖带领成员不断完善社团内部规章制度，引导大家自我开展活动，增强社团独立运作能力，保障社团健康有序发展。同时还能给社团带来资源，促进社团可持续发展。

3. 增能领袖，促进自治。社团领袖是社团自治的带头人和组织者，要不断增能领袖，提高他们的组织能力。很多社区社团都是在"能人"引导和组织下建立的，这些"能人"在社团中起着重要的作用。比如，有毽球特长的居民带头组建毽球协会，有维修特长的居民带头组建志愿维修队等。但是，这些"能人"只是具备某些方面的特长和优势，并不是全能的、十全十美的。社团成立后，包括社团管理运作在内的诸多工作对他们提出了新的挑战。"人"的问题，尤其是社团领袖能力的问题是社区社团发展的核心，因此增能社团领袖很有必要。如案例3-1中领袖团队选出之后，为提高其自主组织活动的能力，保证社团活动的正常开展，社区带领社团领袖

---

① 许宝君、陈伟东：《社区治理理念创新及其技术实践》，《中州学刊》2017年第7期。

参加专业社会工作能力培训班,让他们也掌握社会工作的方法和技巧。

不过,要特别注意领袖的产生机理。草根社团领袖不同于政治领袖。一方面他不是行政任命产生的,而是协商选举产生的;另一方面他的数量不是唯一的,可以是多人担任。上述案例中社团领袖一般都有3—4名。一般而言,数量越多越好,但要合理分工。① 草根领袖的选举不是多数当选,只要是有人投票,即使只有一票,也应当选。这样才不会挫伤居民的积极性,也才能保障社团持续运行,不至于因个人的退出或精力消耗过大而被迫中断。同时,领袖的产生是居民在多次活动后,审慎协商推举的,不是一蹴而就的。领袖一旦确定,就要充分发挥带头作用,做到引导不主导,协商不臆断。

(二) 社团规模与自治效益分析

规模与自治有很大关系,这一点,我们从经典作家那里就可以得知。柏拉图认为能够让公民彼此相互认识和了解的规模就是团体适当的规模,最佳规模他甚至精确到5040人。② 亚里士多德认为最佳规模就是"既能满足自治的需要,又能是观察所遍及的最大数额"。③ 卢梭认为良好国家的疆域是有限的,既不能太大,也不能太小。④ 孟德斯鸠认为公民在小的共和国获得的福利要比在大的共和国里多,公民之间的关系也比较密切,弊端也较少。⑤ 罗伯特·达尔在《规模与民主》一书中用数理分析专门讨论了规模与民主、治理之间的关系。规模对于反映公民集体偏好有重要的影响。⑥ 这些经典作家虽然对规模大小的界定有所差异,但都表达了"规模影响民主,影响治理"的观点。

1. 小规模社团利于自治。社团作为一种组织,作为居民的自治单元,

---

① 协商民主不同于选举民主。通过协商民主选出来的领袖可以是多个,但选举民主则是唯一的。草根社团也不同于专业化社团。草根社团的领袖可以是多个,而专业社团的领袖一般也是唯一的。

② [古希腊] 柏拉图:《法律篇》,张智仁、何勤华译,上海人民出版社2001年版,第148页。

③ [古希腊] 亚里士多德:《政治学》,吴寿彭译,商务印书馆1965年版,第356页。

④ [法] 卢梭:《社会契约论》,何兆武译,商务印书馆2003年第3版,第59页。

⑤ [法] 孟德斯鸠:《论法的精神》(上册),张雁深译,商务印书馆1963年版,第124页。

⑥ [美] 罗伯特·A.达尔、爱德华·R.塔夫特:《规模与民主》,唐皇凤、刘晔译,上海人民出版社2013年版,第12—15页。

第三章 一阶赋权：组织赋权与自治单元重构　　99

其规模大小也影响居民自治的效益。一般而言，较小规模的社团，居民能够很好地自治起来。我们仔细分析 LX 区的社区社团的规模大小就能很好地透视这一点（图 3-3）。

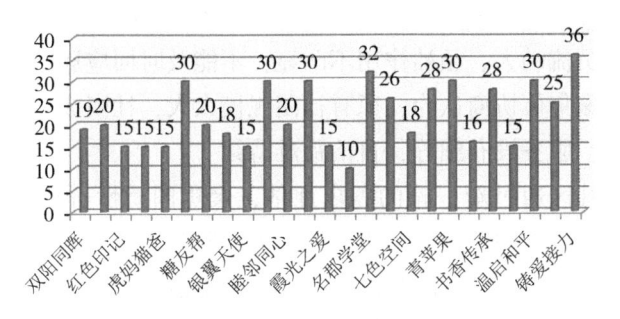

图 3-3　LX 区社区社团的成员数量分布（单位：个）

上图可以清晰地看到社团的规模。最大规模的社团也才 36 人，最小的只有 10 人，大部分都介于 15—30 人之间。调查发现，这些社团基本上都能自主运行，"僵尸社团"数量很少。当然，我们很难用计量的方法测算出社团的最佳规模，实际上，定量的测量也并不科学，而是显得机械。因为每个社团的实际情况不一样，他们需要的成员数量也就不一样；就同一个社团而言，它也是不断变化运动的，很难确定一个死板的数字。不过，虽然很难确定，但都说明了一个道理，即较小规模能够自治起来。自组织理论创始人埃莉诺·奥斯特罗姆讨论公共池塘资源的时候，也认为当池塘规模过大，占有者数量过多的时候，每个人都独立行动，缺乏沟通，很难持续自组织起来。在小规模的池塘资源环境中，人们相互熟悉，个人拥有解决集体行动困境的社会资本，可以做出自治的制度安排。

2. 大社团中的"小组织"。需要说明的是，上图中这些数据都是最开始成立社团时候的成员数量，随着自治的深入，会有更多的人加入，社团规模有所扩大。当社团规模扩张幅度较大且无法维持自治的时候，就会把原有社团分解成若干小组织或微社团以保持自治活力。奥尔森为解决集体行动的困境，也提出了"小组织"原理。即横向的行动类型或纵向层次结构，把大组织划分成多个小规模的、不同类型的、相互作用的小组织。原理的依据也是来源于小规模自治的优越性。[①] 上面列举的社团中，"众

[①] ［美］曼瑟尔·奥尔森：《集体行动的逻辑》，陈郁、郭宇峰、李崇新译，格致出版社、上海三联书店、上海人民出版社 1995 年版，第 64—68 页。

YI 空间"——微社团联盟就是一个很好的例子。

　　LSMJ 社区一开始培育了 3 个社团（名郡俱乐部、名郡艺术团、环保基地）。然而，运行了一段时间后出现了诸多问题。例如，组织年龄结构单一（以老年人为主），服务形式单一，且以自娱自乐项目为主，公益性质不强；人员流动大、领袖作用不凸显，不能及时回应居民需求。针对这些问题，大家集体协商认为，原有社团规模太大，社团成员分化严重，需求异质性大，服务没有细分，自治很难持续。

　　于是，社区通过新一轮的需求评估，聚焦同质性群体，锁定目标群体，在充分了解他们的兴趣和想参加的公益服务领域的基础上把原有的三个社团分解成了 18 个微社团（表 3-4）。名郡俱乐部分为：名郡影迷俱乐部、名郡学堂、行者车友会、辣妈帮女性亲子俱乐部、醉摄影俱乐部、暖夕阳志愿服务团、名郡帮帮团七个兴趣小组。名郡艺术团分为：历山书画院、名郡棋牌协会、名郡和事佬儿、名郡帮帮团、悦阅居读书会；环保基地分为：少儿读书沙龙、名郡青年汇、一呼百应电脑俱乐部、名郡友伴学社、爱动吧健身俱乐部。

表 3-4　　　　　　　　大社团分化后的 18 个微社团

联谊小组	书画小组	歌舞小组	读书小组	分享小组	摄影小组
健身小组	棋牌小组	车友小组	支援小组	辣妈小组	七色阳光
影迷小组	调解小组	环保小组	电脑小组	暖夕阳	帮帮团小组

　　首先，进一步开展需求调查。社区两委依次召集了原有 3 个社团的负责人和骨干成员 60 人进行参与式需求调查。进一步细分他们的需求，细分并锁定群体，形成潜在微社团。其次，依次开展创意活动发现领袖。连续开展 4 次活动后，发现了潜在目标领袖。社区工作人员及时对这些潜在目标领袖进行测评。再次，打破原有社团格局，成立微社团。潜在的社团领袖在居委会和专业社工的协同下，各小组成员协商制定了微社团名称、社团 LOGO、各个社团章程（包括目的、服务对象、领袖分工、成员行为规范、服务项目、服务时间）等事项。最后，各取所长，认领服务。

　　在微社团领袖的引导下，社团成员就"哪些社区公共事务微社团可以认领"进行了充分讨论。微社团联盟负责社区公共事务划分、服务申报与认领工作。成功划分后，微社团联盟领袖对各社团负责的社区公共事务进行了分享，大家都表示认可。目前，社区的区域化党建工作由名郡俱乐部和暖夕阳志愿服务队认领；社区志愿服务工作由社区青年汇认领；社区慈善公益工作由环保活动基地认领；社区楼宇党建由名郡艺术团认领。

可见，居民自治得以发生不仅要有自组织，而且还要把自治行动的范围从大集团向小集团转变。① 从这个案例明显可以看出原有社团规模过大造成的缺陷。当把社团规模缩小时，自治的活力又得以彰显。原有三个社团内居民的需求和兴趣取向都差异较大，笼统地放在一起，不但会挫伤居民自治的积极性，而且还会造成社团内部的冲突。把原有的社团分解成小规模的微社团，进一步细分和聚焦了居民个体需求，社团内部分化降低，意愿和利益趋同，居民认同感和归属感提升了，自治的动力又有了。

综上所述，较小的社团能够持续自治的可能性较大。文森特·奥斯特罗姆指出："较小利益群体能够根据自治原则组织起来，并在治理内部事务方面保持自主。"② 奥尔森在《集体行动的逻辑》中也讲到小集团更具有凝聚力，个体搭便车的行为较少，达成集体共识的可能性较大。③ 当前居民自治单元过大，居民很难组织起来，更别说要达成集体共识。因而要根据居民的需求和偏好，缩小自治单元，构建意愿和利益微群体。这样一方面容易发现相关利益，提升群体的利益关联度，增强自治的动力；另一方面也容易达成集体共识，采取集体行动，增强自治的效益。

六 组织赋权：自治社团构建的内核

从上面论证已知，社团是居民自治单元的有效选择，一些居民自治运转良好的地方，都有大量不同类型的社团，这些社团在推进居民自治过程中有重要的作用。仔细分析这些地方培育社区社团的过程，组织赋权是自治社团得以产生的内核。本书中的组织赋权有两层含义：一是重视自组织建设，采取多种措施，促进自组织发展，以组织化的方式推动自治；二是自组织是根据居民本身的意愿建立的，不是外部权威直接建立的。上述案

---

① 杨宝、王兵：《社区自治中的内生惩罚：自主组织规制搭便车行为的策略研究》，《中国行政管理》2016 年第 5 期。

② [美] 文森特·奥斯特罗姆：《复合共和制的政治理论》，毛寿龙译，上海三联书店 1999 年版，第 6 页。

③ [美] 曼瑟尔·奥尔森：《集体行动的逻辑》，陈郁、郭宇峰、李崇新译，格致出版社、上海三联书店、上海人民出版社 1995 年版，第 64—68 页。

例中的社区社团之所以能够产生并且还运转良好的根本原因也在于组织赋权,我们可以从政策层次上的赋权和操作层次上的赋权两个方面予以透视。

(一) 政策层次上的赋权

政策层次上的赋权主要是指政府从政策层面给予社区社团发展的空间和支持。我国社区建设和居民自治本身就有建构性的色彩,要使居民自治运转起来,离不开政府的支持。斯托克构建了一个关于参与式治理的 CLEAR 模型。他指出影响居民参与的因素有五个:"自愿做"(like to)、"能够做"(can do)、"被邀请做"(ask to)、"使能够做"(enabled to)和作为回应去做(responded to)。[1] 其中,"使能够做"和"作为回应去做"就是指政府要给予居民参与的空间和机会,使参与行动可能发生。同理,要使居民自治得以发生,政府必须有所作为,使居民有参与的载体、空间和平台。LX 区就在政策上给予了居民自治很大的帮助,我们通过下面这项政策节选就可以看出来。

> 建立社区社团孵化和发展机制,把内育社区社团与外引专业组织结合起来,鼓励和引导广大居民成立并参与社区社团,重点培育互助类、志愿类、公共问题治理类组织。同时,制定政府购买服务目录,采取授权、委托、奖励、补贴等多种形式,探索政府向社团购买服务机制,支持社区社团承担社会事务、参与社区治理服务。立足多元共治,鼓励和支持社会各方依法参与,构建职能清晰、责任明确的治理体系。[2]

概括起来,这两则材料表达了两层意思:一是要大力培育社区社团,促进居民参与;二是要有相关配套措施,不能纸上谈兵。我们从政府出台的文件中至少可以看出,政府对社团是一种包容的态度,鼓励社区社团的发展。组织赋权首先就是要实现公众参与的组织建设,使个体的、自发的

---

[1] [英] 格里·斯托克、游祥斌:《新地方主义、参与及网络化社区治理》,《国家行政学院学报》2006 年第 3 期。

[2] 资料来源:LX 区委、区政府关于印发《开展创建全国社区治理和服务创新实验区工作实施方案》的通知。

参与转化为组织化参与。① 前面已经论证了组织化参与的作用,政府要做的就是培育自治组织。除了培育组织外,LX 区政府还畅通了组织发展和参与的渠道,例如,采取项目授权、委托、奖励、补贴等方式,调动社区社团参与社区治理的积极性。这进一步深化了组织赋权,不仅让组织能够建立起来,还让组织能够运转起来。实际运作中,LX 区政府首先给社区社团配备了种子基金,每个社团获得了 0.5 万—2 万元不等;其次给予了社团发展诸多配套政策。

具体来说:(1)设备支持。为社会组织免费提供的办公、会议、接待及培训场地以及办公自动化设备、通信网络等一般办公所需要的基础服务设备。(2)后勤服务。为社会组织提供公共水电、公共环境卫生和物业管理等日常工作所需的后勤服务。(3)经费补贴。定期或不定期为社会组织提供孵化补贴和必要的公益活动经费。资金来源于政府拨款、社会捐赠、开展服务活动的收入和其他合理合法的资金来源。(4)能力建设。定期组织相关人员培训和学习,为社会组织提供个性化辅导和训练。在项目策划和申报、项目举办和督导、项目筹资和使用、成效评估、注册咨询、管理流程设计、员工培训等方面给予协助。(5)桥梁搭建。宣传推广社会组织的业务项目,协调其与政府、公民和其他公益伙伴间的关系,争取各部门社会组织的信任与支持,为他们搭建沟通平台,提升其社会公信力和影响力。

在我国,政府与社会组织的关系仍然是主要通过政府行为来塑造的。② 从上表可以看出,政府提供了包括经费补贴、后勤服务、能力建设等七大类政策支持,这对于社区社团的发展至关重要。政府是影响自治发展最重要的外部力量。政府赋予社会组织发展的政策,社会组织获得了发展的空间,其本质上就是政社关系的调整,从这个意义上讲,有的学者把政府赋权当作是供给侧改革。③ 实际上,当前社区社团发展不仅有地方政府的政策支持,国家层面上也有专项政策扶持。民政部在《关于大力培育发展社区社会组织的意见》中明确指出要大力发展社区社团,到 2020 年,城市每个社区有不少于 10 个社区社团,农村社区不低于

---

① 唐有财、王天夫:《社区认同、骨干动员和组织赋权:社区参与式治理的实现路径》,《中国行政管理》2017 年第 2 期。

② 敬乂嘉:《控制与赋权:中国政府的社会组织发展策略》,《学海》2016 年第 1 期。

③ 王义:《"赋权增能":社会组织成长路径的逻辑解析》,《行政论坛》2016 年第 6 期。

5 个社区社团。① 这表明政府对社区社团的发展给予了更高层级的政策支持，也从侧面凸显出了社区社团的重要性。进一步看，政府政策层次上的赋权印证了组织赋权的一层含义，可以简单概括为"建组织、促发展"。

这里要注意的是，很多学者把政府和社会关系二分，认为政府介入了自组织的发展，自组织就会丧失自主性和自治性。实际上，这种看法过于片面。政府介入对自组织的影响取决于其介入的方式。当政府是一种控制式介入的时候，这些学者的看法无可厚非；但当政府是一种赋权式介入的时候，例如，LX 政府的介入策略，对自组织发展既有利，又很有必要。社区公共事务的治理本身就是政府嵌入和自主治理统合的过程。② 有的学者还甚至指出，在一定条件下，政府主导的民主治理可以激活居民参与社区的自主性。③

（二）操作层次上的赋权

操作层次上的赋权主要是指社区居委会在培育社区社团的具体过程中，要充分尊重居民的意愿，让居民自己做主。政策层次上的赋权往往比较宏观，只是为社区社团的培育和发展指明了方向，但具体实践操作是社区居委会和居民共同完成的。因此，社区居委会在社区社团培育的过程中，要赋权于民，充分发挥居民的主体性和能动性，要让居民自己做主建立自己的社团，这样居民才会有组织归属感，也才会积极参加社团，开展自治。

案例 3-1 中，社区以居民喜闻乐见的兴趣类活动为抓手，搭建居民交流互动、互助的平台，并运用专业社会工作方法，以"团队+书法+快乐"为创意元素成立书画社团。整个过程，由社区书画爱好者自主创意活动，从中发现并培养领袖。居委会成员让民做主，不当包办者，而当引导者，真正实现居委会搭平台、给机会、做自己的事情。案例 3-3 中，社区运用参与式需求调查法、开放空间会议技术等方法引导居民自主创意活动，从中积极发现领袖，增能领袖，逐步成立参与小院整治和改造的四

---

① 《民政部关于大力培育发展社区社会组织的意见》。

② 许宝君、陈伟东：《自主治理与政府嵌入统合：公共事务治理之道》，《河南社会科学》2017 年第 5 期。

③ 刘春荣：《赋权下的自主性——对上海社区治理革新的政治分析》，《复旦公共行政评论》2009 年第 00 期。

支队伍。在社团培育的过程中，居委会成员积极为居民搭平台、送支持，真正将小院改造和开展活动的自主权交到了居民手中。

在社团领袖的带领下，社团建立起小院日常维护、辖区资源链接等有效机制，将小院环境治理得越来越好。这两个案例都表明了，社区社团培育过程中，赋权是关键，社区居委会只是协助者。社区赋权就是激发居民的参与意识和参与能力的过程。[1] 同时，赋权过程中，要注重枢纽型组织的培育。社区社团间缺乏网络协调机制和交流共享机制，常常因争夺有限的公共资源，产生彼此隔离、恶性竞争行为。构建枢纽型社团就是要解决组织间的协同和竞争的问题。案例3-4就做了一个很好的示范。

社区在赋权过程中，有三个关键的赋权点。一是赋予需求表达权。自组织建立的条件是要契合居民的需求。社区无论是利用问卷调查，还是参与式需求调查的方式，都要真正赋予居民需求的表达权，让居民毫无顾忌地表达出内心的诉求，然后根据需求培育针对性的社团。最忌讳的是，社区没有做任何需求调查，凭主观想象或者经验判断，随机建立社团，这到最后也只能是"僵尸社团"。二是赋予领袖选举权。自主组织得以建立和运行的关键在于要有组织领袖，所谓"火车跑得快，全靠车头带"就是这个道理。社区社团的领袖一定是社团成员自主协商确定的，不能由居委会直接指定或安排，因为只有居民自己选出来的领袖，他们才会服从，领袖也才有权威。社团领袖是一种意见领袖，他的权威无法靠行政强制获得，只能依靠居民内在真正的认同。三是赋予活动策划权。为了让大家相互熟悉，挖掘社团领袖，在社团成立前开展活动的时候，社区要把活动策划的自主权交给居民，就像案例中展示的一样，要让居民自己创意活动，然后再依次开展活动。社区不要自己拍脑袋决定开展什么样的活动，其并不一定契合居民的需求，居民很有可能不愿参与。社团成立后，领袖也要把活动的策划权交给居民，让居民主动开展自治活动，否则，会挫伤居民自治的积极性，自治也就很难维系，并且领袖也成了"问题领袖"，不能服众，权威也就不复存在了。总之，整个赋权过程中，社区主要是协助居民发现自己的资源和潜能，并让他们学会用自己的资源为自己服务。[2]

同时，在赋权过程中，社区居委会要恰当选择介入和退出的时机。居

---

[1] 吴晓林、张慧敏：《社区赋权引论》，《国外理论动态》2016年第9期。
[2] 姚进忠：《赋权："村改居"社区服务的路径选择》，《城市问题》2011年第10期。

委会前期的介入也是为了后期的退出。一般而言，在发现社团领袖之前，居委会要介入，协助居民找到问题，锁定需求，挖掘领袖。有了领袖后，居委会就可以退出了，让领袖引导大家组织活动，开展自治。

此外，要注意赋权技术的选择和应用。培育社团是一项专业性质很强的事情，必须依靠专业的社会工作技术。如案例3-1、案例3-2等提到的开放空间会议技术、参与式需求调查技术、社区问题诊断技术等都是常用的社会工作技术。实际上，前面提炼的社区社团的培育流程就是一个技术流程。只有掌握了技术流程，才能找到培育自组织的门道。概而言之，社区社团培育过程中，社区居委会是平台和中介，要"对上争取项目、对下发动、组织居民，左右链接资源"，扮演着"节拍器""赋权者""增能者"和"引导者"的角色。[①]

需要注意的是，有的学者认为社区居委会不能担当社区社团的培育主体，必须由第三方中介机构担任。其理由是，社区居委会是属于体制内的主体，带有行政化和官僚化的色彩，由于其自身结构和功能的局限，因而不能胜任。[②] 但这种看法只是囿于居委会的性质，而没有看到它的优势。的确，居委会是一个"半官方、半民间"的组织，被严重行政化是不争的事实，但这并不意味着它不能培育社区社团，也不意味着培育出来的社团就是"官办社团"。前面的案例不仅展示了居委会在培育社团过程中的重要作用，而且这些事实也印证了居委会培育社团的独特优势和重要价值。

总之，社团是横向构建起来的自治单元，相比"上移下沉"论有无可比拟的优势。社团是碎片化的社会再组织化的重要载体，能够再造公共空间，产生大量社会资本，促进居民自治，是自治单元的有效选择。组织赋权是社团能否建立起来，能否运转起来的关键。其涉及政策层面和操作层面两个层次的赋权，前者主要是为了解决组织化的问题，后者主要是解决自主化的问题。社团是居民自治的生长空间，以社团为载体的组织化自治是居民自治的方向。不过，社区社团是多元多样的，从这个意义上讲，居民自治就是复合型社团自治。

[①] 陈伟东、马涛：《居委会角色与功能再造：社区治理能力的生成路径与价值取向研究》，《吉首大学学报》（社会科学版）2017年第3期。

[②] 吴素雄、郑卫荣、杨华：《社区社会组织的培育主体选择：基于公共服务供给二次分工中居委会的局限性视角》，《管理世界》2012年第6期。

七 小结

新时代的居民自治面临自治单元转换和重构的议题。目前,学界普遍认为,现有的以社区为自治单元的规模过大,与自治基础脱节,不能有效开展自治,但问题是,如何构建新的自治单元？标准和依据是什么？新建的自治单元与法定的自治单元有何联系？当前比较流行的一个观点是,自治单元下沉,缩小自治单元。可是,下沉后,是否就能解决居民自治意愿不强的问题；社区居委会的角色和功能又是什么；自治单元的缩小与现代民主的扩散之间的矛盾如何调节等一系列新的问题必须予以解释。现有关于自治单元下沉的研究对这些问题的回应还不多,自治单元下沉的科学性和有效性还有待商榷。实际上,把社区作为自治单元的传统做法难以有效开展自治,当前热衷讨论的自治单元下沉的观点也不一定就能够实现自治,而且还面临与法律制度的冲突。

邓正来指出,中国政治结构调整和变革的核心命题是,如何改造传统的政治结构和权威形态,使其在新的基础上重获合法性并转换成具有现代化导向的政治核心。① 这一转变过程尤其要注意两个问题：一是变革要真正具有现代化导向；二是避免原有政治权威在变革中过度流失。社区居民自治单元重构涉及基层自治结构的调整,这也是一项具有现代化变革的议题,构建自治单元时,也要恰当处理好上述两个问题。

政府通过组织赋权,以社区社团为单元开展自治,可以处理好以上难题。一方面横向构建了网络化、扁平化的自治结构,能够再造公共空间,酝酿社会资本,培育社会公民,让居民自我组织自我行动起来；另一方面构建了政府、社区居委会和社区社团的法团主义模式,三者相互支持,在现行的法律和制度框架内运行,促进了政府行政和居民自治有机结合。在居民自治单元重构的整个变革过程中,社区和居民能够吸收现代化的变革因素,转变自治方式,提升自治能力；政府也能够维持在社区的控制力、整合力和统合力,从而在基层实现国家意志和国家目标。简而言之,其既具有现代化的自治导向,又可以维系国家在基层的权威。

---

① [英] J.C. 亚历山大编：《国家与市民社会：一种社会理论的研究路径》,中央编译出版社1999年版,第14页。

第四章　二阶赋权：规则赋权与自治公约选择

当居民自我建立组织，归属到一定的团体后，并不意味着居民就会自我行动起来，主动开展自治，居民必须要有明确的行动规则予以约束。良好的社群自治应当内生演化出有利于实现社群成员协商合作的行为规范。① 中国传统文化强调，"不以规矩，不能成方圆"，讲的就是人们做事总是要依靠一定的规则。自组织理论创始人奥斯特罗姆也强调了规则的重要性。她认为只有制定明晰的规则，才有遏制"搭便车"行为的可能。新制度经济学派代表人物诺斯更是强调了制度在经济社会发展中的作用。他这里的制度实际上就是指社会博弈的规则。

可见，规则的重要性不言而喻，但问题的关键在于，规制是如何制定的。居民公约是一种典型的自治规则。传统的居民自治也强调居民公约的重要性，每个社区也都有自己的公约，但人们很少遵从，自治效果也就无从谈起。为什么会这样呢？因为从传统公约的制定过程来看，大多是政府自上而下统一制定的，公约制定缺乏透明规范的流程，居民既没有参与公约的协商，也没有参与公约的表决，因而只能是"一纸空文"，居民不愿遵守。因此，要让居民主动开展自治既需要有明确的规则，又需要有参与规则制定的权力。这也就是本章要讨论的主题，也是流程式赋权的第二个阶段——规则赋权。规则赋权包含两层含义：一是要制定明确的规则。通过规则的形式赋予居民行为准则，让居民自治有规可循；二是要赋予居民规则制定权。居民要有全过程参与规则制定的权力，规则必须是民意的合约。

---

① 朱宪辰、李玉连：《异质性与共享资源的自发治理——关于群体性合作的现实路径研究》，《经济评论》2006年第6期。

一　规则、自治规则与居民公约

简单地讲，规则就是引导人们行动的行为准则。集体行动产生的搭便车、逃避、机会主义等行动困境尤其需要规则予以约束。居民自治组织建立后，需要集体协商制定出自治规则，这既是组织持续运转的需要，也是居民开展自治的需要。这种规则的实质是一种非正式规则，居民公约是其常见的实践形态。

（一）规则的意蕴及功能

组织是包含一系列规则的行动领域，行动领域是行动者在规则约束下进行协商性交换与合作构建的。[①] 任何群体都需要用规则来规范和引导集体行为，人类社会始终孕育着规则。康芒斯首先指出规则就是构建的一套属于"制度"行为的普遍原则，是群体、集体、组织控制个体行动的标准。[②] 奥斯特罗姆把规则定义为，关于什么行动是允许的，什么行动是禁止的，以及不遵守规则应该受到什么样的制裁的规定。[③] 诺斯认为规则是一些人为设计的，形塑人们互动关系的约束。[④] 吉登斯认为，规则是表意的符号和行为的规范，是在社会实践和再生产过程中运用技术加以一般化的程序。[⑤] 舒尔茨定义为关于政治、经济、社会行为的准则。尽管定义各有不同，但其内核大致相同，可以理解为，维护社会秩序的一些原则和规范。

规则之于人类社会有重要的作用。人们的政治生活就是按照一定的政治规则来开展的，不同的政治团体有不同的政治规则。政治规则就是政治价值和政治取向的具体体现。经济发展过程中，制度、规则的作用也是逐

[①]　[法] 埃哈尔·费埃德伯格：《权力与规则——组织行动的动力》，张月等译，上海人民出版社2008年版，第112页。

[②]　[美] 康芒斯：《制度经济学》（上册），于树生译，商务印书馆1962年版，第87页。

[③]　[美] 埃莉诺·奥斯特罗姆等：《规则、博弈与公共池塘资源》，王巧玲、任睿译，陕西人民出版社2011年版，第39页。

[④]　[美] 道格拉斯·C.诺思：《制度、制度变迁与经济绩效》，杭行译，格致出版社、上海三联书店、上海人民出版社2014年版，第3页。

[⑤]　[英] 安东尼·吉登斯：《社会的构成》，李康、李猛译，生活·读书·新知三联书店1998年版，第85页。

步凸显。决定经济发展绩效的核心变量由土地和矿藏等自然资源转变为机器和设备等硬件设施;再转变为技术、知识等人力智慧;最后转变为制度、规则等公共政策。关于规则决定经济绩效的观点,著名经济学家奥斯特罗姆、科斯、诺斯都有过论证。值得注意的是,规则之于治理的作用更是尤为凸显。没有规则,个体就会像无序的原子一样,毫无目的随意游荡。社会治理体系和治理能力现代化的首要条件就是治理规则现代化。

具体说来,规则在社会治理领域的作用主要体现在三方面:一是规范引导作用。规则限制了个体行动的选择集合,对实施对象具有普遍的约束力。它能够引导人们什么该做,什么不该做;什么要勇于做,什么绝对不能做,从而建构起良好的社会秩序。二是价值引领作用。规则就是价值观的体现,它能够使人们构筑一套符合主体意志的价值观,并付诸实践。三是监督评价作用。规则就像一把尺子,能够评价人们的活动,并赋之以奖惩激励。个体的行为是否符合集体、团体、社会的主流取向都可以用相应的规则去丈量。

(二) 非正式规则与自治规则

康德、哈耶克和奥斯特罗姆都对规则进行过分类。[①] 诺斯分为正式规则和非正式规则,在学界得到广泛认可和使用。正式规则指人们有意识确定的包括政治规则、经济规则、司法规则以及合同契约在内的各种制度的安排。[②] 非正式规则是指人们在长期交往中形成的、具有持久生命力的、属于文化代际相传的一部分,如道德、习惯、习俗、价值等。从实施特征来看,两者的最大区别在于有无强制性。正式规则带有强制性,依靠外在的权威机制予以实施,是一种硬性约束。非正式规则不具有强制性,依靠个体内心自省和自觉,是一种软性约束。诺斯强调无论是家庭生活、社会交往还是事业活动中,占支配结构的绝大部分都是非正式规则。非正式规则是为了协调人类互动;是正式规则的延伸、阐释和修正;是社会制裁约

[①] 康德分为技术规则、游戏规则和道德规则;哈耶克分为人工设计的规则和自生自发的规则;奥斯特罗姆分为操作层次的规则、集体选择层次的规则和宪法层次的规则。

[②] [美] 道格拉斯·C. 诺思:《制度、制度变迁与经济绩效》,杭行译,格致出版社、上海三联书店、上海人民出版社 2014 年版,第 56 页。

束的行为规范以及内部实施的行为标准。① 行事准则、行为规范以及惯例都是典型的非正式规则。

基层社会自治主要依靠的也是非正式规则——自治规则。自治规则就是社会自治组织依法确定自治事项，规范成员行为，行使自治权力的集中体现和文本载体。居民加入一定的自治团体后，居民的行为必须要用自治规则予以规范，否则仍然会是一盘散沙。集体行动的困境往往是没有规则，人们无所适从，或者没有明确的规则，人们随意解释造成的。自治规则之所以能够很好地规约人们行动，是因为其具有以下两个重要的特性：

一是公共性。它是与个体性、私人性对应的概念，不是解决个体问题而制定的，而是组织成员集体讨论公共议题，解决公共问题而设计的规则。公共规则是大家都能接受和理解的，因为它不是为了私利，而是为了公利。二是内生性。自治规则不是政府等外界权威主体制定的，而是组织内部成员平等协商制定出来的，也就是说，规则是从组织内部而不是外部产生的。这样的规则符合组织的集体利益、体现了成员的主体意志，因此大家也都愿意遵守。总之，自治规则是一种典型的非正式规则，它既很好地诠释了非正式规则的意蕴，也有自身独有的特征，是居民自治必须依靠的行为规范。

（三）居民公约：自治规则的典型

居民公约是居民在社区生活中形成的行为规范，是一种典型的非正式规则。所谓"公"就是"大家"，"约"就是"约定"，公约就是大家的约定，公意的结合。社区中很多问题都是居民日常生活非常琐碎的问题，如广场舞噪声扰民、油烟扰民、宠物扰民、环境卫生脏乱差等问题。一方面法律条款或者正式规则很难适用这些琐碎的问题；另一方面行政力量有限，也很难深入解决这些问题；况且，很多也不是行政力量能够解决的。这些问题只能依靠居民自愿建立起公共规则予以解决，因此，居民公约在社区治理中有着重要的作用。中共中央、国务院《关于加强和完善城乡社区治理意见》（中发〔2017〕13号）指出要充分发挥自治章程、村规

---

① ［美］道格拉斯·C. 诺思：《制度、制度变迁与经济绩效》，杭行译，格致出版社、上海三联书店、上海人民出版社2014年版，第48页。

民约、居民公约在城乡社区治理中的积极作用。党的十九大指出要健全自治、法治、德治相结合的治理体系。公约就是介于法律和道德之间的一种柔性约束,是自治、法治和德治的集中体现。

公约之于自治的作用主要体现在两方面。第一,认同作用。学理上讲,公约是社区成员处理社区公共事务和公共问题集体商讨的规则。只有大家认同了才会形成公约,只有大家认同了才会遵守公约。这种认同的过程主要体现在:一是地位平等。尽管各方在实际生活岗位中承担的角色不一样,但在制定公约的时候,讨论问题的各方都是平等的,没有高低贵贱之分,都有权利提出自己的意见和建议。二是多元协商。参与的主体是多元的,不是单一的。只要是与事实相关的人员就可以参与公约的讨论。最后形成的决定是大家协商制定的,不是某个权威专断的,体现为民意的最大公约数。三是互利共赢。人们也是为了一定的利益,尽管不全是为了物质利益而组成团体开展自治的。公约就是维护公共利益形成的约定;公约就是保障多元主体的利益,因而大家也都愿意认同。

第二,约束作用。公约的约束效力是建立在认同基础之上的。公约虽然是一种柔性的约束,但是一种持久的约束。它不依靠外在强制压力规制,而是依靠内在惯习引导。公约规定了利益相关者的权利和义务,确定了多方的权责关系,规约着各方的行为方式,彰显了人们的行动价值。公约一方面强化法律约束。公约本身就是依法而制的,里面融合了诸多法治的理念;同时也把宏观的法律具体化、生活化,是贯彻法治要求的重要载体;此外也在一定程度上补充了法律的不足。很多社会性关系要靠地方知识来处理,公约就是很好的处理手段,其实质拓展了法律的约束边界。另一方面引导道德约束。道德约束就是依靠内在信念、道德情感规约个体行为。可是道德约束往往是无形的,难以体现。公约正好融合了道德理念和道德情感,把道德约束力彰显出来;同时公约会生成内生性惩罚,通过舆论谴责、同伴压力等方式惩戒违背道德的行为。

从社区居民公约的产生过程看,可以将其分为包办型公约和协商型公约两种。调查得知,社区存在两类居民公约:一是社区层面统一制定的行为规范,居民称其为"大公约";二是针对具体事务制定的行为规范,居民称其为"微公约"。前者是由街道或居委会统一制定的,居民几乎没有参与。有的地方也只是让居民代表参与了公约的最终表决,但居民对此漠不关心,一般也就迎合赞成。后者是社区居委会或专业社工根据不同事务的性质引导居民制定的。每条规范，居民都要参与制定和表决，分歧较大且协商未果的不纳入。

二 包办式居民公约的制定逻辑

包办式公约就是指居民没有参与公约的制定过程，公约是由其他主体制定的。现实生活中，很多社区居民公约的制定都是形象工程，居民根本没有参与到公约制定中去，甚至很多居民都不知道社区有居民公约这回事，更别说要记住公约有什么内容了。调查发现，包办式公约大致有三种类型。

（一）政府直接制定，统一使用

很多社区的居民公约都是由街道办统一制定的。在制定之前几乎没有征求社区意见或者象征性征求一下社区意见。这样的公约完全是凭街道人员想象制定的，看似美观押韵，但实际未能反映社区实际情况。比如：（1）爱国守法，明礼诚信，团结友爱，勤俭自强，敬业奉献；（2）关心集体，爱惜公物，邻里和睦，尊老爱幼，守望相助；（3）珍惜资源，防火防盗，自我防范，群防群治，确保平安；（4）远离毒品，不信邪教，移风易俗，婚丧从俭，崇尚科学；（5）计划生育，拒赌拒黄，文体活动，五好家庭，和谐楼院；（6）楼内达标，门前三包，文明装修，不乱搭建，保护环境；（7）文明自治，互相监督，提高素质，自信自强，创先争优。

上面的公约由街道统一制定，适用于街道辖区所有社区。公约四字一句，读起来朗朗上口，对仗工整。街道制定这样的公约主要有两个目的：一是为了迎接上级检查，做得美观大方，给检查人员一个好的印象，获取高评价；二是为了方便传播，用短句不用长句，前后押韵，利于居民记忆。然而，街道直接制定的公约基本上都是形象工程，只求外在美观好看，而不考虑内在的内容是否符合居民的需求。

（二）街道制定框架，社区填写

有些街道主观认为，让社区引导居民制定公约肯定做不好，于是就出了一个公约的大体框架，让社区自己填写。有的街道只是列出一个大类，涉及社区生活的方方面面，后面社区自主填写的空间还比较大；有的街道不但规定了大类，还对相对应的填写有明确的要求，甚至连用词用句都有规定。但无论是哪种方式，都要求填写得美观大方，最好押韵，好读易记。公约的框架涉及环境卫生、治安安全、计划生育、邻里关系等多个方面，社区只需要在后面填写就行。不过，受访者表示，有的限制得太死，没有办法根据社区实际情况拓展；有的条目社区又根本没有，但为了保持框架完整，不得不编造。社区往往也是敷衍了事，"有的就填写，没有的就编"，能够应付检查就行。

（三）社区居民委员会自己制定

有的街道把公约的制定权交给了社区，让社区自己操作。这里面又有两种情况：一是部分街道直接让社区居民委员会制定，没有强调制定的过程是否合理，只需要最后有结果就行。很多社区就是两委成员拍脑袋决策，有的甚至是从网上摘抄。二是部分街道有明文规定要注重制定的流程，要注重吸纳居民的意见，但有的社区也没太在意，也是由两委成员直接制定，没有发动居民参与

比如："十要十不要"公约：（1）要遵守社会公德，不要违反国家法律；（2）要遵守社区规章，不要扰乱社区秩序；（3）要爱护公共财产，不要毁坏公共设施；（4）要美化绿化家园，不要破坏花草绿地；（5）要保持环境卫生，不要乱停乱放、乱倒垃圾；（6）要维护社区治安，不要打架斗殴、酗酒滋事；（7）要参与文体活动，不要制黄贩黄、聚众赌博；（8）要提倡婚丧从俭，不要陈旧陋习、铺张浪费；（9）要开展邻里互助，不要嫌贫爱富、虐待病残；（10）要搞好计划生育，不要超生、非婚生育。

从句式的长短和押韵的程度来看，虽然不及政府制定的对仗工整，但形式化痕迹仍旧存在，并没有体现社区自身特色。有的社区根本没有认识到公约的作用，潜意识地认为就算认真对待，居民也不会遵守。因为这个约定根本就不能管住居民，用他们自己的话说就是，"违背了公约既不能判刑，也不能罚款。"①

深入分析内容可以发现，包办式公约具有三种典型特征。一是大众化。公约内容都是大而全。内容涉及社区环境、社区卫生、社区治安、社

---

① 资料来源：访谈录音：20181024WZC。

区教育、社区文化、计划生育等方方面面。而且这些内容基本上都是国家政策或道德伦理的简单复制或翻新，更多的则是一些常识性的东西，没有地方特色。二是笼统化。所有的条款都非常宏观笼统，大而化之，不具体。很多都是把社区所有事务杂糅在一起，没有分门别类地说明。况且更多的就是一种口号式宣传，如"爱护环境卫生""爱护公共财产"，这些话语都具有宣传色彩，没有实际操作意义。三是形式化。大部分内容都整齐划一，工整对仗，句式一致，前后押韵。看起来非常美观，读起来朗朗上口。然而，形式虽美观，但内容很缺乏。居民不一定就能领会其中的深意，更别说要主动履约。

三 协商式居民公约的产生过程

理论上讲，公约应该是集体协商，集体讨论的结果。居民公约本身是以居民为主体，多元利益相关者集体讨论的约定。没有居民的参与就无法产生真正的居民公约。协商式公约强调的就是公约制定过程中以居民为主体的多元协商。从公约协商的方式和载体来看，我们可以把协商型公约分成以下三种类型。

（一）会议协商型公约

会议协商型公约是指社区居委会根据社区的具体问题，通过开多方联席会议、居民代表大会、民主座谈会等形式，号召利益相关者一起协商讨论问题，形成决定，产生公约。之后，再采取民主投票的形式，对公约进行表决，绝大多数赞同即通过。最后再进行公示、宣传，并号召居民集体监督。

案例4-1：YY社区《规范停车公约》

1. 案例背景。YY[①]社区以居民反映的热点问题为自治突破口，针对解放大道1809号车辆停放无序现状，制定"车辆规范管理"公约。解放大道1809号原来请了一位残疾人来管理车辆，由于大多数车主不认可他

---

① "YY"是所调查地点名字的首字母，以下均同，特此说明。

的工作,不愿交车管费,他只能收临时外来车辆的停车费。长此以往,每天院内车辆停得满满的。曾经有一位居民半夜发病,救护车无法进入,没办法,救护人员背着担架跑进来。居民因停车不规范导致出行困难发生的矛盾不断,车主和居民都对车辆管理反映强烈。

2. 实施过程。社区居委会组织居民、车主、管段民警、社区律师、社区工作人员等利益相关者召开了多次协商议事会,听取大家意见。经大家共同讨论结果如下:(1) 清理地锁;(2) 重新划车位线;(3) 对大门口门禁升级为识别系统进出;(4) 规范管理,清理外来车辆。

按照讨论的结果,社区立即行动。首先,清理外来车辆。社区向全体车主发放一封信,请车主带上房产证、户口本、行车证到社区进行登记。最终共清理了28辆长期停放在本院的外来车辆。社区工作人员分别上门跟这些人做工作劝离,取得了很好的成效。其次,向安装了地锁的居民发放通知书,宣传规范停车的好处,限期让他们自行拆除地锁,逾期没有拆除的,在街道城管的协助下全部拆除。再次,通过召开居民听证会,决定规范车辆管理的硬件设施由惠民资金支出,对院内公共空地集中划车位线,安装智能道闸识别系统。最后,再次召开车主大会,车主们共同推荐的新车管员跟大家见面。同时,协商讨论制定出了规范停车公约。

YY社区《规范停车公约》:(1) 车管员做到人不离岗,岗不离人;(2) 车管员能热情耐心为车主服务;(3) 车主按时缴纳车位费;(4) 车主不影响居民出行,不占用生命通道;(5) 服从车管员调度,临时停靠尽快离开。

社区居委会负责总体把关,规范和严格落实停车公约,对于车主停车的情况进行统筹管理;车管员严守岗位,对居民停车情况进行实时监管,及时处理违规停车行为;居民之间相互宣传和监督。

3. 最终成效。落实公约几个月以后,居民感觉居住的环境变美了,道路变宽了,出行方便了,车主不再担心晚上回来没位置了,之前出现的车辆停放无序问题得到了解决,车管员和车主之间结成了良好的关系。在规范社区停车管理过程中,社区充分发挥了居民的自主性,动员居民参与决策,收集群众意见,调动大家共同落实和监管。社区还专门成立了一个解放大道 1809 号车管微信群，利用这个平台，跟车主互动，对车主提出的问题及时回复并尽最大努力解决，得到了车主的理解和支持，车主对于规范停车达到的效果满意度较高。社区规范停车公约对于广大车主已经形成良好的公信力和约束力，大家认真遵守公约，合理停车，共同规范了社区停车秩序。

（二）网络协商型公约

网络协商型公约是指通过现代互联网、新媒体协商形成的公约。现代信息技术的发展改变了信息传播和接受模式，也改变了人们的交往方式。微信、QQ、微博等自媒体成为人们常用的沟通媒介。网络协商打破了时间和地域的限制，使人们可以随时沟通讨论；同时，网络为人们营造了一个平等自由的讨论环境，大家可以畅所欲言。社区治理中的网络协商非常普遍，很多地方的居民公约就是通过各种网络群协商制定的。

案例 4-2：HLY 小区《楼道公约》

1. 案例背景。HLY 小区居委会、物业公司及业主委员会经常接到来自该小区 17 栋居民的投诉，很多居民反映有高空抛物，在楼道公共空间里面随意扔垃圾、大小便等现象。居委会将这些问题反馈给物业，并督促物业尽快解决。虽然社区和物业公司曾经一度在楼里张贴文明公约，但是居委会并没有办法监管到楼栋内的每家每户，有些问题看似解决了，但并没有根治。社区调查了解到，17 栋居民主要有三方面的需求：一是楼道电梯内吸烟、堆放杂物、乱丢垃圾、噪声扰民、群租人员杂乱等情况较为普遍，居民迫切需要一个楼道公共场所问题的治理方案。二是公共设施的人为损坏严重，楼栋业主希望对此加强宣传教育，提高居民素质。三是居民反映楼栋邻里交往太少，大家都比较陌生，希望有渠道加深了解，彼此成为朋友。对此，社区希望通过建立楼栋管理公约，团结和睦邻里关系、推进楼栋自治。

2. 实施过程。第一步：开展"无烟楼道"涂鸦活动。在楼道特别是电梯内吸烟，是 17 栋居民普遍关心的问题。家住 17 栋 6 楼的蒋先生深受"楼道烟"的困扰。他曾在 QQ 群里反映，"楼道里闻到一股难闻的烟味，觉得这样的行为非常不文明"①，此话题引起群内居民热烈讨论。为此，社区提出了试行"无烟楼道"的倡议活动，得到了群内众多居民的强烈支持。

第二步：填写楼道公约意见征集表。在"无烟楼道"倡议签名涂鸦活动中，随机征集居民对《楼道公约》的意见和建议。同时，由社区工作者和志愿者引导居民完成《楼道公约意见征集表》，了解居民的需求和想法。

第三步：征集意见，形成初稿。"无烟楼道"倡议签名活动开展后，引起了 17 栋居民乃至整个小区居民的关注和讨论楼道公约制定的议题。居民刘先生表示："楼道里每位居民的需求、性格各不相同，在平时的生活中，或多或少都会产生一些问题，而要想解决这些问题，公约的制定势在必行。"② 社区让 17 栋全体居民关注社区微信、加入楼道群里参与公约讨论。最终收集公约征集表 15 份，收到许多关于楼道公约的意见。社区整理归纳，初步形成了公约初稿，并在 QQ 群里公示，征求意见和建议。

第四步：再次征集意见，修改初稿。由于楼道公约集中讨论的户数有限，针对因为各种原因没有能够参与的居民，居委会和居民商议后，确定好时间，通过 QQ 群召开楼道居民会议，进一步讨论楼道公约内容。首先，社区工作者在群里提出问题：居民朋友们，对于楼道内的不文明现象，除了吸烟之外，还有哪些，您觉得可以采取什么措施解决这些问题呢？问题一经提出，居民朋友纷纷活跃了起来，1502 的居民表示："1302 有人养狗，每到半夜，狗总是狂叫，严重影响自己以及家人的正常作息。"③ 对此，同楼层的邻居也表示了赞同，并希望社区能够联合民警解决此问题。此外，居民还指出楼道防盗门、窗户玻璃等公共设施人为损坏的情况，并纷纷提出自己的处理意见。针对群里面居民提出的问题以及处理措施，社区工作者和居民综合整理、集中讨论收集到的建议，并形成了公约草案。最后，社区将公约草案在群中再公示，征询居民们的补充意见。

第五步：签名确认，集体公示。楼道公约基本定稿后，社区工作者和居民将其张贴在楼道内的留言板上，并通过本楼道的微信平台告知居民：

---

① 资料来源：访谈录音：20181024JX。
② 资料来源：访谈录音：20181024LXH。
③ 资料来源：访谈录音：20181024ZQ。

公示期内如有任何问题，居民可以在留言板上留言。社区工作者以及负责这部分任务的居民每天都会查看和记录，公示期为7天。公示期满，楼道居民无任何异议，公约即定稿，社区工作者和居民上门征集居民签字。最终17栋所有在住居民都认可公约的内容并签字确认。

第六步：美化公约，加大宣传。经过居民的讨论，楼道公约将会以八格风景相框墙的形式展示出来，其既可以起到美化楼道的作用，也可以吸引更多的居民关注。除了用完整的公约墙展示之外，在相应的行为可能发生的具体位置处，再次张贴生动的漫画或温馨的提示语。

《17栋楼道自管公约》

俗话说，远亲不如近邻。我们有缘住在一个单元，关起大门我们就是一个大家庭，本单元也就是我们大家共同的家园。创造一个整洁、舒适、优美的生活环境，是我们共同的愿望和追求，也是我们共同的义务和责任。为此，特立此公约，望各位住户相互监督，自觉遵守。1. 楼道内邻里团结友好、家庭和睦相处、敬老爱幼、互谅互让，不为小事起争执 2. 楼道公共场所严禁吸烟，不得随地吐痰、便溺，不在楼道和电梯内乱丢垃圾，不在墙壁、门窗及其他公共设施上乱涂、乱画、乱张贴。3. 各户居民自觉整理门前卫生，包括楼梯。不堆放杂物，如已堆放，请及时处理，自觉搬走。4. 爱护楼道内公共设施，文明开关楼门，不生拉硬拽，不用硬物支挡。进出楼道随手锁门，以免陌生人随意进入，不随意按门铃。5. 增强安全防范意识，防盗、防火、防天然气中毒。6. 切勿高空抛物，以免危害他人生命财产安全。7. 中午12点30分至下午2点整，晚10点30分以后，请居民上下楼梯脚步放轻，居住户内勿发出巨大响声，包括宠物的声响（意外响动不记），避免影响邻里休息。8. 严禁在楼道、房屋内进行违法、违规行为，自觉遵守中华人民共和国法律、法规及《市民行为道德规范》。

3. 最终成效。通过张贴楼道公约，创建楼道文化园地，开展楼道特色活动，居民争做文明居民。邻里见面交流的机会增多了，居民乱扔垃圾、乱堆杂物、乱停乱放等现象减少了，大家对自己楼道的关注度更高了。一批以身作则爱护小区环境的居民站了出来，报名做公约宣传志愿者。志愿者发起宣传，在小区产生了积极的影响。他们分享了自己平时爱护小区环境、维护社区和谐的一些亲身经历。一些有不文明行为的随迁老人也被感染，逐渐改正陋习，并加入了公约宣传小分队。公约宣传志愿者人数已由刚开始的30人发展到现在的100多人。更欣慰的是，居民的主体意识增强了，很多居民积极参与到"邻里互助"的志愿服务中来，营造了楼道大家庭的归属氛围。

（三）技术协商型公约

技术协商型公约是指通过专业的社会工作方法和技术协商形成的公约。协商并不意味着随意讨论，而是要讲究方法和技巧。没有方法的协商就会陷入无休止的争吵之中，协商效率大打折扣。调查发现，部分地区运用专业的社会工作技术——开放空间会议技术协商制定居民公约。该技术是收集民意、汇集民智的有效方式，其大致流程是：

第一步：会前热身。公约制定需要利益相关者充分讨论交流。为打破成员之间的陌生感，保证讨论顺利进行，需要会前借助游戏等方式进行热身，以增进成员之间的情感，活跃氛围。

第二步：分组讨论。为了提高讨论效率，以小组讨论形式展开讨论，使每个参与者都能有发言的机会，最大程度收集民意。在讨论过程中，围绕三个问题进行："××（主题）存在的问题"、"有什么后果"（突出后果意识，加深对预期后果的认知程度，从而有解决问题的动力）、"针对存在的问题我可以做什么"。每个成员思考之后，把意见写在卡片上，并按照"相同内容纵向贴，不同内容横向贴"的原则进行。每个小组形成一个公约，之后在组内进行分享。

第三步：组间分享讨论。组内分享后，梳理全体成员意见，形成初步方案，并在组间进一步开展讨论，初步形成公约。（讨论现有各项条款是不是我们自己能做的；合并重复的条款；讨论条约表述是否准确和完善。）

第四步：打分并逐条表决。在初步汇总各小组意见形成公约初稿后，全体成员就每条公约按照5分、3分、1分的形式逐条打分，以此产生差别。按照得分情况和重要程度，对公约进行排序，并逐条表决。

第五步：整理内容，形成公约并签名。

案例 4-3：YJGY 社区《居民晾晒公约》

1. 案例背景。YJGY 社区居委会在平日入户走访调查过程中，了解到很多居民有晾晒衣物的需求。由于家中阳台空间较小，居民就在小区内寻找适合的公共场所晾晒衣物，这不但给居民日常生活带来了不便，也影响小区环境和社区形象。于是便有居民提议，在小区内设立让居民集中晾晒的公共场地，这样既能满足居民的晾晒需求，又能维护小区环境。收到居民的意见后，社区居委会联系了园区公租房管理中心出资为居民建立了晾晒场。晾晒场建成之后，只要是天气晴朗之日，居民都会拿着衣物去晾晒。然而，因为没有规范化制度，久而久之，乱牵、乱挂、乱晒的现象便随处可见。晾晒场附近的绿化带、健身器材甚至电线，都成了居民的"晾晒架"。还有一部分居民，在晾晒场内自制铁杆、竹竿晾晒架，随意摆放，既不规范也不整齐，其不仅影响市容美观，也埋下安全隐患。部分居民也曾多次向居委会、物业公司反映晾晒场存在的问题。为了规范晾晒，倡导文明晾晒，社区居委会引导居民利用公约协商技术对日常晾晒衣服时遇到的问题进行了讨论，试图形成一则《晾晒公约》。

2. 实施过程。第一阶段：前期准备。（1）锁定利益相关者。社区利用宣传栏、短信、网络、大喇叭、QQ 群、微信以及入户走访的方式，号召和动员居民积极参与到"晾晒公约"制定的行动中来。同时，定向邀请曾向居委会反映晾晒场问题的居民参与到制定公约的过程中来。最终共有 23 名居民积极报名参加"晾晒公约"的制定活动。（2）开展破冰游戏。居民首先自我介绍，让他人认识和了解自己。然后开展游戏——"桃花朵朵开"，即大家围成一个圈，向左或者向右走起来。主持人说"桃花桃花朵朵开"，居民就问"开几朵"，主持人突然报出一个数字，比如"5"，随后居民必须快速地 5 个人抱在一起，不能多也不能少。多了或者少了，就请他们表演节目。

第二阶段：协商讨论。（1）引导员引导居民把他们对"晾晒场对居民的益处、晾晒时存在哪些问题与困扰"两个问题的意见和想法分别写在不同颜色的便笺纸上，一张纸上写一条；（2）在引导员的引导和助手的帮助下，居民将写好意见和想法的便笺纸分门别类地贴在墙上的大白纸上，相同意见纵向贴，不同的意见横向贴；（3）通过归并法，助手对居民的意见和想法进行整理归纳。整理出"晾晒场对居民的益处"6条，"晾晒时存在哪些问题与困扰"7条；(4) 运用531打分法，引导居民根据自己认为的严重程度对7条"晾晒时存在哪些问题与困扰"进行打分，最严重的打5分，其次是3分、1分，然后根据分数对问题进行排序；(5) 通过卡片法，引导居民针对这些问题提出解决办法，即"规范晾晒衣物能够做些什么"写在便笺纸上，一张纸上写一条；(6) 在引导员的帮助下，居民将写好的便签纸分门别类贴在墙上的大白纸上，相同意见纵向贴，不同的意见横向贴；(7) 通过归并法，助手整理出居民自己提出能做到"如何规范化晾晒衣物"5条；(8) 运用签名法，引导居民在"如何规范化晾晒衣物"的意见下签字。凡是居民认同的，均可在下面签字；(9) 助手对居民的打分和签字情况进行统计，并将汇总的最终结果公布给居民。公布的结果都是居民同意和乐于遵守的"晾晒公约"。居民们都表示会文明晾晒，拒绝在公共物品上晾晒，不吊扎绳索晾晒等，并引导其他居民文明晾晒。

第三阶段：完善公约。社区将整理归纳和统计汇总出的居民意见和想法修订成规范化的《居民晾晒公约》。内容通俗易懂，简洁明了。

第四阶段：推广公约。在晾晒场、社区宣传栏、楼道内张贴《居民晾晒公约》，扩大公约知晓度。同时，居委会利用短信、微信、QQ群、入户走访等方式向广大居民宣传《居民晾晒公约》，呼吁大家文明晾晒，自觉保持小区环境的整洁美观。

YJGY 社区《居民晾晒公约》

1. 进出晾晒场走地砖铺设道路，不随意践踏草坪。2. 不在小区绿植或公共物品上吊扎绳索晾晒。3. 不在公共休闲区域、公用健身器材、围墙上随意晾晒。4. 不肆意占用场地，妨碍他人晾晒。5. 不随意挪动、破坏他人晾晒的衣物。6. 发现衣物掉地，请顺手捡一捡。7. 收取衣物时，注意不误拿他人衣物。8. 发现误拿衣物，请及时将他人衣物归回原位。9. 见到不文明晾晒的行为，请及时制止。10. 自觉保持晾晒场的整洁与卫生。

3. 最终成效。《居民晾晒公约》公布后，引起了小区居民热议，大家都知道这是一则由居民自行制定的公约。居民不文明晾晒的行为越来越少，大家都遵守公约上的规定，很多热心人口口相传，动员周围更多邻居都自觉遵守公约。同时，社区通过运用专业技术引导居民参与到与自身息息相关的社区问题的讨论中来，成功唤醒居民的"主人意识"，有很强的教育意义。

技术协商型公约是近年来兴起的一种公约制定的方式，其充分体现了平等、开放、协商、合作、赋权、包容的理念。YJGY 社区所在地区的另外一个社区（HS 社区）也通过该套方法制定了《租房文明公约》，广受大家好评。

案例 4-4：HS 社区《租房文明公约》

HS 社区是一个新兴移民社区，周边商业载体较多，多数企业员工选择就近居住，导致社区合租房较多，大约有 500 户，占社区总规划户数的六分之一。在这些合租户中，企业员工的宿舍又占了较大比重，改变房屋结构、超标群租、扰民、乱拉电线、垃圾乱扔等问题时常发生，这对小区的环境和安全产生了很多负面影响。针对企业员工宿舍出现的不文明行为，合租自管小组召集社区物业、社区民警、居民代表、党员代表共同开会商讨，运用开放空间会议技术制定了《HS 社区合租房文明公约》。①

> 1. 宿舍人均面积不得低于 12 平方米，禁止违规隔断，保持合理居住空间。2. 增强消防安全意识，消防设施配备齐全。3. 宿舍应安排卫生值日表，随时保持卫生。4. 寝室人员应团结友爱，互帮互助，严禁打架、赌博、嗜酒。5. 爱护宿舍内公共设施，严禁私拉电线、绳子，节约用水用电。6. 搞好公共环境卫生，为净化、美化绿化社区作贡献。7. 晚上回家后不大声喧哗，大声吵闹，禁止穿高跟鞋在房屋内走动，自觉维护好租住房屋内的环境秩序。8. 任何单位和个人不得在社区乱搭乱建和噪声扰民，不高空抛物，不得在社区内搞经营活动。

---

① 这里就不再赘述该公约的制定流程，其和案例 4-3 流程一致，只是展示协商的结果。

调查发现，LX 区很多居民自治组织建立起来后，都采用了这种方式制定公约。这类协商型公约不但维持了组织的正常运转，而且还增强了居民的社区认同感和归属感。对比也可以发现，技术协商型公约要比会议协商型公约和网络协商型公约的内容更为细致，更为具体。

总体而言，从这些公约的制定过程来看，都充分尊重了居民的意愿，是居民集体协商讨论的结果，是集体智慧的结晶，是全体成员经过讨论、表决、签名而形成的。这种公约制定方式，提高了居民对公约的心理认同感，对全体成员形成了内在约束。

四 两类居民公约自治绩效差异分析

包办式和协商式两类居民自治公约有着不同的制定逻辑和产生过程，他们对自治效力的影响也必定不同。奥斯特罗姆的自主治理理论中关于自治规则设计原则可以为我们检验这两类自治公约的效力提供借鉴和参考。

（一）两类居民公约的特征比较

整体而言，包办型公约采取的是行政化逻辑，自上而下制定，居民较少参与；协商型公约采取的是社会化逻辑，自下而上制定，居民全程参与。我们可以通过以下八个维度，深入分析两类居民公约的制定逻辑（4-1）。

表 4-1　　　　　　　　两种公约的制定逻辑比较

类型 要素	包办型公约	协商型公约
公约制定主体	单一主体	利益相关者
公约制定原则	效率优先	参与优先
公约制定流程	含糊不清	清晰明确
公约制定内容	宏观宽泛	微观具体
公约制定焦点	注重形式	注重内容
公约制定目的	应付检查	培育自治
公约制定思维	行政工作	社会工作
公约制定导向	政府偏好	居民需求

第一，从公约制定主体看，包办型公约是单一主体制定的。调查得知，这类居民公约基本上是由街道或者居委会单方面制定，制定的时候很少采纳居民意见，居民甚至都不知道有公约制定这回事。受访者普遍表示："只有公约上墙时，贴在社区最显眼的位置，我们才知道社区还有居民公约。"① 协商型公约是多元利益相关者协商制定的。公约是由社区居委会、社区民警、社区律师、居民代表共同制定的。居委会引导大家讨论，居民就楼道问题发表意见，社区律师和民警协助大家解决问题，并对公约进行合法性审查。

第二，从公约制定原则看，包办型公约追求效率优先，协商型公约则是参与优先。前者制定时首先想到的是：如何以最快速度把这件事做完，因而往往采取"拍脑袋"的方式直接制定，不愿花费时间发动居民讨论。某社区居委会书记表示："社区事务非常多，公约属于软性的东西，显示度不高，我们不会在这个上面耗费时间。"② 协商型公约制定的初衷就是尽可能让利益相关者都参与进来，让他们充分参与讨论，表达意见。尽管这个过程很漫长，如案例 4-2 中的公约前后商讨了 8 次，但最后产生的公约都是居民意志的体现，能够得到大家的认同。

第三，从公约制定流程看，包办型公约是含糊不清的，协商型公约是清晰明确的。材料一中的公约公布出来的时候，只有文本内容，但公约到底有怎样的制定流程居民不得而知。进一步追问居委会，他们也只简单表示："我们觉得重要的东西，就把他写下来了。"③ 有的则在私底下直接讲："我们看到网上有漂亮的句子，就把它抄下来了。"④ 协商型公约的制定流程一目了然，清晰可见。如案例 4-3 中的公约，从活动召集，意见发表，到开会讨论，形成初稿；再到再次讨论、定稿；最后到美化公约，集体公示，整个制定流程都公示出来了，保障了居民的知情权。

第四，从公约制定内容看，包办型公约显得宏观宽泛。包办式公约涵盖了从国家层面到社区层面的许多事务，但都讲得较为宏观，难以操作，存在简约模糊的问题。这些更像是国家政策方针的宣传，社会道德伦理的

---

① 访谈材料：20181015ZQ。其中，20181025 表示访谈时间，ZQ 表示受访者姓名的首字母，以下均同。
② 访谈材料：20181015HMR。
③ 访谈材料：20181016WFR。
④ 访谈材料：20181016ZS。

倡导。居民往往只是把其当作一种口号，而无所适从。协商型公约则显得微观具体。这类公约是针对具体事务、具体人群和具体空间分门别类制定的。如案例4-2中的公约主要是为了解决楼道问题制定的，其中讲到，"中午12：30至14：00点整，晚上10：30分以后，请居民上下楼梯放轻脚步，以免打扰他人休息"，这就说得很具体了，大家也知道该怎么做。

第五，从公约制定焦点看，包办型公约关注的是形式，协商型公约是内容。前者句式非常整齐，前后押韵，对仗工整，读起来非常顺口。现实中，有的公约的句子甚至是刻意雕琢，失去了原来的本意。案例4-2中的公约句子长短不一，不刻意追求押韵，但内容真实，表达了居民的心声。实际上，公约都是针对具体问题、具体事项的，很难把他们组合在一起，保持绝对工整对仗。注重表现形式无可厚非，这样也易于记忆和传播，但内容才是根本，不能本末倒置。

第六，从公约制定目的看，包办型公约更多是为了迎接检查，协商型公约则是推进居民自治。街道或居委会快速直接制定公约的目的都是为了迎接上级检查，展示业绩。上级检查一般只关注是否完成了这项任务，而不具体考察里面的内容，就如他们所言，"保持完整即可，有的就填，没有的就编。"① 协商型公约的出发点是，唤醒居民的自治意识，让居民协商解决问题，学会自我管理，推进居民自治。如案例4-2中的公约是为了让居民自我解决楼道脏乱差问题制定的，还有的是为了解决停车难、噪声扰民等问题。

第七，从制定思维看，包办型公约秉持行政工作思维，善于用行政命令、行政动员等办法处理事情。协商型公约是社会工作思维，善于发动社会力量，动员居民参与，自我解决问题。包办型公约由上制定，逐级下发、统一安排、统一部署。协商型公约是居委会引导居民发挥主观能动性，一起商讨解决问题的方案和对策。整个过程，居委会都是引导而不主导，起协同作用。

第八，从公约制定导向看，包办型公约主要是以政府的偏好和意志为导向的。他们把公约制定看成是一项行政任务，而不是社会事务，其主要是被当作政策宣传的媒介，利用公约落实政策。如材料一中非常强调计划生育政策，因为如果超生，年终考核就会对社区工作一票否决。协商型公

---

① 访谈材料：20181016ZXH。

约是以居民需求和社区问题为导向的。有什么样的需求和问题就针对性地制定什么样的公约，因而停车公约、房屋出租公约、治安巡逻公约、环境保护公约等不同类型的公约广泛存在。

（二）自治规则设计的理论参照

居民公约引导居民自治本质上是一种自主治理行为，著名经济学家奥斯特罗姆的自主治理理论中的八项制度设计原则能够为我们检视这两类公约的合理性提供理论基础和检验标准。只有符合自主治理规则的公约才能够引导居民自治。

公共事务和公共问题的集体行动一直是个难题，也是一个热点。哈丁的"公地悲剧"、戴维斯的"囚徒困境博弈"以及奥尔森的"集体行动的逻辑"都有过深刻的论述，但对此都很悲观，得出结论是：国有化或私有化是解决集体行动问题的唯一方案。奥斯特罗姆一方面在理论上建构了"自筹资金的合约实施博弈"模型，论证了自主治理的可能性；另一方面从全世界收集了很多实证案例，验证了自主治理的可能性，并进一步提升了自主治理理论。

奥斯特罗姆通过分析日本和瑞士的山林牧场和公共池塘资源，菲律宾和西班牙的灌溉系统以及土耳其和斯里兰卡的渔场等案例发现，地方设计的规则要遵循八项原则（清晰界定边界、占用和供应规则与当地条件一致、集体选择的安排、监督、分级制裁、冲突解决机制、对组织权的最低限度的认可以及分权制。[①]）才能实现自主治理。这八项设计原则是自主治理的必备要件。尽管奥斯特罗姆是用其来分析公共池塘资源的，但其内核是分析如何让民众能够自治起来，因而我们也可以把这些原则用来分析公约自治的情况。

第一，清晰界定边界。必须明确有权从公共池塘提取资源的单位、个人或家庭。[②] 共同行动的边界就是一定地域范围内的一定的主体，[③] 其包

[①] ［美］埃莉诺·奥斯特罗姆：《公共事务的治理之道——集体行动制度的演进》，余逊达、陈旭东译，上海三联书店2000年版，第144页。

[②] ［美］埃莉诺·奥斯特罗姆：《公共事务的治理之道——集体行动制度的演进》，余逊达、陈旭东译，上海三联书店2000年版，第144页。

[③] 杨涛：《共同行动的基础：规则设计原则——兼评埃莉诺·奥斯特罗姆自主自治理论》，《行政论坛》2013年第1期。

含两层含义：一是明确要处理公共事务的范围（地域范围和事项范围）；二是明确不同公共事务和问题所涉及的行为主体。在界定主体上，要分清主次，明确哪些是中心主体，哪些是边缘主体。清晰界定边界是组织集体行动的第一步，只有清晰界定边界后才能做出有效的制度安排。为了论述方便，我们将其简称为"边界清晰"原则。

第二，占用和供应规则与当地条件一致。制定的规则应该与当地条件以及所需劳动、物质、资金等保持一致。① 也就是说，规则是与特定情境相联系的，不同的情境滋生不同的规则。每个地域的自然环境、风土人情、风俗习惯、思维方式、资源禀赋、历史传统等诸多因素都是不一样的，不可能找到普适的规则适合所有的地域。如果规则安排与当地环境冲突，与当地居民的偏好冲突，那么这种规则就是一种低效的安排，因为人们不会遵守。②

第三，集体选择的安排。绝大多数受规则影响的个人能够参与规则的制定和修改。③ 绝大多数利益相关者都能够参与自身利益相关规则的制定，自主治理的规则不是外界权威强制制定的，而是依靠相关社群自主协商产生的。这是自主治理的核心要义，其可以在实现民主价值的基础上广泛集聚民智。④ 但"绝大多数"参与并不意味说"所有人"都参与。现实生活中，让所有利益相关者都参与显然是不可能的，但参与的人一定要有代表性，并且尽最大可能扩大参与人群。

第四，监督。积极检查公共池塘资源的情况和占有者的行为。⑤ 集体行动最容易产生搭便车、机会主义和逃避责任的行为，建立监督机制就是为了应对这三大问题。监督是一种选择性的激励，对行动者"区别对待、赏罚分明"。一旦监督被撤回，就算那些信誉良好的行动者也会偷懒不作

---

① ［美］埃莉诺·奥斯特罗姆：《公共事务的治理之道——集体行动制度的演进》，余逊达、陈旭东译，上海三联书店2000年版，第146页。

② ［美］詹姆斯·C.斯科特：《国家的视角：那些试图改善人类状况的项目是如何失败的》（修订版），王晓毅译，社会科学文献出版社2012年版，第282页。

③ ［美］埃莉诺·奥斯特罗姆：《公共事务的治理之道——集体行动制度的演进》，余逊达、陈旭东译，上海三联书店2000年版，第147页。

④ 许宝君、陈伟东：《自主治理与政府嵌入统合：公共事务治理之道》，《河南社会科学》2017年第5期。

⑤ ［美］埃莉诺·奥斯特罗姆：《公共事务的治理之道——集体行动制度的演进》，余逊达、陈旭东译，上海三联书店2000年版，第149页。

为，其他行动者看到这种行为也会放弃行动，从而导致大面积的停滞。所以必须引入监督机制保证规则被执行，不遵守规则的行为要受到惩罚。

第五，分级制裁。违反规则的占有者要受到其他占有者或者官员的惩罚，但要根据违规的严重程度决定制裁的强度。① 制裁和前面的监督是相辅相成的。监督的结果作为制裁的依据，没有制裁，监督也就没有意义。但制裁的时候要讲究策略。当违规的事项不太严重的时候，不能制裁过重，否则会挫伤他们继续行动的积极性。过重的惩罚违背了制裁的初衷，而且往往还会适得其反，适当的制裁是稳定合作的前提。② 同理，当严重违规的时候，不能制裁太轻，因为违规成本太低会纵容他们继续违规，达不到制裁的目的，对其他人来讲也不公平。

第六，冲突解决机制。能够利用成本低廉的地方性公共论坛迅速解决占有者之间的冲突。③ 冲突存在于一切公共事务中，冲突不可怕，关键是要找到解决冲突的机制，而且这种机制必须要快捷、高效。当居民之间发生利益冲突，如果总是诉诸行政裁决和司法诉讼，那么效率会很低，况且，很多琐碎事项是无法通过行政或司法的途径解决的。因此，自主治理中的冲突最好是寻求地方性论坛，让他们能够自我解决矛盾。

第七，对组织权的最低限度的认可。占有者设计自己规则的权力不受外部权威的挑战。④ 自治组织能够自主制定的自己的规则，外部力量尤其是政府不能随意干涉。当一个社群能够（实际上很多组织都能够）制定自己的规则，处理组织事项，那么，政府就不应当介入，否则自主治理就失去意义了。即使有些组织势力较弱，政府或其他专业机构介入的时候，也只能是引导和协助他们，不能主导他们的行动，甚至取代他们的自主权。

第八，分权制。分权制就是分层次做出安排。若只在一个层级上有制

---

① ［美］埃莉诺·奥斯特罗姆：《公共事务的治理之道——集体行动制度的演进》，余逊达、陈旭东译，上海三联书店2000年版，第149页。

② ［美］罗伯特·阿克塞尔罗德：《合作的进化》（修订版），吴坚忠译，上海人民出版社2007年版，第128页。

③ ［美］埃莉诺·奥斯特罗姆：《公共事务的治理之道——集体行动制度的演进》，余逊达、陈旭东译，上海三联书店2000年版，第158页。

④ ［美］埃莉诺·奥斯特罗姆：《公共事务的治理之道——集体行动制度的演进》，余逊达、陈旭东译，上海三联书店2000年版，第159页。

度安排，而在其他层级上没有，就不会产生长期的、完整的制度体系。① 自治行动所涉及的范围不同，其需要的规则就不同，因而要在不同范围、不同层次上建立不同的规则，最终形成一个嵌套的规则体系。单个组织有自己的内部规则，当多个单一组织联合起来的时候，就需要建立新的规则，以规避组织之间的冲突。

（三）两类居民公约的合理性考察

奥斯特罗姆关于自治规则设计的八项原则为我们提供了很好的借鉴。我们可以用其检验包办式和协商式两类公约的合理性。当某种公约绝大部分能够契合这八项原则，我们就可以认为这类公约具有合理性，反之亦然（表4-2）。

表4-2　　　　　　　　两类居民公约的合理性考察框架

检验标准 公约类型	边界清晰	契合情境	集体选择	监督	分级制裁	冲突解决	组织权的认可	分层安排
包办式居民公约	×	×	×	×	×	×	○	×
协商式居民公约	√②	√	√	√	√	√	√	√

第一，从"边界清晰"原则来看，包办式公约不符合，协商式公约符合。包办式公约首先非常宏观笼统，没有明确要处理的公共事务的范围。或许可以说，很多政府制定的公约的适用范围是整个辖区，但这样的范围过于庞大，和没有范围差别不大。其次，没有明确的行动主体，尤其是没有把核心行动主体——居民纳入参与体系，这会使协商行动的代表性及其结果受到质疑。③ 协商式公约则处理的都是具体时间和具体空间中的具体事项，有明确的范围，如HLY小区17楼栋中的脏乱差问题。更为重要的是，其把利益相关者全部都纳入协商范畴，保证了规则制定的透明性和公开性。

第二，从"契合情境"原则来看，包办式公约不符合，协商式公约

---

① ［美］埃莉诺·奥斯特罗姆：《公共事务的治理之道——集体行动制度的演进》，余逊达、陈旭东译，上海三联书店2000年版，第160页。
② "√"表示符合原则，"×"表示不符合，"○"表示无法确定。
③ ［美］科尼利厄斯·M. 克温：《规则制定——政府部门如何制定法规与政策》，刘璟、张辉、丁洁译，复旦大学出版社2007年版，第215页。

符合。首先，如果说某街道办制定的公约是针对本街道的，但这些包办式公约的内容全国各地几乎都一样，因此不符合特定街道辖区情况。其次，就算有的街道制定的公约具有一些本土特色，但是覆盖面也太大，不一定符合每个社区的实际。协商式公约针对的都是每个特定的群体，并且群体规模不大，这样更加符合本地情境，贴近居民需求。这些公约的内容都非常具有个性，是因为考虑了本土偏好，阿克塞尔罗德称之为"实质性的资源"。①

第三，从"集体选择"原则看，包办式公约不符合，协商式公约符合。这一点很明显，包办式公约是政府或者社区居委会单方面制定的，制定的时候，没有征求居民的意见。社区居委会制定时，有时候会邀请居民来进行表决，但其都是形式上的表决。很显然，这些都是个人安排，不是集体选择。协商式公约则相反，它广泛吸纳利益相关者，号召更多的人参与讨论，尤其是最后还一一去征求相关人员的签名认同，其很好地遵循了"集体选择"的选择，公约是集体的约定。

第四，从"监督"原则来看，包办式公约不符合，协商式公约符合。包办式公约适用范围很大，无法制定监督措施，也无法找到监督人员。单从公约内容字面上看，就看不到"监督"的字眼。有的大而化之写的"相互监督"，实际上是空口号，相当于没有监督。协商式公约则有监督举措。如案例4-1中的公约明确指出由社区居委会联合车辆管理员一起监督。很多自组织的领袖也能起到监督的作用。更何况，协商式公约都是居民自身利益的表达，他们都会相互监督，以保证自身利益。

第五，从"分级制裁"原则来看，包办式公约不符合，协商式公约符合。监督和制裁是配套的，监督是制裁的信息来源，没有监督就无法制裁；同样，制裁是监督的结果，没有制裁的监督是缺乏说服力的。包办式公约没有监督或者说难以监督，那么它也无法制裁。协商式公约有监督就有制裁的依据。如案例4-1中，"如果车主不按时交纳车位费，就不让停车"。这就是一种惩罚措施。协商式公约的很多制裁都是一种内生性惩罚，② 即通过舆论道德、同伴压力等方式惩罚。

---

① ［美］罗伯特·阿克赛尔罗德：《合作的复杂性——基于参与者竞争与合作的模型》，梁捷、高笑梅等译，上海人民出版社2008年版，第64页。

② 刘筱红、柳发根：《乡村自主治理中的集体搭便车与志愿惩罚：合约、规则、群体规范——以江西Y乡修路事件为例》，《人文杂志》2015年第5期。

第六，从"冲突解决"原则来看，包办式公约不符合，协商式公约符合。集体行动合作机制的主要任务就是要妥善处理发生在事实与规范之间的纷争。① 包办式公约根本没有提到冲突，仿佛一切都是和谐的，只是倡导人们要文明做事，少起冲突。实际上，在多元利益交织背景下，没有冲突是不可能的。协商式公约强调通过协商解决冲突，协商会议就是很好的解决冲突的载体。案例 4-1 所在地还有地方性的公共论坛——"三方联动会议"去解决纠纷和矛盾，及时遏制了不满情绪的蔓延。

第七，从"组织权的认可"原则来看，包办式公约不确定，协商式公约符合。无论是对自组织认可与否，包办式公约都是政府单方面统一制定。之所以这么做，很大程度上是为了追求行政效率，而没有考虑组织的合法性以及自组织制定的规则是否有效或者说是否有自制规则的能力。所以我们无法考察它是否认可自组织的自治权，有的地方认可，有的不认可。协商式公约都是首先由自组织制定的，然后上交给街道审查。街道一般都是对其积极肯定，如案例 4-1 中的公约，当地政府还主动推广，这表明，政府认可组织的自主权。

第八，从"分层安排"原则来看，包办式公约不符合，协商式公约符合。街道制定的公约可以说在街道这一层级上有制度安排，当公约下放给社区后，这种安排也顺势转移给了社区（姑且只论有没有，不讨论其效力），但社区里面的各类社群却没有相应的制度安排。任何自治行动都是从低层次的治理单元开始的，② 协商型公约是自下而上有逐级的制度安排。社区里的各类社群有自治公约；为了解决纠纷，社区层面成立了社区组织联合会，其也有相应的规则制度；继续往上，街道和区政府都有相应的社会组织管理办法。

（四）两类居民公约自治效力检视

自主治理的集体行动要解决供给问题、监督问题和承诺问题。③ 这三个问题是处理集体行动的"元问题"。很多集体行动失败的原因就在于没有妥

---

① 孔繁斌：《公共性的再生产——多中心治理的合作机制建构》，江苏人民出版社 2008 年版，第 170 页。
② 杨涛：《公共事务治理机制研究》，南京大学出版社 2014 年版，第 79 页。
③ [美] 埃莉诺·奥斯特罗姆：《公共事务的治理之道——集体行动制度的演进》，余逊达、陈旭东译，上海三联书店 2000 年版，第 69 页。

善解决好这三个问题。只有解决了这三个问题，自主治理才有可能发生。要检验两类公约的自治效力，就要看其是否对这三个问题有较好的回应。

供给问题就是指谁提供自治规则的问题。自主治理中，提供规则的实质就是提供公共产品。公共产品意味着大家都能享有，不具有排斥性。从"成本—收益"的角度考量，自治规则就很难产生。一方面，提供规则需要成本，并且有时候成本还是相对比较大的，但另一方面，民间自治规则的收益是非常小的；同时"搭便车"心理又普遍存在，人们都坐等他人提供，自己享受。因此，究竟谁愿意提供规则是首要解决的问题。

承诺问题就是指人们是否承诺遵守规则的问题。规则产生后，并不意味着人们就会主动遵守。自主治理中，在缺乏外在权威强制的情况下，如何使人们自愿遵守规则是一个需要解决的问题。让人们做出遵守规则的承诺的关键在于，一方面内心真正认同这套规则，另一方面规则能够给自己带来利益。

监督问题就是如何监督和制裁违反规则行为的问题。如何监督规则的执行也是一个必须解决的问题。人们一开始做出遵守规则的承诺，但过一段时间后，一些人违背承诺也没受到惩罚，甚至还能继续分享集体利益，那么就会有更多人选择背叛，集体规则也就全面失效了，所以必须监督规则的执行。

接下来，我们就用这三个变量考察包办式居民公约和协商式居民公约是否有效解决了这三个问题（表4-3），两类公约的自治效力如何也就有了判断。

表4-3 两类居民公约自治效力检视框架

	包办式公约	协商式公约
供给问题	表面上解决，实际未解决。政府等外界主体自上而下提供的不再是自治规则，而是一种外部规则。	已解决。较小的成本能够获得长远的收益。自主协商产生的规则，是一种内部规则。
承诺问题	未考虑。制定规则的初衷没有考虑"居民承诺"的问题，即使有，也是一种形式承诺。	已解决。居民全程参与公约的制定过程，表达了自己的利益诉求，签字表示认同，自愿做出承诺。
监督问题	未解决。没有实际监督措施，只是口号式宣传，实际也很难监督。	有回应。有明确的监督奖惩措施，监督成本也较低。
效力检视	自治失效	有效自治

第一，就供给问题而言，包办式公约表面上解决了，实际却未解决，

协商式公约解决了。包办式公约表面上看，是政府或者社区居委会提供了规则，居民自治有了指引，但是，自主治理的规则并不是某一个人或者机构颁布实施的，自治规则的产生是一个自下而上渐进积累的过程。① 包办式公约的规则是由外界主体提供的，从始至终，作为自主治理的主体——居民都没有参与，其已不再是自治规则了。协商式公约是居民自主协商讨论的结果，其之所以能够产生，一方面制定的成本较小。协商式公约都是在小规模的社群或组织中产生的，不需要动用太多的资源，如案例4-3中的公约只需要提前准备一些卡片、白纸、笔等用品，当然其中会产生一些精神成本，但其都是在自组织能够承受的范围之内。另一方面，大家能够看到公约给自己带来的收益。不过，这种收益不一定就表现为物质利益或者经济利益。与奥斯特罗姆所讲的公共池塘资源不同，社区公共事务的收益往往表现为一种精神收益。例如，案例4-2中楼道环境变好了，大家都能享受到舒适的环境。综上，较小的成本可以带来满意的收益，协商式公约也就能够得以产生。

第二，就承诺问题而言，包办式公约未考虑，协商式公约解决了。政府直接制定的公约一开始就根本没有考虑"是否遵守"的问题，其主要考虑两点：一是形式是否美观；二是内容是否全面。社区居委会制定的公约可能会让居民代表参与表决，但很多都是走过场，居民象征性举手表决并不意味着内心就愿意遵从。很多时候，只是"配合"居委会工作而已。协商式公约之所以能够让居民做出承诺是因为，一方面，居民能够全程参与公约的制定过程，在参与中他们能充分表达自己的意见，"谁参与谁认同、谁订立谁执行"是人类的行为惯例，② 居民对公约表示认同，所以他们愿意做出承诺。三个案例中，居民最后都签字表示认同了。另一方面，居民能够看到有所受益的希望。协商式公约都是针对具体事务、具体问题的，这些都是居民迫切想要解决的问题。而包办式公约笼统宏观，居民看不到能够解决自己的具体问题的希望。综上，既有认同又有受益，居民都愿意做出承诺。

第三，就监督问题而言，包办式公约未解决，协商式公约有所回应。

---

① 钱锦宇、赵海怡：《集体行动与民间集体自治规则——诺贝尔经济学奖得主奥斯特罗姆理论对民间法研究的可能贡献》，《民间法》2010年第00期。

② 陈伟东、陈艾：《居民主体性的培育：社区治理的方向与路径》，《社会主义研究》2017年第4期。

由于广泛存在"搭便车"心理，人们一开始做出承诺，但很多人常常中途会违背承诺，因此自主治理的集体行动中需要建立监督机制，对违背承诺的行为适当制裁，否则就会产生"一个和尚挑水吃，两个和尚担水吃，三个和尚没水吃"的困境。① 包办式公约没有监督措施，只是规定了要怎样，不要怎样，没有讲违背公约后，要怎么处理。当然，很多公约也提倡"相互监督"，但这只是运动式宣传口号，人们无法操作。协商式公约里面明确提到了监督，有的甚至还建立了监督委员会。如案例4-1中，明确提到了三种监督方式：社区居委会的监督、车主管理员的监督以及居民相互之间的监督。实际上，居民也愿意参与监督。因为从监督中能够获得他人是否遵守公约的信息，这些外界的信息决定了他是否要继续行动。也就是说，大家都秉持"别人那么做，且符合我的长远利益，我也那么做"的行动逻辑。

由此可见，从理论角度讲，包办式公约既不符合自主治理的八项原则，也不能解决集体行动的三个问题，所以其自治效力很低。这样的公约是无效的，自治是失败的，我们可以称其为"有公约无自治"。相反，协商式公约很大程度上契合了自主治理的八项原则，也对集体行动的三个问题有所回应，其自治效力是较高的，公约的作用能够得以发挥。

回到常识中来，归根结底，要看一套自治规则是否有效，是否有约束效力，就要看人们是否按照规则主动行动。包办式公约之所以没有效力，其原因有三。

第一，居民不知晓。无论是政府直接还是间接制定的公约，还是社区两委成员制定的公约都具有包办的特点。很多时候在居民不知情的情况下就产生了公约，居民根本不知道究竟何为公约，用公约做什么，公约有什么作用，有什么内容。既然居民都不知道是什么，丧失了知情权，就更不会去做，公约的约束力也就消失了。

第二，居民不认同。居民没有参与公约制定的过程，所以就不会认同公约的内容。他们有的认为这是政府或社区强加给他们的东西，他们内心极不愿意承认，即使有些内容是合乎常理的，他们也不愿意感受"强迫"滋味；更何况，有些内容与居民的意愿相悖。总之，公约制定的过程没有体现居民的意志，他们不愿认同，更不愿遵守。

---

① 赵鼎新：《集体行动、搭便车理论与形式社会学方法》，《社会学研究》2006年第1期。

第三，居民不参与。心里没有认可的东西，就不会践行。包办式公约没有征求居民的意见，没有体现居民的意志，所以居民都是置若罔闻，不愿参与社区公共事务。就算有些零星的参与，也是一种象征性或表演性参与。① 有些也只是囿于社区居委会的感情号召，是一种情感参与。这些参与都是临时的，短暂的，因为公约根本就没有内化于心。

由上可见，包办式公约带有很强的"替民做主""代民做主"的色彩，居民不知晓、不认同、不参与。公约就成为一纸空文，毫无约束力。公约的作用没有显现出来，居民自治也就很难推进。协商式公约之所以能够发生效力，是因为居民在自我认同的基础上积极参与，其运作逻辑与包办式公约相反，这里笔者就不再赘述。

五 规则赋权与协商式居民公约构建

前面论证已知，协商式公约具有自治效力，能够起到引导和规范居民自治的作用。深入分析发现，协商式公约的内核是赋权。正因为赋予了居民自主制定规则的权力，居民的利益和意志才能得以体现，他们才会认同和遵守。

（一）赋权：协商式公约的内核

协商式公约能够得到人们认同和遵守的根本原因在于赋权。规则的真正作用并不是直接决定人们的行为，而是对行动者之间的合作环境进行建构。② 协商式公约制定的过程就是建构合作环境的过程，整个过程都是把公约的制定权和解释权赋予居民，居民是制定的主体，其他主体只是协助。我们从案例4-2、案例4-3中社区居委会书记的反思和总结中就能够很好地理解这一点。

> 材料一：17栋楼道制定楼道公约，是社区工作人员根据居民实际所需引导该楼道居民开展的。社区工作人员从居民最为关心的活动入手，成功吸引楼道居民对制定楼道公约的关注和热情；通过线上征

---

① 许宝君、陈伟东：《居民自治内卷化的根源》，《城市问题》2017年第6期。
② 杨甜甜：《作为行动领域组织中的权力与规则——评埃德伯格的〈权力与规则〉》，《社会学研究》2007年第4期。

集意见,在虚拟空间召集楼道居民会议,打破空间限制,引导居民自主讨论楼道存在的问题及居民能为解决该问题做什么,最后汇总形成楼道公约;通过居民签名认可,将公约内化为居民楼道行为准则。整个过程,社区工作人员始终坚持引导员角色,秉持平等、接纳、尊重的态度,与17栋居民建立良好的关系。社区通过多种方式方法激发居民主人翁意识,有利于楼道内形成和谐友爱的良好氛围,实现居民自我管理、自我服务、自我教育、自我监督。

材料二:我们认识到了,"社区是居民的",涉及居民日常生活的晾晒亦离不开居民的"自治"。此次制定的《居民晾晒公约》是社区居委会从小区晾晒场客观存在的问题、居民针对晾晒场提出的意见和建议以及居民希望改变晾晒场杂乱无章的需求出发,组织引导居民自主制定的,不是居委会自行制定公约下发给居民要求大家遵守,社区居委会不是包办者而是引导者,我们运用开放空间会议技术,采用卡片法、归并法、531打分法、签名法等一系列方法,引导居民发现问题、自行提出解决问题的方法,从而讨论形成居民认可的"晾晒公约"。

从这两段反思中我们可以看出,在整个楼道公约制定过程中,居民是主体,社区居委会是引导者,引导居民如何讨论问题,就如材料二中所讲,"社区居委会不是包办者而是引导者。"这些都是自治的实践,民主的实践。居民掌握了公约制定的主动权,充分发挥了自己的主观能动性,所以最后才会签字认同。奥斯特罗姆在设计自主治理原则的时候一再强调,规则设计的时候不能受到外界权威的干预。鲍曼也认为应当赋予组织成员灵活应对复杂任务的权力,给予个体判断和决策的空间。[1] 居民公约制定过程中,关键要赋予居民公共事务的协商权。公共事务协商权是协商民主理论发展过程中赋予公民的一项基本的权利。[2] 平等、宽容和贵和是协商的基本原则,[3] 就像材料一中说的那样,"要秉持平等、接纳、尊重的态度。"

---

[1] [德] 米歇尔·鲍曼:《道德的市场》,肖君等译,中国社会科学出版社2003年版,第369页。

[2] 刘巧红:《论公民公共事务协商权》,《北京行政学院学报》2009年第6期。

[3] 王岩、魏崇辉:《协商治理的中国逻辑》,《中国社会科学》2016年第7期。

包办式公约之所以失效的症结也在于没有赋予居民协商的空间。政府掌握了公约的制定权，居民的诉求和利益都无法体现，所以居民不愿认同。组织规则的合理性就表现在成员对它的自愿认同和遵守上，并通过这种认同产生组织集体行动。①

同时，通过赋权，居民不但制定了属于自己的公约，而且还增强了自己的能力。赋权和增能是相辅相成的，赋权的目的是增强能力，能力的增强也是赋权的结果。② 整个公约协商过程中，居民增强了自主表达需求的能力，学会了如何合理地表达自己的诉求；增强了自治认知的能力，"社区是居民的"观念深入人心；增强了活动组织能力，学会了如何组织开展协商；增强了沟通交流能力，学会了如何与人打交道等。

此外，还可注意到，专业社会工作技术在协商式公约构建过程中的积极作用。如材料二中，开放空间会议技术在公约制定中起了不可磨灭的作用，大家也纷纷意识到了要运用专业技术方法，提升基层民主协商能力。并且从三类协商式公约的内容中可以看出，技术协商型公约的内容更细致、更具体。如案例4-4中谈道，"晚上回家后不要穿高跟鞋，以免影响楼下休息。"

（二）协商式公约的选择与构建

协商式公约是居民自治的必要条件，也是我们合理的选择。不过，如何构建协商式公约是一个值得讨论的议题。前面列举的一些案例或许能够为我们提供帮助，尽管每个案例有所差别，但是我们可以从中提炼出一般路径。

显而易见，构建协商式公约的关键在于协商。居民要全过程参与公约协商，始终坚持"协商于制定前，协商于制定中、协商于制定后"的理念。从前面所讲的协商式案例中，我们可以从中提炼出构建协商式公约的一般流程。

第一，提出公约协商议题。居民针对具体问题提出协商议题，这个议题就是该项公约的主题。如提出如何解决广场舞噪声扰民的问题，制定广场舞使用公约。第二，确定公约协商主体。协商主体即利益相关者。根据

---

① 张康之：《论组织的转型：从控制到合作》，《西北大学学报》（哲学社会科学版）2009年第2期。

② 许宝君、陈伟东：《社区治理理念创新及其技术实践》，《中州学刊》2017年第7期。

提出事项的性质、利益关系确定参与协商的利益相关者，即协商主体，尽可能多地吸纳利益相关者。第三，告知公约协商事宜。利用入户走访、公告栏、微信、QQ等新媒体向有关方事前准确通报协商内容和信息，让相关方提前做好准备。第四，确定公约协商形式。针对不同性质的协商议题，综合相关方的利益诉求，灵活选择会议、网络、座谈等协商形式。第五，商讨公约协商内容。明确公约协商的边界和范围，讨论问题的表征、产生的原因、带来的影响以及拟解决的办法和注意事项等具体事项。第六，进行公约协商表决。根据协商内容，灵活选择一对一表决，举手表决，投票表决等方式对其进行逐条表决，形成协商成果。第七，备案公约协商成果。把公约协商的内容、过程及结果以书面材料提交给居委会、党组织或其他组织备案。第八，公示协商成果。及时通过微信公众号、居务公开栏、宣传画廊等多种平台向利益相关方传达协商结果。第九，落实公约。建立常态化会议制度、多方联动会议制度等落实公约的保障机制，定时讨论公约执行情况。第十，过程监督。建立协商成果落实的监督机制，对议题协商、决策、落实过程全程监督，并配套奖惩措施。第十一，公约反馈。相关负责人和利益相关者要及时发现公约执行中的痛点难点问题，建立公约落实的反馈机制，及时做出应变和整改。

尤其需要注意的是，社区公共事务涉及方方面面，因而社区居民公约不具有一致性，而是与具体的人群、具体的事务、具体的空间相关联的行为规范，它是多样的、多元的。[①] 在制定公约时，要注重运用技术协商的方法。整体而言，协商式公约构建中要着重处理好三个环节。

第一，根据社区问题和居民需求，制定不同类型的公约。社区居民的利益和需求日益多元化，社区问题和事务也日益复杂化。每个社区根据不同的需求和问题，制定相应的居民公约。如针对楼道环境卫生问题制定楼道自管公约；针对老旧院落停车难问题制定停车公约；针对广场舞噪声扰民问题制定广场舞公约；针对老旧院落没有物业的问题制定物业自管公约，等等。第二，采取协商对话的形式，让居民自主制定公约。运用社会工作技术，采取协商对话的形式，按照一定的程序，让居民在轻松愉悦的氛围中，充分表达自己的需求，充分讨论社区的问题。然后再根据实际需

---

① 陈伟东、陈艾：《居民主体性的培育：社区治理的方向与路径》，《社会主义研究》2017年第4期。

求和问题,自我商讨应对之策,自我制定居民公约,逐条解释、逐条补充、逐条表决,充分体现居民的公共意志。第三,采取签字认同的方式,让居民自愿遵守公约。通过一定的技术方法找到居民意愿的最大公约数,居民在自我认同的公约条款下签名。引导居民培养民主精神、契约精神、公民意识、规则意识;自觉遵守公约,规范自治行为,发挥自我管理、自我教育、自我服务、自我监督的作用。

六 小结

《中共中央 国务院关于加强和完善城乡社区治理的意见》指出要充分发挥自治章程、村规民约、居民公约在城乡社区治理中的积极作用。民政部、中组部等7部门联合出台《关于做好村规民约和居民公约工作的指导意见》。当前,每个社区都有居民公约,但这些公约常常是一纸空文,没有发生效力,居民不愿意遵守,出现了"有公约、没治理"的窘境,这是为何?究竟什么样的公约才能引导居民自治?本章通过对两种不同类型的公约进行对比分析,尝试在比较中找到答案。

根据社区居民公约产生的过程可以将其分为包办型公约和协商型公约,这两种公约有不同的制定逻辑和约束效力。自主治理的设计原则能够为我们检视这两类公约的合理性和效力提供参考。研究表明:协商型公约比较契合自主治理的原则,对集体行动的核心问题作出了有效回应,能够引导居民在自我认同的基础上自我行动起来。深入分析发现,公约发生效力的关键在于赋权,赋权是破除"有公约、没治理"困境的有效手段。

协商型公约能够得到人们认同和遵守的根本原因在于赋权。规则的真正作用并不是直接决定人们的行为,而是对行动者之间的合作环境进行建构。[①] 协商型公约制定的过程就是一个建构合作环境的过程。整个过程都是把公约的制定权和解释权赋予居民,居民是制定的主体,其他主体只是协助。居民公约制定过程中,关键要赋予居民公共事务的协商权,给予居民发表意见的机会。

要注意的是,社区居民公约不是单一的,它是与具体事务、具体社群

---

① 杨甜甜:《作为行动领域组织中的权力与规则——评费埃德伯格的〈权力与规则〉》,《社会学研究》2007年第4期。

和具体空间相联系的多样化、多层次的行为准则。社区居民的利益和需求日益多元化，社区问题和事务也日益复杂化，因此，每个社区应该根据不同的需求和问题，制定不同类型的居民公约，社区居民公约就是不同类别事务的公约的复合体。

总之，规则对于自治组织至关重要，只有在规则的约束下才有破解集体行动困境的可能。但是，规则是利益相关者协商制定的，外部权威不能干涉甚至替代居民制定规则。相反，政府等外界主体要懂得赋权于民，把规则的制定权和解释权交给居民，并通过专业的技术方法协助他们。在推进居民自治过程中，只有居民自主协商形成的公约才能起到约束和认同作用，也才能有效引导居民自治。居民自治公约构建的核心是赋权，关键是要掌握赋权流程。同时，公约是促进自治、法治、德治融合的有效媒介，推进居民自治中，要努力构建协商式公约，并使其内化于心，外化于行。

第五章　三阶赋权：心理赋权与自治动力强化

通过组织赋权和规则赋权，建立起自治组织和自治公约后，居民已初步具备了自主开展自治的条件。但是，调研发现，自治运行一段时间后，有些居民自我放弃了，自治也被迫中断了，其源于激励机制的缺乏。如何建立有效的激励机制，提高自治的动力，保障自治可持续性成为亟待突破的议题。这是本章要讨论的主题，也是居民自治的第三个阶段的赋权，即心理赋权。前面两种赋权主要是针对组织而言，本章主要从个人入手。个体层面讨论赋权就是心理赋权。[①] 这里心理赋权的含义是，通过激励，事先给居民一个心理预期，让他们在内心真正能够感受到自治带来的回报和价值的基础上产生一种积极心理体验，并持之以恒采取行动的过程。

自治的问题归根结底是人的问题，自治的延续归根结底是人行为的延续，心理赋权能够有效解释人的这一行为过程，其目的就是要构建自治的韧性。激励就是一种有效的心理赋权方式。无论是奥尔森的选择性激励，还是霍曼斯的经典命题都说明了激励的重要性。居民参与、居民自治、志愿服务同样需要有效的激励。传统激励理论有很多，但主要针对政府和企业管理，实质是建立了以职位晋升和薪酬涨幅为核心的奖励体系，其不能简单适用于非营利的第三部门，尤其是草根社会组织。草根社会组织的激励机制架构要注重"公益"和"收益"的二元平衡，表现为一种"微激励"。不过，激励机制是一种心理赋权的前提条件是，激励内容要符合个人意愿。自主性构建是心理赋权的核心。

---

① Perkins D. D., "Zimmerman M. A. Empowerment Theory, Research, and Application", *American Journal of Community Psychology*, 1995, 23, pp. 569-579.

一 参与回报：激励的正当性与自组织的适用性

如何维持行动的可持续性是集体行动中的难题。奥尔森的选择性激励和霍曼斯的经典命题给我们提供了启示。要想使行动者延续之前的行动必须采取有效的激励措施，让他们能够获得参与回报。可以说，激励是破解集体行动困境，增强行为动力的钥匙。但是，针对志愿性、公益性自组织的激励，学者们观点不一。

（一）选择性激励：破解集体行动困境的药方

社区居民自治实际上就是社区居民共同处理社区公共事务、解决社区公共问题的一个集体行动的过程。关于集体行动，斯密和奥尔森有着截然不同的看法。斯密从理性经济人假设出发，认为每个人都会追求利益的最大化，在追求个人利益最大化的同时，也无形增进了集体利益，尽管这不是出于他们的本意，甚至比真正出于本意还能更有效促进社会福利。[①] 奥尔森也是从理性经济人假设出发，认为理性的人，追求个人利益的人不会采取行动以实现他们共同的或集体的利益。[②] 这就是我们常讲的集体行动的困境，即个体理性导致集体非理性。

人们之所以不采取集体行动是因为，集体行动的成果是公共物品，公共物品不具有排他性，每个人都能享用。理性的人都想的是让别人去行动，承担成本，自己坐享其成，坐收渔翁之利。就像奥尔森说的那样，每个人对集体利益都感兴趣，但都不愿分摊集体利益所产生的成本。大家都想的是别人付出全部成本，自己最后或多或少都能够得到一些利益。正因为搭便车、机会主义和逃避责任的行为在集体行动中非常普遍，所以公共事务的治理、集体利益的获取、社会公共福利的生产才会显得如此困难。

怎样破解集体行动的困境？奥尔森给了两种药方，即强制和选择性激励。强制就是组织强制成员必须采取集体行动，否则就会处以"经济罚

[①] 汪和建：《迈向中国的新经济社会学：交易秩序的结构研究》，中央编译出版社1999年版，第31页。

[②] ［美］曼瑟尔·奥尔森：《集体行动的逻辑》，陈郁、郭宇峰、李崇新译，格致出版社、上海三联书店、上海人民出版社1995年版，第2页。

款"或"剥夺成员资格"。① 但对于居民自治组织而言，强制显然不可能。因为居民自组织是公益组织不是经济组织，组织无权罚款，即使利用公众力量剥夺成员资格，对成员个人而言，也没有损失。因此，选择性激励就成为唯一的选择。通俗地讲，选择性激励就是给参与集体行动的人奖励，不参与的人就没有。也就是说，如果你不参加集体行动就将不能得到或失去某种东西。② 这种东西不一定就是物质或经济利益，也有可能是社会荣誉、稀有机会、道德褒奖、友谊声望等。这就不同于之前的普遍性激励，即每个人都能享受集体成果，其实质就是一种有区别的对待。

选择性激励的作用机理在于，如果你参加了集体行动，不但能分享集体物品，还能获得集体物品以外的某种东西。即公共利益和私人利益兼收。这样就不再是吃"大锅饭"，人们就有采取集体行动的积极性了，集体行动的困境也就迎刃而解了，个人利益和公共利益，个体理性和集体理性之间的张力也就松弛了。可见，选择性激励的目的就是要促进集体参与，是破除集体行动困境的一剂药方。同理，居民自治也是一项集体行动，也需要有相应的激励措施鼓励居民参与，否则，他们很难为公共利益持续采取行动。

（二）霍曼斯命题：激励与行为的相关性表达

讨论集体行动的问题归根结底是讨论人的问题。集体行动的难点在于如何使人长期保持激情，参与集体行动，生产集体利益。美国社会学家霍曼斯的社会交换理论中的三个命题能够为我们讨论集体行动中，外在激励之于持续行动的作用提供帮助。霍曼斯从人心理的角度讨论了人的行为，他认为心理与行为存在很大的联系。一定程度上，内在心理决定外在行为。人们会重复受到奖赏的行为，对奖赏相联系的刺激会做出反应，奖赏的价值影响行为的持续性。

成功命题：对于人的行为来说，一个人的行为得到某种奖励他就会重复这一行为。越是受到奖励则越有可能采取这种行为。③ 这个命题说明了

---

① ［美］曼瑟尔·奥尔森：《集体行动的逻辑》，陈郁、郭宇峰、李崇新译，格致出版社、上海三联书店、上海人民出版社1995年版，第6页。
② 赵鼎新：《社会与政治运动讲义》，社会科学文献出版社2006年版，第169页。
③ 贾春增主编：《外国社会学史》（修订本），中国人民大学出版社2000年第2版，第295页。

两点：一是要使人行动必须给予奖励和报酬；二是奖励的频率越高，持续采取行动的可能性就越大。简单地讲，无论是什么行为，只有给予一定的外部激励，该行为才会持续发生。就社区居民自治而言，要想使居民持续参与社区公共事务，那么就必须有激励居民参与的机制。只有存在激励，参与的行为才可能会持续发生，否则就算一开始有所行动，中途也会夭折。

刺激命题：如果过去一种特殊刺激或一组刺激的出现使人获得了奖励或惩罚，那么，现在的刺激越是与过去相同，则人们越有可能采取相同或相似的行为。这个命题一方面说明了奖励的来源，即来源于某种刺激，其既可能是物质，也可能是精神的或心理的；另一方面说明了相同的刺激带来与过去相同的行为，换句话说，只有持续给予同一类刺激，相应的行为发生的可能性才大。对于社区居民自治而言，只有采取措施，给予居民一些外部刺激，如机会、名望、荣誉等，他们才会主动行动。至于刺激的相同性和行为的一致性的观点值得商榷。因为随着社会环境的变化，刺激的种类是可以更改的。要想使居民持续采取行动，现在刺激的东西可以和过去的不一样，只要这种刺激能够激发居民的参与性就可以了。

价值命题：如果一个人的行为后果越有价值，那么，他就越有可能去重复同样的行为。该命题实际上是一个价值判断，即行为结果的价值越大，行为的持续性就越高。获得奖励的积极价值越大，则越有可能使人维持某种稳定的行为。当然，奖励的价值的大小因人而异。物质奖励并不一定比精神激励价值大。就居民自治而言，每个人的需求和价值观不一样，因此奖励的东西也应当是多样的，多元的。每个人可以根据自治的需求，自我选择奖励，这样才能让他们认识到自己行为后果的价值，也才会持续开展自治。

（三）公益与收益：居民参与回报的二元之争

奥尔森认为，社会激励可以在潜在集团中导致集团导向行动，使个体理性逐渐向公共理性转变。霍曼斯的三个经典命题也说明了激励的效用。激励与行为之间有很大的关联，激励可以促进行为持续发生。激励无论是在集体行动中，还是在个人行动中，都有很强的正当性和必要性。大家对此观点也都表示赞同。但是，这两位经典作家主要讨论的是经济组织或政治组织中的行为，对于公益组织中的行为激励，学界有不同的观点。

一类观点认为,志愿行为是一种无偿的公益追求,① 应该是助人为乐,不能追求回报或收益。我国传统文化倡导的是"奉献精神",引导居民参与社区事务的关键在于培养公益精神,提高其公共意识,依靠内在的自省自觉,而不是用外在的手段去激励居民参与。另一类观点认为,市场经济要求的是"等价交换",居民可以合理索取参与收益。在利益优先的行动逻辑中,倘若无任何外部激励,志愿参与的人会少之又少,居民自治也就无从谈起。

笔者更加倾向第二种观点,但也不完全认同。社会制度持久运行需要一套包括由激励标准、激励手段和激励过程构成的激励机制,② 任何行为的延续都需要持久的激励。居民自治事务大多是社区公共事务,需要居民具备较强的公益精神,但没有外部激励,这种公益精神很难延续,常常出现"3月5日早上雷锋叔叔来了,下午就走了"的笑话。志愿者缺乏内在激励,行为的延续性也就随之降低是当前我国志愿服务发展中的典型缺陷,③ 也是居民自治中的典型问题。④ 给予外部激励是双赢的结果,即在帮助他人或集体的基础上彰显个人价值。

需要说明的是,对于志愿服务、公益事务的激励不同于政府部门或者经济组织的激励,不能把传统的激励理论和激励方式直接移植到这类事务中,它的激励方式有它的特殊性,下面笔者将专门讨论。同时,这种激励不一定是物质层面的东西,也可以是精神层面的,要因人因事而异。但确信的一点是,居民自治、志愿服务等公益性行为需要选择性激励,居民或志愿者需要参与回报。居民自治过程中尤其要注重激励居民的参与行为,这也是激发居民主体性的重要手段。

二 激励理论梳理与自组织激励的原则构建

传统激励理论包括内容激励和过程激励两部分,并大量用于管理学实

---

① 丁元竹、江汛清、谭建光主编:《中国志愿服务研究》,北京大学出版社 2007 年版,第 102 页。
② 郑杭生、郭星华:《社会运行激励机制初探——中国社会稳定和发展的一个重要问题》,《社会科学战线》1991 年第 4 期。
③ 张萍、朱凌云、杨中英:《公益、功利与激励——我国志愿行动研究与实践中的几个问题》,《学习与实践》2013 年第 5 期。
④ 许宝君、陈伟东:《居民自治内卷化的根源》,《城市问题》2017 年第 6 期。

践。政府和企业部门管理建构了以职位晋升和薪金涨幅为核心的激励机制，但这种激励机制不能简单适用于非营利的第三部门，尤其是草根社会组织。草根自组织有着特有的属性，应根据激励的普遍性和组织的特殊性构建自组织的激励原则。

（一）传统激励理论展现

传统激励理论可分为内容激励和过程激励两种。内容激励理论具有代表性的有马斯洛的需求层次理论、奥尔德弗的ERG理论、麦克利兰的成就需要理论、赫兹伯格的双因素理论。过程激励理论具有代表性的有弗洛姆的希望理论、洛克的目标设置理论和亚当斯的公平理论。马斯洛的需求层次理论是我们最常见的。人的需求有生理的（吃穿住用行）、安全的（人身安全）、归属的（共同体和认同感）、尊重的（得到别人尊重）和自我实现的（体现人生价值）五个层次的需要。这五个层次是从低到高排列的，每个人的需要层次不一样。某个人较低层次的需求满足了会自动追求更高层次的需求。

奥尔德弗提出ERG理论，认为人有生存、相互关系和成长发展三大核心需要。[①] 生存的需求即吃穿住用行，维持最基本的生活的东西。相互关系的需要是指发展人际关系，建立自己的关系圈子。成长发展的需要指个人的能力和价值得到体现，个人的潜力得以发挥。这看起来和马斯洛的需求层次差不多，但其最大贡献在于提出了需要满足、需要受挫和需要加强三个概念，回答了高层次需求受挫时如何激励的问题。

麦克利兰认为人有三种基本需求，即成就、权力和情谊。[②] 成就就是实现个人目标的自豪感；权力就是影响他人的能力；情谊就是建立亲密关系的欲望。成就又分高低，具有高成就需要的人往往事业心很强，自我要求高，敢于创新和冒险，把个人成就看得比金钱重要。双因素理论又称作"激励—保健"理论。赫兹伯格调查发现使员工满意的因素都与自身有关，如工作的吸引力、自我成就感、认可和尊重等。他把这些称为"激励因素"。不满意的因素都与组织有关。如工作环境、同事关系、领导班子、组织政策、组织管理等。他把这些称其为"保障因素"。简而言之，

---

① 宋志鹏、张兆同：《ERG理论研究》，《现代商业》2009年第3期。
② 张经远：《管理激励理论述评及应用》，《科学与管理》2006年第4期。

内部因素与满意有关，外部因素与不满意有关。① 激励的时候要注重内部因素的挖掘。

弗洛姆认为，人总是要为自己设置一定的目标，这个目标没实现之前表现为希望。希望是一种积极的动机状态，是人们追求成功的路径和动力。② 目标是希望未实现前的状态，希望反过来又是实现目标动机的激发力量。这个激发力量的程度等于目标的价值与希望频率的乘积，即激励＝效价×期望率。当设置的目标契合个人的需求，自己认为对于自己的价值比较大，又有实现目标的强烈动力，这时候激励程度就比较大。

洛克认为目标是激发人行动的重要手段，它具有指导和动力的功能，影响坚持性和行动的可能性。③ 目标和成绩、满意度之间都有明显的相关性。目标的大小直接决定了成绩的大小；达成了目标，满意度就高，反之亦然。所以目标设置非常重要，应根据目标的具体性、挑战性和认同性三大标准，并结合个人实际合理设置。这个也是目标管理的理论基础。亚当斯主要是从公平的角度讨论了激发的环境。他认为一个人会把努力投入工作所得的报酬与其他人投入工作所得的报酬作对比。个人的贡献要与获得的报酬成正比。报酬的合理性和公平性影响工作的积极性。④ 因此激励的来源不仅源于报酬的绝对数量，还源于横向比较后的个体体验。

（二）跨领域的水土不服

传统激励理论主要说明了激励的内容，即人的各种需要以及阐明了个人从动机产生到采取行动、实现目标的过程。这给各部门和组织建立激励机制，优化管理方式提供了很好的借鉴。但是，这些经典作家的研究对象都主要是一些营利性的经济组织或者政府管理部门，而很少涉及非营利、志愿性的第三部门，如草根性的社会组织。第一部门、第二部门和第三部门的属性有很大的差别，传统激励理论在第三部门往往会失灵。

第一部门的激励来源于职位晋升。政府部门激励雇员最好的方式就是给予他职位晋升的希望。几乎每个政府雇员都有升职的欲望，这也是他们

---

① 缪国书、许慧慧：《公务员职业倦怠现象探析——基于双因素理论的视角》，《中国行政管理》2012年第5期。

② 刘孟超、黄希庭：《希望：心理学的研究述评》，《心理科学进展》2013年第3期。

③ 杨秀君：《目标设置理论研究综述》，《心理科学》2004年第1期。

④ 叶芳明：《亚当斯公平理论的扩充性理解》，《社会科学》2001年第7期。

实现自我的需要。政府管理者只需要对症下药，制定职位的晋升序列并配备合理的考核方式即可。而这种晋升激励机制在第三部门就会失灵。第三部门，尤其是草根社会组织本身就是扁平化的职位结构，晋升层级不多，同时草根社团里面的职位并不像政府部门的职位有吸引力，能给人带来权力和资源。这里面的职位大多只是一种分工的产物，没有实质性的权力。

第二部门的激励来源于经济收益。企业中激励雇员的最好方式就是给予他涨薪的希望。在企业里上班，大多数都想获得更多的经济报酬，因而企业管理者只需要制定合理的薪酬涨幅标准并配备合理的考核方式即可。而这种涨薪激励机制在第三部门也会失灵。专业的社会组织或者公益基金会，里面的成员能够得到一份薪酬，但也不高，薪酬涨幅也不大。一些草根社团里面的成员大多是志愿者，根本就没有薪酬，社团也没有自己的财务，显而易见，薪酬激励会失效。

第三部门激励还有个难点在于，成员绩效很难认定。政府雇员的绩效可以通过量化的考核办法予以确定，如招商引资的规模和数量、GDP的涨幅和规模、安全事务的发生率等。在西方更容易确定，通过政治投票即可。企业雇员的绩效就更容易确定了，可以用利润直接衡量。能给企业带来丰厚的利润，绩效就高。这些完全都可以用数字来衡量。而第三部门都从事的是公益事业，很难量化，非市场产出很难有评价标准，并且对象的改变是一个长期的过程，很难短时间看到绩效。如心理咨询，很难在短时间看到人心态的改变。

因此，公益部门的激励内容和激励方式不同于政府和企业部门，传统激励理论主要也是针对企业管理，对于公益部门、志愿团体的解释力度有限。就像塞拉蒙指出的那样，第三部门的工作动力和最基本力量取决于自己动手解决问题，自己组织起来改善情况或争取权益，亦即"担负起我们自己生活的责任"[1]。

（三）第三部门激励机制

学界关于第三部门的激励，也有一些讨论，这些观点大致可以分为两类。一类是关于组织本身内部的激励。郭于华等首先讨论了中国第三部门

---

[1] 李亚平、于海选编：《第三领域的兴起——西方志愿工作及志愿组织理论文选》，复旦大学出版社1998年版，第25页。

激励的问题。他们用三个变量,即结构性激励、组织激励和反身性激励建构起了第三部门激励分析框架。① 赵小平等用此分析框架讨论了公益参与与公共精神塑造的关系。他们认为结构性激励、组织激励和反身性激励是人们在参与公益事务中激发并塑造公共精神的内在机制,② 公共精神的培育是这三个激励因素综合起作用的结果。陈秀峰等人也用此框架分析了我国公益基金会的激励问题。③ 张萍等人讨论了我国志愿服务激励的问题,认为志愿者激励缺乏是我国志愿服务发展的短板,志愿者激励机制应该是行政激励和社会激励的结合。④

另一类是关于组织参与公共事务的激励。陈岳堂等人讨论了非营利组织参与社区公共产品供给的激励问题。他们认为,非营利组织的激励存在激励理念落后、制度不健全、方式不灵活、外部竞争激励缺乏等问题;同时提出了设置合理的目标激励、建立合理的绩效考核机制、正确实施强化激励等具体建议。⑤ 吴春梅等人用委托代理理论分析了民间组织参与公共服务的问题,并指出要加强构建包括问责激励、声誉激励和长期契约激励在内的多元激励策略。⑥ 廖卫东等人论证了经济激励对于行业协会的作用,认为在利用行业协会治理食品安全过程中要加大经济激励力度。⑦

这些研究从不同侧面讨论了第三部门激励的问题,也与一、二部门的激励作了区分。但是,这些激励措施太过宏观,都是从大方向做说明,很难操作。同时他们讨论的第三部门和本书讨论的草根社团组织还是有很大区别。以上讨论的对象都是一些专业的、正式的组织,如郭于华讨论的中

---

① 郭于华、杨宜音、应星:《事业共同体:第三部门激励机制个案探索》,浙江人民出版社1999年版,第16—98页。

② 赵小平、卢玮静:《公益参与与公共精神塑造的关系研究——以第三部门激励理论为视角》,《清华大学学报》(哲学社会科学版)2014年第5期。

③ 陈秀峰、黄小荣:《中国公益基金会的激励机制及其创新策略》,《行政论坛》2009年第2期。

④ 张萍、朱凌云、杨中英:《公益、功利与激励——我国志愿行动研究与实践中的几个问题》,《学习与实践》2013年第5期。

⑤ 陈岳堂、熊亮:《非营利组织参与社区公共品供给激励机制研究》,《中国行政管理》2015年第8期。

⑥ 张超、吴春梅:《民间组织参与农村公共服务的激励——委托代理视角》,《经济与管理研究》2011年第7期。

⑦ 廖卫东、肖钦:《自治、激励与传递:行业协会治理食品安全的改革路径》,《中国第三部门研究》2017年第1期。

国青年基金会，廖卫东讨论的食品协会。这些组织都有完善的内部结构，有些准社会企业的性质。而社区社团纯粹是一种非营利的志愿组织，一些第三部门的激励措施无法行得通，如食品协会的经济激励在草根社团基本就不存在，也不能用金钱去激励，如果这样，公益的性质也就丧失了。因此，讨论民间社团的激励不能简单地套用第三部门的激励分析框架，要构建符合社团组织特性的激励原则。

（四）新的激励原则构建

草根社团组织的激励不同于政府部门可以用晋升引导；不同于企业部门可以用酬金引导；也不同于第三部门的激励特性。居民自组织需要建构一套微观的符合自身属性的激励机制。为了解决这个问题，我们首先回到关于公益组织激励的二元之争。居民志愿类组织最初是靠公益心组织起来的，但不能全靠热情、公益心长期维持，需要外部激励。就像郭于华讲的那样，没有一类组织是可以仅仅靠爱心、激情和崇高感就能维持下去的。[①] 第二类观点强调用市场经济的"等价交换"来获取收益也是很片面的。首先志愿类组织的非市场产出很难用市场标准衡量；其次志愿类组织是公益组织，不是市场营利组织，片面强调等价交换磨灭了公益组织的属性，这肯定是不可行的。

综合两类观点，笔者认为，志愿组织建立激励机制是必要的，但这种激励要寻求"公益"和"收益"之间的平衡，既要突出志愿精神，又要顾及参与回报。这类激励不是建立在"经济人假设"基础上追求经济利益最大化的行为，而是建立在"公益精神"基础上追求善治的行为，更多表现为一种"微激励"。我们可以构建以下函数来讨论居民自组织的激励原则（图5-1）。

曲线1指市场经济的等价交换原则，一份付出就要一份等量的收益（$a>1$）。这不适合公益服务和志愿服务。曲线2是完全的市场组织的运作逻辑（$b=1$）。每个人或组织都想以最小的成本换取最大的收益，追求利益的最大化。这种收益往往是以货币的形式直接表现出来的。曲线3是本书要讨论的社区自组织的激励曲线（$C<1$）。一开始自组织行动的时候可

[①] 郭于华、杨宜音、应星：《事业共同体：第三部门激励机制个案探索》，浙江人民出版社1999年版，第3页。

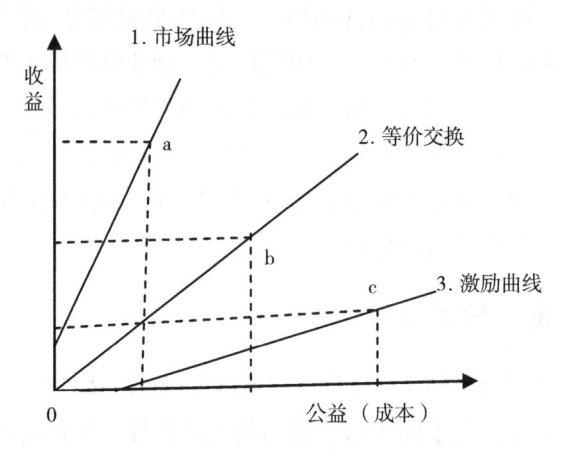

图 5-1　居民自组织激励原则构建

注：a、b、c 表示收益与公益的比值

能没有任何收益，但无法持续。运行一段时间后，要给予组织成员参与回报，他们才有继续前行的动力。但这个参与回报中，公益的成分要永远大于收益的成分，且不能用货币的形式直接表示。这个收益可以是物质性的东西如爱心商品，但更多地表现为精神层面的东西，如荣誉、认可、机会、成就感、归属感、友谊、关系、尊重等。

这里有两点需要说明。一是强调"公益"和"收益"的平衡，不是指公益的付出要与收益相等，而是不能单纯地强调奉献和付出，也要注重回报和收益。二是强调付出成分要大于收益成分是针对易于衡量的东西。如做心理咨询市场价是 100 元一小时，但可以 50 元甚至更低的公益价格为特殊群体服务。但像成就感和荣誉感这些东西无法检测，只能依靠个人内心体验，很难判断其收益和价值的大小，这要因人而异，就像马斯洛需求理论强调的那样，要根据需求层级确定激励内容。总之，居民自治过程中需要激励，这种激励可以是以服务换服务，以服务换物品，以爱心换爱心，最后实现双向回报，助人自助的目的。

三　公益银行：社区参与的激励方式探索

实践中，关于居民参与激励机制有了一些探索，公益银行就是典型代表。公益银行就是通过积分的形式把居民的参与行为存储起来，然后用积分去兑换物品和服务的一种激励形式。积分兑换是公益银行的核心，有一套标准化的操作流程和使用规则。居民自主协商积分及兑换的内容和标准，这极大增强了居民参与的动力，促进了社区邻里交往，同时优化了辖区资源配置，具有较强的可行性和操作性。

（一）积分兑换机制

积分兑换就是居民参与社区公共事务获取一定的积分后，再去兑换自己所需要的物品或服务的一种激励机制。积分兑换机制制定过程中，主要解决四个问题：哪些行为是公益行为？每种公益行为可以积多少分？愿意兑换哪些服务或者物品？多少积分可以兑换相应的服务或物品？社区引导居民依次讨论上述四个问题，制定完整的积分兑换清单。HPLB社区通过梳理流程、整合链接资源、制定积分标准、积分清单、积分兑换清单，有效激励了社区志愿服务，营造了"人人公益、公益人人"的氛围。社区首先通过问卷调查、入户调查等方式，厘清社区居民、社区组织的需求，然后制定出需求清单。确定需求后，社区居委会开始引导大家制定社区志愿服务积分清单和兑换清单。LX区HPLB社区把居民分为普通居民和社区党员两类，大家协商制定了积分清单、积分标准和积分兑换清单。整个清单制定过程中，居民委员会全程只是引导居民运用公益积分兑换技术制定清单，而不代替居民作主，充分尊重居民的意愿。每一项都是居民协商决定，最后取最大公约数。

居民所有积分每半年兑换一次，达不到兑换标准的不清零，可累积到年底一起兑换；达到兑换标准的，可根据积分情况，去社区或者兑换点兑换需要的物品或服务；达到兑换标准的居民或党员，持公益银行存折，经社区公益银行工作人员认证后方可兑换，不经认证不予兑换。同时，社区运用专业社会工作方法和技术不断开发利用辖区内的社会资源，与辖区企事业单位建立了良好的合作关系。这一方面减少了对政府资源的依赖，整合了社区社会资源；另一方面也有效推进了公益银行的建设，积分兑换制度得以落实。

（二）公益银行产生

公益银行就是居民把参与志愿服务所获得的积分储存起来，并定时开展积分兑换的一种形式。LX区根据部分社区的实践，在区级层面上成立了公益银行，拓展积分使用范围，全面激励居民自治。LX区公益银行以营造人人参与的社区志愿公益氛围为目标，设置总行、分行和储蓄所三级管理体制，搭建志愿者供需信息发布平台。LX 区公益银行在创益园设立总行，负责整体统筹工作；在街道办事处设立分行，负责总行和社区储蓄所之间的统筹协调工作并支持社区储蓄所开展公益银行工作；在社区开设储蓄所，负责志愿者登记注册、服务记录、积分兑换等工作。

只要有时间、有意愿都可成为公益银行志愿者；志愿者可获得积分的活动包括社区或社团组织的公益活动或服务，如社区讲座，楼道卫生清理；为老年人理发；教孩子书法等；在活动结束一天内去所在的储蓄所找相关负责人核实盖章或签字，盖章或签字后即可获得积分；公益活动或行为的积分标准由储蓄所引导志愿者按照《积分管理兑换技术》商定。积分兑换标准由储蓄所引导志愿者按照《积分管理兑换技术》商定；储蓄所每半年进行一次积分兑换。

凡是热心社区公益事业的居民都可以到"银行开户"，"公益银行"给每位志愿者一份积分存折。存折上记录了居民提供服务的内容、时长、地点、签名、注册章等具体信息。调查发现，积分兑换激励机制实施以来，积极参与社区事务的居民逐渐增多了。不少居民表示，虽然自己经济上不富裕，但在"公益银行"里存的道德资产却多了。通过激励，参与社区治理的居民越来越多，爱心链越拉越长，社区更和谐，管理也就变得简单多了。

（三）典型地方实践

为充分激发居民参与社区志愿服务的内在动力，JM 市积极建立健全以积分兑换为重点的志愿服务激励机制。其关键环节主要分为三块：一是开展摸底调查，制定服务清单；二是利用互联网技术，搭建供需平台；三是建立服务互换机制，实现爱心良性循环。

1. 自下而上探索

JM 市积分管理工作是从社区开始探索的，摸着石头过河。LH 社区是先行者，制定了较为成熟的积分制管理方案，并广泛运用到志愿服务和居民自治中。社区针对居民、家庭和单位（商户、社团）三大群体分社会治安、公益美德、社区建设、奖励惩罚四大类别建立了积分账户，并综合配套物质奖励和精神奖励（表 5-1）。社区引导居民建立一套完整的志愿服务、居民自治的积分标准和目录。个人、家庭和单位有区别地进行积分。这种做法取得了良好的成效，最后在区级、市级层面大力推广。

表 5-1　　　　　　　　　LH 社区积分内容及标准

序号	积分内容及标准
\multicolumn{2}{c}{社会治安类}	
1	制止正在危害公共安全或者扰乱公共秩序的违法犯罪行为，积 30 分。
2	为保护国家、集体财产或者他人人身、财产安全实施抢救、救灾、救人，积 30 分。
3	积极协助追捕嫌疑人或者提供重要线索，侦破重大刑事案件，积 30 分。
4	制止正在侵害他人人身安全或财产安全的违法犯罪行为，积 30 分。
5	参与矛盾纠纷化解，成功调解矛盾纠纷，积 10 分。
6	参与社会治安义务巡逻一次，积 4 分。
7	宣传平安建设、治安防范知识，积 2 分。
8	上报安全隐患、突发重大事件、矛盾纠纷、不稳定因素信息，积 2 分。
9	提供非法集资、传销窝点、各类诈骗信息，积 2 分。
10	制止、举报燃放烟花爆竹行为，各积 2、1 分。
11	制止、举报吸毒、赌博等违法犯罪行为，各积 2、1 分。
12	制止、举报制造传播谣言信息行为，各积 2、1 分。
13	制止未成年人在网吧上网行为，积 3 分。
14	制止并举报坑蒙拐骗行为，积 3 分。
\multicolumn{2}{c}{公益美德类}	
1	参与公益植树活动、认建认养公共绿地，各积 3 分。
2	参与关爱流浪动物保护活动，积 1 分。
3	参与贫困家庭孩子捐赠学习用具活动，积 5 分。
4	参与扶贫救灾捐款捐物活动，积 8 分。
5	关爱留守儿童、妇女、空巢老人行为，积 2 分。
6	无偿献血每百毫升积 20 分，捐赠干细胞积 50 分。
7	每年选择适当旅游项目陪同父母外出观光，积 3 分。
8	每年带父母做身体检查，积 3 分。

续表

序号	积分内容及标准
9	节日期间陪父母团聚，并帮助做家务等，积2分。
10	制止或劝阻家暴现象，积3分。
11	劝阻公共场所吸烟、随地吐痰等行为，积2分。
12	主动给老弱病残、孕妇、小孩让座，各积1分。
13	拾到财物主动上交或归还失主，各积2分。
14	参与其他公益、美德类行为，积1分。
社区建设类	
1	参与社区组建的义务家政活动，每小时积5分。
2	参与环保换书废物利用活动，积2分。
3	参与教育助学、辅导留守学生学习，每小时积8分。
4	主动参与社区清除"牛皮癣"小广告、清扫本栋楼卫生、清洗公共垃圾桶等，各积4分。
5	举报违章建筑、破坏环境等行为，各积2分。
6	参加社区举办的各类会议及宣传活动，各积2分。
7	参加"父母课堂"、道德讲堂、亲子教育、市民教育、幸福家庭宣讲、健康教育等学习培训，各积2分。
8	宣传党的政策，帮助发放宣传资料等，各积3分。
9	为社区治理建言献策，积1分。被采用，积3分。
10	在网上宣传本社区好人好事，积1分。
11	在网上传播正能量信息，每条积1分。
12	创新创业成功，并获得县市区级以上相关部门认可的，积10分。
13	参与平安城市、生态城市、卫生城市、文明城市等创建活动，各积2分。
14	参与其他社区建设活动，积1分。
奖励惩罚类	
1	荣获国家、省、市、区、街道、社区不同类型荣誉，各积30、20、15、10、8、5分。
2	先进事迹被国家、省、市、区、街道、社区媒体报道或者通报表彰，各积15、10、8、5、3、1分。

续表

序号	积分内容及标准
3	积分事项确认为虚假的，实行三倍的扣分。
家庭参与社会治理积分分值标准	
1	家庭配备安防设备未发生盗窃案件，当年积15分。
2	家庭种植花草，美化环境，当年积10分。
3	邻里团结、家庭和睦，当年各积15分。
4	践行除草堆肥等环保生活方式，当年积5分。
5	家庭内外环境整洁、干净卫生，当月积5分。
6	家庭藏书达50本，当年积5分。
7	推荐就业成功一人次，积8分。
8	餐厅悬挂家训、家风书法、"荣誉墙"和美术作品，当年积6分。
9	家庭成员无长期失业人员（连续失业一年以上），当年积10分。
10	获得各级特色家庭等荣誉的，当年积10分。
11	参与社会治理的其他行为，每次积2分。
单位（商户、社团）参与社会治理积分分值标准	
1	有五人及以上参与社区各项活动，每次积5分。
2	有五人及以上参与社区义务劳动，每次积5分。
3	保持本单位所属范围干净整洁，每月积10分。
4	及时清除本单位所属范围"牛皮癣"，每次积2分。
5	不出店占道经营，每月积10分。
6	以单位名义对辖区困难家庭提供帮助，每次积10分。
7	以单位名义资助社区开展活动，每次积10分。
8	配合社区登记相关信息，每次积2分。
9	利用电子显示屏宣传各类创建活动，每月积5分。
10	社团组织为辖区居民提供义演等服务，每次积5分。
11	参与社会治理其他行为，积2分。
12	适用家庭、居民积分分值标准的，可按其标准积分。

积分兑换的一般流程是：居民自愿申报、网格员采集初审、社区干部审核、公示栏公示、录入积分系统、填写积分通知单或"行为银行"。积分申请可通过口头、电话、微信等多种方式申报，也可由网格员代为申报。但是网格员要通过多种方式核实情况，辨别真伪。最后社区举办积分分享会、积分抽奖、积分兑换等各类活动，为积分户现场兑换积分。兑换的东西包括四方面。一是兑换服务。主要是辖区单位（商户、社团）服务资源。二是物质奖励。以居民日常生活用品为主，每人每次不超过100元。三是精神鼓励。包括各级各类评星、评先表彰等。四是政策激励。包括办理特惠公交IC卡、绿色通道就医卡、优先使用社区公共活动场所等在内的多种优惠政策。

2. 自上而下推广

JM市市委和市政府、DB区委区政府深入调研后，广泛认同了这种做法，并以市委和市政府的名义颁发了专门的文件予以推广。[①] 同时，召集相关人员完善和细化积分目录，建立文明积分体系[②]和"文明行为积分卡"。[③] 尤其是，每年按照常住人口人均1.5元标准给予经费保障和号召政府部门向社会开放公共资源两项措施极大地推进了积分管理工作。全市推广后，居民广泛参与到志愿服务中。我们从2017年全市积分录入情况就可以详细看到居民的参与情况（表5-2、表5-3）。例如，LH社区所在的QK街道，12个社区把积分制引入社会治理，共有27142个家庭、3024家企事业单位以及71155个体户参与积分，分别占辖区家庭、企事业单位和个体户总数的42.14%、43.12%、46.12%，提升了社区自治能力和服务水平。

---

① 市委办、市政府办出台了《关于印发〈JM市社区（村）社会治理积分制管理工作实施方案〉的通知》。社会管理综合治理委员会办公室出台《JM市社区（村）社会治理积分管理分值指导标准》。DB区委、区人民政府《关于进一步深化积分制管理创新基层社会治理的实施意见》。

② 建立居民认可的文明行为积分体系，传递以"文明礼貌、爱护公物、保护环境、遵纪守法"为主要内容的社会公德积分；以"爱岗敬业、诚实守信、办事公道、服务群众、奉献社会"为主要内容的职业道德积分；以"尊老爱幼、男女平等、夫妻和睦、勤俭持家、邻里团结"为主要内容的家庭美德积分；以"友善互助、正直宽容、明礼守信、热情诚恳、自强自立"为主要内容的个人品德积分。在逆向指标方面，将评选活动产生的"我最讨厌的公共交通十大不文明行为"和"我最讨厌的公共场所十大不文明行为"列为扣分项目。

③ 设立"文明行为积分卡"，建立个人文明行为记录档案。居民使用"文明积分卡"在"文明行动积分银行"信息平台刷卡，即可查询所记录的文明行为信息。当文明行为积分达到一定分值时，居民可根据自己的需要兑换相应的实物和服务，并在一定时期内在入党、就业、评比和办事等方面享受优先权，将每月文明行为积分得分最高的居民评选为"文明之星"。

表 5-2　JM 市街道、工业园积分信息录入统计表（2017 年）[①]

乡镇街道	积分信息录入情况														
	居(村)民			家庭			单位(商户、社团)			党员			社区(村)工作人员		
	录入条数	录入分数	参与人数	录入条数	录入分数	参与户数	录入条数	录入分数	参与个数	录入条数	录入分数	参与人数	录入条数	录入分数	参与人数
LX	14677	129281	8406	1349	141633	1084	159	1635	55	3677	37557	509	1048	13279	89
MH	5260	44953	3099	2029	58119	1036	30	295	12	1177	11470	226	251	2682	33
XJ	20814	196032	12432	3623	214638	2870	77	997	42	3128	29269	554	1060	10997	117
SQX	14558	128625	8673	2543	148478	2078	44	650	22	3634	32206	685	766	6804	170
ZLP	16665	152142	9486	12192	406181	6096	475	6885	326	4998	49446	898	1706	18561	286
PL	2737	25146	1733	875	31997	662	2	20	1	1014	9803	282	322	2918	72
GYY	407	3490	209	451	7079	240	0	0	0	191	1490	80	68	590	22
LQ	85243	698705	53653	30133	1051591	21737	10317	129449	3075	8377	96364	3689	2807	36967	630
QK	118760	2161511	71155	37519	3072196	27142	8728	140701	3024	11079	169352	4133	2879	37252	334
总计	279121	3539885	168846	90714	5131912	62945	19832	280632	6557	37275	436957	11056	10907	130050	1753

① 统计数据来源于积分信息平台，统计时间截至 11 月 21 日。

表 5-3　JM 市街道、工业园积分制工作参与率统计表（2017 年）[①]

乡镇街道	居（村）民			家庭			积分制工作参与情况 单位（商户、社团）			党员			社区（村）工作人员		
	参与数	总人数	参与率	参与数	总户数	参与率	参与数	总个数	参与率	参与数	总人数	参与率	参与数	总人数	参与率
LX	8406	18216	46.15%	1084	5888	18.41%	55	127	43.31%	509	579	87.91%	89	122	72.95%
MH	3099	8472	36.58%	1036	2735	37.88%	12	82	14.63%	226	278	81.29%	33	47	70.21%
XJ	12432	23689	52.48%	2870	7211	39.80%	42	256	16.41%	554	554	100.00%	117	117	100.00%
SQY	8673	26048	33.30%	2078	7350	28.27%	22	35	62.86%	685	750	91.33%	170	199	85.43%
ZL	9486	39227	24.18%	6096	11504	52.99%	326	399	81.70%	898	898	100.00%	286	290	98.62%
PL	1733	11028	15.71%	662	3275	20.21%	1	147	0.68%	282	301	93.69%	72	101	71.29%
GYY	209	4629	4.52%	240	1350	17.78%	0	72	0.00%	80	135	59.26%	22	23	95.65%
LQ	53653	109883	48.83%	21737	45697	47.57%	3075	3942	78.01%	3689	3689	100.00%	630	630	100.00%
QK	71155	101110	70.37%	27142	39049	69.51%	3024	3174	95.27%	4133	4133	100.00%	334	334	100.00%
总计	168846	342302	49.33%	62945	124059	50.74%	6557	8234	79.63%	11056	11137	99.27%	1753	1863	94.10%

① 统计数据来源于积分信息平台，统计时间截至 11 月 21 日。

JM市综合实行积分增量奖励和积分总量奖励,积分在全区范围内可转移和接续,奖励之后不清零。社区充分利用网站、微信、宣传栏、宣传制品广泛宣传;组织人员进小区、进楼栋、进家庭面对面宣传积分制管理的意义、目的和做法,营造了浓厚的积分氛围。通过探索运用积分制兑换机制,有效调动了社区居民参与社区治理的积极性、主动性和创造性。2017年全市表彰积分优胜居民120人,积分先进党员40人,积分先进单位(商户、社团)50个,共计210人(个)。同时,积分制管理与社区的日常工作相结合、相促进,逐步实现居民从社区建设的观望者到社区积分的参与者,从积分的参与者到社区活动的策划者、组织者和合作者转变。总之,通过积分制管理,对居民进行正向激励和逆向约束,激发了辖区居民的正能量,管出了社会新风尚。

四 积分激励机制的效用及可行性分析

公益银行的核心是积分兑换。居民自主协商制定积分事项及标准,兑换事项及标准,主动参与社区事务,获取积分,开展兑换。这种激励方式能够增强居民参与动力,优化辖区资源配置,促进社区邻里交往,生产社会资本,促进居民自治。同时其符合了志愿服务、公益服务激励的一般原则,具有较强的可行性。

(一)增强居民参与动力

没有参与就没有自治。居民自治停滞不前的核心表征就在于居民参与的缺失。学界很多文献都讨论了居民参与的问题,大多把其归结于居民参与意识弱。如张俊芳指出,居民观念滞后,民主意识薄弱,远未形成居民自治的"场"。① 张平等人借用计划行为理论,并采取个案访谈的方法分析了居民自治行为的影响因素。结果显示,由于某些个体因素的存在,居民参与社区自治的意识薄弱,严重影响了社区自治进程。②

这种看法也无可厚非,居民对集体事务漠不关心,不愿参与社区公共事

---

① 张俊芳:《中国城市社区居民自治刍议》,《天津师范大学学报》(社会科学版)2001年第5期。

② 张平、李静:《中国城市居民社区自治行为影响因素的访谈研究——计划行为理论的应用》,《社会主义研究》2010年第4期。

务也是不争的事实。但从另一个角度看，与其说居民缺乏参与意识和动力，还不如说是缺乏激发居民参与意识和动力的手段。积分兑换就是一种激发居民参与动力的手段。实践证明，运用积分兑换能够促进居民参与和居民自治。HPLB 社区原来经常参与社区事务的居民只有固定的那么十几个，使用积分激励后，现在已经有 200 多个志愿者，而且还有继续扩大的趋势。BHL 社区推行积分兑换机制的前因后果更好地透视了这种方式的作用。

BHL 社区在 2016 年创建全国卫生城市这一攻坚时期，安排了 100 余名志愿者参加创卫工作。最终考核组没有查出任何问题，以最高分通过验收。当时，政府承诺支付一定的志愿者服务酬劳费，但因种种原因迟迟不能兑现承诺，很多志愿者心里有情绪，不再像以前那样，热衷志愿服务工作。本不愿意来参加公益活动的居民彻底反感，参与意愿不强的居民开始有情绪，有意愿参与公益活动的居民寒了心。如何运用自治的手段整合社会资源解决社会问题，特别是动员居民参与到社区公共事务中来成为亟待解决的问题。

最开始很简单，考虑到人数不多，社区把公益宣传和治安巡逻两个项目纳入积分兑换范畴。只要是有意愿的居民均可登记造册，社区有公益宣传活动时，打电话通知居民参加，参加 1 次积 1 分；社区安排值班表，安排志愿者按时参与治安巡逻，参加 1 次积 1 分。年底根据积分情况兑换奖品。实行了一段时间后，这种方式很有效果，再次激发了居民参与的热情，居民似乎又找回了创卫期间的活力。后来，社区又扩大了积分的范围，丰富了兑换的服务，居民自治的活力进一步提升。

可见，BHL 社区居民从奖励承诺失效后的动力锐减，到积分兑换后的热情高涨的这个过程充分说明了激励机制的作用。居民并不是天生就是没有参与的意愿、热情和动力。亚里士多德说过，"人天生就是政治动物。"[①] 这不但说明了人对政治的关心，人的政治属性，也表明了人本身是有参与欲望。其实，每个人都是有自治意识和自治能力的，但是，个人这种自治意识和能力不是随时都能彰显的，关键在于采取什么样的措施去激发这种意识和能力。

积分兑换就是一种很好的激发手段，公益积分兑换机制有效地破解了"激励困境"。根据居民的需求和意愿，协商制定积分、兑换的标准和目录，即哪些公益或参与行为可以积分，每类行为积多少分，可以兑换哪些

---

① 颜一编：《亚里士多德选集》（政治学卷），中国人民大学出版社 1999 年版，第 4 页。

物品或服务，每种物品或服务值多少积分，最终形成一个循环的交换网络，这激发了居民参与公共事务的积极性和能动性。因此，推进居民自治的关键在于建立合理的机制，去激发居民参与的动力，而不要囿于居民本身公共意识低的迷雾而畏首畏尾或不愿作为。

（二）优化辖区资源配置

要激发居民，不但要能积分，还要能兑换。要兑换就要有资源，可这些资源从哪里来呢？或许政府能够解决一部分，可也不能完全依赖政府。实际上，社区是一个"聚宝盆"，蕴藏着大量社会资源。① 如何有效开发和利用社会资源，使社会资源变为可用的社区资源，是在新型资源配置格局下社区建设所面临的突出问题。②

社区不是没有资源，而是闲置了大量资源，资源没有得到有效配置。居民自治既需要行政资源，也需要社会资源，尤其要注重社区社会资源的开发和利用。而积分兑换是开发社区社会资源，打通社区资源和外部资源之间的联络通道，促进资源有效配置、循环共享的有效手段。一方面，积分兑换使社区资源得以开发和利用。为了居民能够兑换到东西，社区或社团利用多种手段链接了大量社会资源。如上面提到的 HPLB 社区，在推行积分兑换的时候，社区链接了师资、家政、餐饮、医疗等多种资源（表5-4）。

表 5-4　　　　　　　　　HPLB 社区链接的资源清单

单位	可提供资源	单位	可提供资源
市七中	师资、活动场地	市心理健康协会	专业心理咨询服务
仁德家政	家政，餐饮，活动场地	无忧管家	服务优惠券
社区医院	医疗，查体，中医保养	圣旺超市	物资，优惠券
历下医院	医疗，查体	统一银座超市	物资，优惠券
中心医院	医疗，查体	社区理发店	理发，优惠券
东营银行市分行	物品及奖品	中国旅行社	折扣券
中信银行	物品及奖品	新世纪影城	电影票，优惠券

---

① 许宝君、陈伟东：《社区治理理念创新及其技术实践》，《中州学刊》2017年第7期。
② 黄家亮、郑杭生：《社会资源配置模式变迁与社区服务发展新趋势——基于北京市社区服务实践探索的分析》，《社会主义研究》2012年第3期。

另一方面，积分兑换使社区资源得到优化配置和共享。原来辖区单位和居民各自为政，互不沟通，各方都有资源的需求，但无法共享。积分兑换将社区内的资源都循环利用了起来。大家把自己优势资源贡献出来的时候，也得到了别人的优势资源，弥补了自己的资源缺口，促进了资源优化配置和多方共赢共享。例如，居民 A 是厨师，居民 B 是理发师，居民 C 是美容师。居民 A 用积分兑换了居民 B 的理发服务；居民 B 用积分兑换了居民 C 的化妆服务；居民 C 用积分兑换了居民 A 的餐饮服务。这样大家各取所需，资源也被循环利用了起来。

可见，积分获取与兑换过程本质是重新配置社区治理资源的过程。[①] 这种兑换不仅仅是理论上的存在，实际生活中也经常出现。JC 社区居委会在推行积分兑换的时候，与 SQ 社工机构达成了资源互惠和共享的方案（表 5-5），其清晰地反映了资源共享的种类和细节。

表 5-5　　JC 社区居委会和 SQ 社工机构资源共享方案

JC 社区居委会	SQ 社工机构
（1）居委会可以为该机构进驻社区提供全部办公场所、办公设施和其他设施； （2）居委会可以将自身的封闭资源（如道德大讲堂、党员会议室）等定期提供给该机构使用； （3）居委会可以通过上级政府联系省内高校专家学者为该机构做专业辅导和业务能力培训与督导，提高其服务水平； （4）居委会可以动员社区工作人员帮助、指导该机构的日常服务（主要解决该机构进社区的网格化信息需求、人员需求、地理需求等）； （5）居委会可以动员社区志愿者积极辅助该机构做好服务，动员社区居民积极配合该机构人员的相关工作； （6）居委会可以以项目形式将社区部分服务外包给该机构，给予一定的资金支持或者向上级申请增加政府购买其社会服务的经费； （7）居委会可以动员、协调所驻辖区的单位给该机构提供设施、信息等资源。	（1）该机构拥有成熟的社会工作专业技术和服务能力，可以提供社区陪伴、法律援助、家庭救助、养生健康等方面的服务； （2）该机构可以通过拉赞助的形式，吸收社会公益爱心捐助，作为社区发展基金的重要组成部分； （3）该机构可以积极组织社区志愿者、居民参加社区志愿活动（清理卫生、维护社区治安等）； （4）该机构可以组织本机构员工积极协助居委会成员完成一些简单的文字工作和其他工作，如走访社区居民、慰问社区困难户、儿童、妇女等； （5）该机构可以将自身服务的理念与专业技术与居委会工作人员共享。尤其是，可与居委会成员交流社会工作师考证经验，利于居委会的专业化建设。

居民自治生存空间的大小很大程度取决于社会资源链接状况。积分兑换是推进居民参与的有效手段，但也离不开资源的支撑。我国一开始是用行政手段自上而下助推社区建设，大量的行政资源注入社区，居民自治也

[①] 张必春、周娜：《社区公益券：社区治理的新抓手》，《四川师范大学学报》（社会科学版）2018 年第 2 期。

有了较快发展。但行政资源总是有限的，难以满足居民日益增长的物质精神文化需求；同时，资源单一的行政输入也造成了对政府的依赖，居民自治带有较强的行政痕迹。自组织的自主性必须建立在资源的可选择性上。①

令人惊喜的是，上述案例展示，社区可以通过积分兑换链接大量包括物质资源、人力资源、技术资源、组织资源、财务资源等在内的多种社会资源，并且这些资源还能循环流动，主体间能够共享，可以在一定程度上减少单方面对政府资源的依赖，为居民自治注入新的活力。从这个角度看，积分兑换就是一种开发社区社会资源、促进辖区资源优化配置的有效手段。并且，社区社会资源的开发和利用也只能依靠积分兑换等社会工作的方式，而不能靠行政工作方式，因为社区资源的主体多元化，决定了社区资源开发利用不能靠行政指令来"平调"。②

（三）促进社区邻里交往

没有邻里交往就谈不上邻里互助，也不会产生自治的集体行动。传统"乡土社会"是靠血缘和地缘联结的，大家彼此熟悉，守望相助，这才有"皇权不下县，县下皆自治"的说法。随着经济社会的变迁，乡土社会的格局瓦解，人们来到了陌生的城市，已不再是一个居住区内的人口，情感互动的人口，和同质性人口三者高度统一的生活共同体，③大家彼此之间很少有交往，且互不信任，精于防备。关于传统共同体中"邻里互助、守望相扶"的美好描述在城市中已变得可望而不可即，邻里关系逐渐冷漠化、陌生化和功利化。如何打破这种关系模式，促进邻里交往和自治已成了大家共同关注的议题。

积分兑换给我们提供了一个较好的思路和手段。积分兑换促进了居民的社区参与，居民在参与中相互熟悉，在熟悉中增强信任。布劳认为，只有在信任中才能形成稳定的交换模式。④也就是说，当信任建立起来后，居民交往也就变得习以为常了。通过下面这段对JC社区书记的访谈，我

---

① 杨涛：《公共事务治理机制研究》，南京大学出版社2014年版，第208页。
② 凌霞：《社区党建资源共享的现状及对策探究》，《湖北行政学院学报》2007年第S1期。
③ 沈新坤：《城市社区建设中的全能主义倾向》，《社会》2004年第6期。
④ 贾春增主编：《外国社会学史》（修订本），中国人民大学出版社2000年第2版，第302页。

们就能更好地看到积分兑换给邻里关系带来的改变。

> 我们社区是一个商品房社区,居民都是来自不同的地方,有省内的,也有省外的,甚至还有外国人。大家平时根本没有什么交流,你不认识我,我不认识你。连同一楼栋,甚至连同一楼栋同一层的两三户居民都互不认识。我有时候去入户调查,一些居民都不愿意开门。社区平时搞活动也只能叫几个"熟人"参加,很多人都不愿意来。自从社区实施了积分兑换以后,这种情况大有改善。社区发布一个志愿活动,一传十,十传百,很多居民都报名参加,平时没有任何来往的居民也逐渐熟悉起来,聊聊家常,说说八卦。尤其是,年中和年底进行积分兑换的时候,全社区参加志愿活动的居民都集中在一起,场面热闹非凡,大家有说有笑。他们除了交流家庭琐事外,还在谈参加志愿服务的感受。可以说,积分兑换改变了原来那种冷漠的场面,大家交流增多了,矛盾减少了,居民高兴了,社区和谐了。(资料来源:20180323WLP)

通过这则访谈我们可以清晰地看到,JC 社区推行积分兑换促进了社区邻里交往。以前是"老死不相往来",现在是"聊家常,谈感受,有说有笑"。桂勇等人认为,城市社区的社区归属感和认同感处在中等水平,但邻里关系的重要性日益下降,居民邻里互动减少,参与水平低下。[①] 城市社区中,老旧社区的交往还相对多点,像 JC 这样的商品房社区,交往甚少。积分兑换能够在这样的社区发生作用,说明其的确有独特的功效。

实际上,传统的乡土中国到现在的社区中国,居民空间环境的变化并不是导致邻里冷漠的根本原因,"人机互动契机"的减少才是内因。[②] 创造更多的交流机会和空间,营造更多的互动契机才是增进邻里交往的有效路径。[③] 积分兑换机制的作用就是营造了交流的契机、机会和空间。它通

---

① 桂勇、黄荣贵:《城市社区:共同体还是"互不相关的邻里"》,《华中师范大学学报》(人文社会科学版) 2006 年第 6 期。

② 马静、施维克、李志民:《城市住区邻里交往衰落的社会历史根源》,《城市问题》2007 年第 3 期。

③ 杨卡:《新城住区邻里交往问题研究——以南京市为例》,《重庆大学学报》(社会科学版) 2010 年第 3 期。

过公益链条把大家联系起来，让大家彼此有了互动的可能。同时，积分兑换机制让大家有了参与的渠道，激发了大家的参与热情。研究表明，居民的社会参与能显著地增加居民邻里交往。① 由此可见，积分兑换机制使社区构成一个邻里互助、邻里守望的行动网络，邻里互助、邻里守望在城市社区成为现实。② 人们从熟悉到互助，再到信任，再到认同，交往步步递进，产生了大量社会资本，居民自治也就有了实现的可能。

（四）原理验证及可行性

积分兑换激励机制具有较强的可行性，符合志愿服务、公益服务激励原则。一方面，它使居民参与能够获得回报和认可。如 HPLB 社区梳理了近 40 种需求，其中既有个体特殊需求，如爱心陪伴、修剪指甲、送餐服务等；也有公共需求，如治安巡逻、清理公共场所的垃圾和"牛皮癣"等。居民主动处理这些事务就可以获得积分，凭借积分可以兑换保温杯、洗衣液等日常用品；也可以享受免费理发、送餐等服务。有的地方不兑换物品或服务，根据积分，给予星级志愿者奖励或者其他荣誉。这些东西（荣誉除外，无法衡量）虽然经济价值不高，但也是一种回报，是个人爱心的象征，能够起到激励的作用。

另一方面回报的东西具有公益性。居民能够兑换的东西的经济价值不大，都是一些日常用品或服务，关键是，居民参与志愿服务所创造的价值远远大于所兑换的东西的价值。如"帮帮者"队员帮助居民检查家庭线路，维修串线获得两个积分，这两个积分只能兑换一包洗衣粉，而按照市场价，这项技术服务得上百元。通过对比就很明了，积分兑换的东西带有很强的公益性。虽然志愿者获得了一些东西，但这并没有磨灭服务的公益性。

因此，积分兑换具有很强的可行性，其兼顾了公益和收益，居民的付出更多换回的是"精神收益"。这不但激发了居民参与的动力，也弘扬和培育了公益精神和公共责任。同时，积分兑换具有较强的操作性，兑换的原理和步骤简单易懂，并不复杂，只要稍加培育，就可以使用，社区或社

---

① 蔡禾、贺霞旭：《城市社区异质性与社区凝聚力——以社区邻里关系为研究对象》，《中山大学学报》（社会科学版）2014 年第 2 期。

② 陈伟东、陈艾：《居民主体性的培育：社区治理的方向与路径》，《社会主义研究》2017 年第 4 期。

团都可以掌握并使之落地。

五 心理赋权：自治韧性解释与架构

韧性既指时间意义上的存续，也指空间意义上的稳定。① 自治的韧性就是指自治的持续性和延续性。自治的问题归根结底是人的问题，自治的延续归根结底是人行为的延续。心理赋权能够有效解释人的这一行为过程。只有让居民内心真正感受到自治带来的回报和价值，给他们一种心理预期，居民自治才能持续运转起来。

（一）激励机制：一种心理赋权方式

关于赋权的研究涉及政治学、社会学、管理学等学科，心理赋权属于心理学的范畴。前面两章我们讨论的是组织赋权和规则赋权，这都是针对自组织或集体而言的。本章是从居民个体层面讨论赋权，个体层面讨论赋权就是心理赋权。② Zimmerman 对心理赋权的界定得到广泛认同，它是指个人关于自身能力的信念，施加控制的努力以及对社会政治环境的理解，并提出了个人内心、相互作用和行为成分三维分析模型。③

基于社区背景，我国学者把心理赋权的概念本土化，意指社区居民以参与为目标的人格定向、自我激励和主动调控的过程。④ 简单地讲，就是居民参与社区事务的一种心理体验的状态以及在此基础上构建的行为模式。当社区参与带来一种积极的心理体验感，居民参与社区事务的行为就会得到加强；反之，当社区参与带来一种消极的心理体验感，居民参与社区事务的行为就会被削弱，达到一定程度的时候，甚至会停止。可见，社区参与和个人内心赋权的成分有关。影响心理赋权的因素有很多，如社区

---

① 吴理财、吴侗：《论地方政府创新韧性》，《江苏社会科学》2018 年第 1 期。

② Perkins D. D., Zimmerman M. A., "Empowerment Theory, Research, and Application", *American Journal of Community Psychology*, 1995, 23, pp. 569-579.

③ Zimmerman, M. A., "Empowerment Theory: Psychological, Organizational, and Community Levels of Analysis", In J. Rappaport & E. Seidman (Eds), *Handbook of Community Psychology*, New York: Plenum Press, 2000.

④ Wang Q., Chen X. J., Chen Y. S., "Development of A Scale to Measure Residents' Psychological Empowerment in Chinese Urban Community", *Journal of Community Psychology*, 2011, 39, pp. 202-211.

感、社会支持、情境特征等。① 基于社区背景的心理赋权就是要让居民在参与中能够感受到自己的价值和效能。

激励就是激发人的行为动机，调动人的积极性的过程。激励本身就是一种心理赋权的方式。激励就是要让人提前能够看到自己行为的价值和效能的希望。希望本身就是包含目标、路径思维和动力思维在内的一种积极的动机性状态。② 提前给个人一个心理预期，这种希望和预期是激发个体行动的原始动力。这一过程我们可以用下图表示出来（图5-2）。

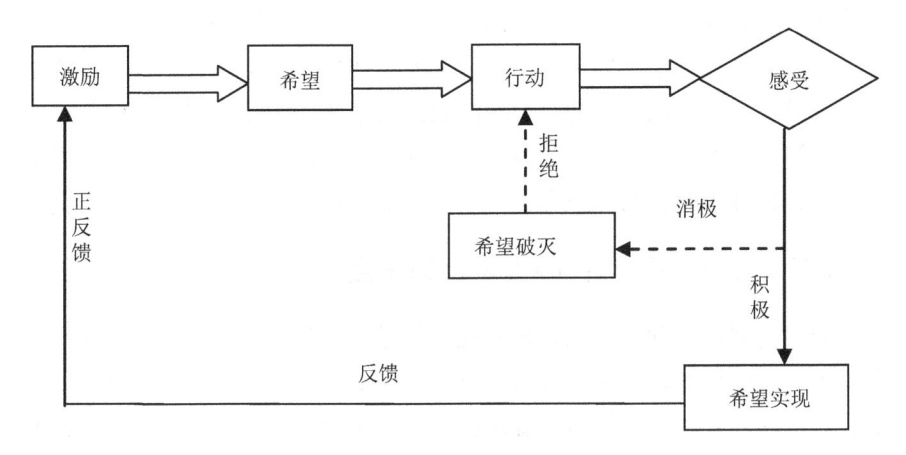

图 5-2 心理赋权过程

外部给了刺激后，内在就萌生了希望，居民在希望的刺激下就开始行动。行动之后，居民也会在内心默默做个评估。当行动结果给居民带来了积极感受，即自我感觉实现了价值和效能，就会给出正面反馈，继续保持希望，继续实施行动，最终会形成一个良性的循环网络。当行动结果给居民带来了消极感受，即没有感受到价值或收到回馈，原有刺激行动的希望就破灭了，行动也就难以为继。

我们也可以用这个心理赋权过程去解释为什么选择性激励是破解集体行动困境的药方。集体行动中，居民不会为增进集体利益而采取行动的原因就在于，他们看不到自己采取行动后获得一份"额外收益"（除了集体利益）的希望，因而也就丧失了刺激行动的手段。选择性激励注入后，

---

① 陈晓娟、陈永胜：《社区背景下的心理赋权研究：回顾与展望》，《社会心理科学》2011年第10期。

② 刘孟超、黄希庭：《希望：心理学的研究述评》，《心理科学进展》2013年第3期。

结果就不一样了。个人感受到了除了集体收益之外的个体收益,所以他们才会持续采取行动。由此可见,激励本身就是一种心理赋权方式,它的最大作用在于构建行动的韧性。

当然,对于居民自治、志愿行动而言,激励的方式有它的特殊性。应该注重激励手段的多样化和精神激励,可以采取以下方式,一是荣誉激励。对志愿服务优秀者进行表彰,颁发志愿服务认证书、荣誉奖状,进行宣传。二是制度激励。建立常态化的制度保护志愿者的合法权益,在全社会形成人人尊重志愿者,人人争做志愿者的良好社会氛围。三是榜样激励。对志愿服务活动中成绩突出的个人或集体给予肯定和表扬,以此激发更多成员参与志愿服务。四是情感激励。通过感情交流、组织关怀帮扶等形式增强志愿者和自组织的归属感和认同感。五是培训激励。对志愿者进行培训,提升志愿者的知识存量和实践技能,让其获得自我发展的机会。

(二) 自主性建构:心理赋权的焦点

激励机制是一种心理赋权的前提条件是,这种激励符合个人意愿。也就是说,激励机制是在充分征求民意的基础上建立起来的。为了达到此目的,激励内容必须是集体协商确定的,利益相关者必须有制定激励机制的自主性。在志愿服务中,自主性的构建显得更为重要。居民只有意识到外在的刺激符合自己的意愿,他才能在行动中最大限度释放自己的主体性。换句话说,只要当他感觉到自己是行动的主人,而不是行动的奴隶,他才会真正地、心悦诚服地实施行动。可以说,自主性构建是心理赋权的焦点。有研究表明,自主性是心理赋权体验的重要表现。[1] 居民是社区的主人,参与社区事务的激励机制应当由居民说了算,"唯有成为这样的主体时,人才有更多的可能性,让自己及群体的生命更加丰富。"[2]

上文提到的积分兑换机制就是让居民自己协商决定积分目录、积分标准、兑换目录和兑换标准。社区居委会只是起引导和协助的作用,引导居民做出符合激励原则的条目。我们从 DWYS 社区商讨积分兑换的内容就可以看到居民自主性的彰显。DWYS 社区在建立积分兑换机制的时候,首

---

[1] 胡笑微:《高中教师心理赋权与工作绩效关系研究——以浙江省乐清市为例》,《浙江教育科学》2013 年第 3 期。

[2] 杨静、吉家钦、夏林清主编:《行动研究经典读书札记》,社会科学文献出版社 2015 年版,第 11 页。

先由居委会导出要讨论的主题:

> 社区里有很多帮助别人或者邻里的热心事迹,大家所做的一切都是在为社区做贡献,我们接下来推广的这个积分兑换,就是希望让大家拿到相应的积分,并用这些积分去兑换积分商城里各式各样的东西。我们希望通过这样的方式引导大家更愿意出来做这样的事情,推动邻里关系的融合。①

其次,居民自主协商讨论了三个重要的问题。第一个问题是,积分的方式有哪些?即哪些行为是可以积分?通过头脑风暴的方法,引导大家自由发挥想象力,说出能够获得积分的方式。这个环节分为三轮,每一轮结束之后,都会有总结。

再次,讨论第二个问题,即我们期望兑换到什么东西?居民从自身角度出发,思考在拥有这些积分之后想得到哪些东西。普通居民从自己的生活需求出发、刚毕业的大学生就从融入社区的角度出发、工作人员从工作需要出发展开讨论。第二轮的头脑风暴大家说出了自己想要的东西。

最后,社区居委会引导大家讨论了第三个问题,即我们在实际的执行过程中会出现哪些问题?风险有哪些?可能出现的风险和问题,都是居民实际在思考的问题,也许有些问题不是立刻就能解决,但这些都是居民心里的一种感受,也为最后确定积分兑换规则提供了借鉴,为找到规避风险的措施提供方向。

其实,志愿者不是不追求回报,而是在追求一种"精神回报"。真正付出时间和精力帮助别人的人应该收获更多的回报。在自由讨论阶段,居民们还讨论了积分兑换中的一些原则性问题。

> 我们也在思考是年度清空积分,还是分分钟可以兑换的问题。而且,居民的积分应当与爱心商户的积分使用起来是不一样的,不能让商户跟居民"抢"资源。一方面两者可以兑换的东西要有区别;另一方面我们考虑是否要鼓励爱心商户把这些积分使用掉。
> 积分也可以分为两个层次,一个是个人成长积分,另一个是社

---

① 资料来源:DWYS 社区居委会日常会议记录,2015 年 4 月 7 日 17:30-22:30。

贡献积分。个人成长积分是参加比较日常的活动,在"玩"的过程中也可以获取的积分,而社会贡献积分则是需要通过参加更加正规的"社会公益活动"才能够获得的。①

从 DWYS 社区制定积分兑换激励机制的过程中,我们明显可以看出,居民的自主性得到了很大程度的释放。社区居委会只是相当于主持人的角色,舞台全交给居民自己表演。我们可从积分兑换的内容看到,这些内容非常全面,而且很细,是集体讨论的结果。某一单方主体很难凭空想象出这么细的内容。如帮忙拿快递、带新来的老人熟悉环境等。尤其是,在讨论积分兑换可能发生的问题时,居民们都提出了一些实际问题和建议。有些问题或建议恐怕一个人很难想到,如商户跟居民"抢"资源,积分两个层次的分类等。我们先不讨论居民提出的意见或建议的合理性,这至少说明了一点,即在激励机制制定过程中,居民享有自主性。

DWYS 社区也正是在充分讨论的基础上才确定了赋分规则和内容。尽管这个讨论的过程很漫长,但是讨论出来的东西很受用。DWYS 社区的居民们都备受鼓舞,纷纷参加志愿活动,还积极踊跃参与"为爱积分"的短片拍摄。总之,激励就是一种心理赋权,赋予居民内在的参与动力。建立激励机制的关键也是赋权,让居民自主协商确定激励的内容。只有对话才能产生彼此的深刻理解,只有彼此理解才能产生尊重、民主和主体性。② 自主性建构是心理赋权的焦点。心理赋权就是一方面要让人们看到心理预期和希望;另一方面这种预期和希望是符合个人主体意志的。

总之,奥尔森的选择性激励和霍曼斯的经典命题都论证了激励之于行动的重要性。不过,传统的激励理论不能有效解释志愿服务中的激励,更不能简单地移植到志愿服务中去。居民自治是一种志愿性、公益性的活动,其激励有着特殊性,关键在于要处理好公益和收益之间的关系。现实中,关于志愿服务的激励已经有了一些探索,公益银行和积分兑换就是很好的激励方式。这不仅能增强居民参与动力,促进社区邻里交往,还能优化辖区资源配置。一言以蔽之,要想保持自治的韧性和自治的可持续性,

---

① 资料来源:DWYS 社区居委会日常会议记录,2015 年 4 月 14 日 17:30—22:30。
② 杨静、吉家钦、夏林清主编:《行动研究经典读书札记》,社会科学文献出版社 2015 年版,第 18 页。

必须给予激励。激励是一种心理赋权的方式，目的是增强居民的心理体验，让其感受到自我行动的价值，并持之以恒地采取行动。

六　小结

心理赋权就是激发人的行为动机，调动人的积极性的过程。任何行为的延续都需要持久的激励。激励就是一种有效的心理赋权方式，其目的就是激发人的行为动机，增强参与动力。社区居民自治本质上是居民共同处理社区公共事务，解决社区公共问题的一个集体行动的过程，也会遭遇集体行动的困境。如何破解？奥尔森给了两种药方，即强制和选择性激励。强制是组织强制成员必须采取集体行动，否则就会处以"经济罚款"或"剥夺成员资格"。但对居民自组织而言，强制显然不可能。因为居民自组织是公益性的草根组织，不是营利性的经济组织，组织无权罚款，即使利用公众舆论力量和同伴压力剥夺成员资格，对成员个人而言，也没有多大损失。因此，选择性激励就成为了唯一有效的选择。

居民只有在被激励的基础上看到有参与回报和参与价值的希望时才会持续开展自治。但学界对于公益参与行为的激励有两种截然不同的观点。一种观点认为，我国传统文化倡导的是"奉献精神"，引导居民参与社区事务的关键在于培养公益精神，提高其公共意识，而不是用外在的物质手段去激励居民参与；另一种观点认为，居民可以合理索取参与回报，在利益优先的行动逻辑中，倘若无任何外部激励，志愿参与的人会少之又少，居民自治也就无从谈起。综合两类观点，笔者认为，居民自治需要构建一套寻求"公益"和"收益"平衡的激励机制，其既要突出志愿精神，又要顾及参与回报，进而使个人在激励中增强自治意愿和动力，强化参与意识和责任。

居民自治事务大多是社区公共事务，需要居民具备较强的公益精神，但没有外部激励，这种公益精神很难延续。但激励要制度化、常态化，而不是临时的物质刺激或感情刺激，要建构一套有效的、可操作的激励制度，提升参与回报。不过要注意的是，这种回报不一定是物质层面的东西，也可以是精神层面的鼓励，要因人因事而异。一些地方建立了公益积分兑换机制有效地破解了"参与困境"。根据居民的需求和意愿，协商制定积分兑换的标准和目录，发放积分券，定期开展积分兑换工作，最终形成一个循环的交换网络。这种"以爱心换爱心，以爱心换服务"的心理赋权方式，一方面可以激发居民参与社区公共事务的积极性；另一方面也可以盘活社区社会资源，增强自治的自主性。

第六章　四阶赋权：项目赋权与自治方式创新

前面讨论了自治组织的建立、自治规则的设定和激励机制的制定问题。处理这三大问题的实质是解决自治组织内部结构的问题。然而，即使自治组织内部结构较为完善，其也不能自发运行，还需要参与平台和资源支撑，而这正是政府应该担当的。政府究竟应当采取什么方式培育和发展自组织，使居民自治运转起来是一个必须回答的议题。地方实践表明，项目制是一个可行的路径。这是本章要讨论的议题，也是流程式赋权中第四个阶段的赋权，即项目赋权。项目赋权有两层含义：一是通过项目的方式推进自治；二是居民在项目申请、执行和结项过程中享有自主权。

无论是从历史发展脉络，还是从现实运行实际看，居民自治都需要外部动员和支持。传统动员方式以政治动员和情感动员为主。但是，政治动员是一种制度化的科层运作逻辑，情感动员是一种非制度化的感情运作逻辑，这已经不能适应新时期居民自治发展的需要。项目动员为我们找到了新的突破口。居民自治项目化的地方实践表明：项目制不仅是一种新的国家治理机制，能够使体制有效运转起来[1]；还是一种新的动员机制，[2] 能够充分调动地方政府和社会资源，使居民自治运转起来。不过，居民自治项目的运作逻辑不是一般项目制中的"发包—打包—抓包"的分级运作[3]，而是根据居民意愿自下而上运作的。政府只是根据居民的需求和财政资金的存量确定项目，体现的是一种赋权逻辑，不是控制逻辑。居民自治项目也是采用过程导向的参与式评估模式，重点监测项目实施过程中的

---

[1] 渠敬东：《项目制：一种新的国家治理体制》，《中国社会科学》2012年第5期。

[2] 陈家建：《项目制与基层政府动员——对社会管理项目化运作的社会学考察》，《中国社会科学》2013年第2期。

[3] 折晓叶、陈婴婴：《项目制的分级运作机制和治理逻辑——对"项目进村"案例的社会学分析》，《中国社会科学》2011年第4期。

问题和居民参与的状况。项目赋权后的自治绩效主要体现在人的改变上。

一 外部动员与居民自治的生长

尽管完善了自组织的内部治理结构，但其实力仍然不足，居民自治离不开外部动员和支持。这一点，无论是从自治的历史还是从自治的实践考量，都可以得到印证。传统动员方式主要是以政府的政治动员和社区的情感动员为主。政治动员是一种制度化的科层运作逻辑，情感动员是一种非制度化的感情运作逻辑。

（一）外部动员：居民自治的必要条件

从历史上看，社区居民自治就是一个外部动员的过程。我国的社区本身就不是滕尼斯意义上的共同体，其实质是一种"规划性变迁"的结果，居民自治属于政府主导型自治。[①] 可以说，社区建设和居民自治都是政府动员实施的，居民自治的"外部动员"特征很明显。我国的社区建设是政府为了弥补单位制解体后的社会管理真空提出来的。[②] 单位制解体后，流动人口增加，社区成为了国家整合基层社会的制度性空间。国家之所以推进社区居民自治是因为两个需要。一方面是弥补政府失灵和市场失灵的需要。以政府为主体的公共服务和以企业为主体的市场服务不能满足居民多样性、个性化的需求，国家试图通过自治提供一些互助性、公益性的服务，让居民自我管理，自我服务。

另一方面是发展社会主义民主的需要。国家试图通过发展基层民主，城乡居民自治来探索发展社会主义民主的道路。在社会主义初级阶段，经济社会发展条件还有限，民主建设应该从"小事情"做起，从居民密切关注的身边事做起，因而社区居民自治就成为一个很好的试验场。可见，社区建设和居民自治都有很强的建构性，是国家主导的政府行动，[③] 是在政府强力动员下发展起来的。当然，政府的动员，很多时候是通过其代理

[①] 徐勇：《论城市社区建设中的社区居民自治》，《华中师范大学学报》（人文社会科学版）2001年第3期。

[②] 陈伟东、许宝君：《社区治理责任与治理能力错位及其化解——基于对湖北12个社区的调查》，《华中农业大学学报》（社会科学版）2016年第1期。

[③] 张平主编：《中国和谐社区——江汉模式》，中国社会出版社2010年版，第5页。

人——社区居委会来完成的。居委会成为政府的"腿",替政府在社区动员居民参与自治。

从现实看,居民自治需要外部力量,尤其是政府的动员。我国的居民自治不是自然而然产生的,自治的存续也需要政府的支持。调研发现,一些居民社团解体或成为僵尸社团的原因就在于没有相应的资源支撑,因而政府的支持至关重要。居民社团都是公益性自组织,不是奥斯特罗姆讨论的经济自组织,有自己的收入来源,其需要外部资源的供给。一方面,自组织缺乏物质资源。尽管自组织可以链接一些社会资源,但其还远远不能满足长期运转的需要;同时不同自组织的资源状况又有很大的差异性。有的势力较强,链接的资源多;有的才刚刚起步,链接的资源少,因而需要政府持久的资源供给。

另一方面,自组织技术资源缺乏。居民自组织都是一些草根社团,专业能力欠缺。他们不懂得如何完善内部治理结构;如何调动成员的积极性;如何开发和利用社区资源等。这些工作都带有一定的专业性,需要政府的技术支撑。现实中,政府往往委托第三方社会工作服务机构对草根社团进行技术培训。总之,完全依靠居民自组织很不现实,居民自治需要外部力量的动员和支持。

(二) 政治动员:政府惯用的动员方式

政治动员是指动员主体主要通过宣传劝导的方式,引导动员客体接受和认同动员主体的权威,并在动员客体间构建相互联系的人际网络,促使其展开特定指向的集体行动。[①] 政治动员是政府常用的动员方式。在革命战争年代,国家用其发动群众,动员群众参加革命;中华人民共和国成立后,经济建设、社会管理等领域也沿袭了这种方式,政治动员成为国家管控和治理的重要工具。政治动员的主要功能在于:

一是促进政治参与。国家实现自身的政治目的是以广大群众的政治参与为前提的。政治参与有两种方式,即自主参与和动员参与。然而,我国民众自主参与意识薄弱,缺乏民主和参与的传统,故而往往采取政治动员的方式,因势利导,动员民众参与,也取得了良好的效果。二是聚集社会资源。国家只有拥有一定的资源及资源配置权力才能使权力正常运转。通

---

① 李斌:《政治动员及其历史嬗变:权力技术的视角》,《南京社会科学》2009 年第 11 期。

过广泛的政治动员，可以聚集多方资源达成某种特殊的目的，这就是我们常说的集中力量办大事，快速集中资源解决问题。如举办重大赛事、抗灾救险、重大应急都能看到政治动员的作用。三是提升心理认同。心理认同是民众基于自身价值和信仰产生的对某种特定政治目标的肯定或赞同的一种心理取向，也是一种情感或意识上的归属感。① 也就是说，国家要实现自己的政治目的，必须使民众对其目的表示赞同。政治动员能够利用舆论宣传等方式促进民众的心理认同，让其在思想上与国家保持一致。

国家推进基层民主建设的过程中，这种方式也是备受青睐。国家意识到城乡基层群众自治的价值后，采取政治动员的方式予以推广。一是给予法律政策上的保障。把城乡基层群众自治制度纳入我国基本政治制度，先后制定村委会组织法、居委会组织法，民政部门负责主推社区建设和居民自治，从而以顶层制度的形式把自治目标确定下来。二是利用权威进行组织控制和支配。在城市广泛建立社区居民委员会，其名义上是群众自组织，实际上是政府在基层的代言人。政府与居委会是支配与被支配、命令与服从的关系。国家就可以通过居委会把自己的意志下达至基层，很多推进基层民主的政策都是由居委会负责具体贯彻落实的。三是大肆宣传鼓动，促进社会认同。利用党报党刊、新闻媒体、知名专家等方式广泛宣传基层自治的价值，目的是让广大群众认可并参与到基层民主建设中来。尤其是在进行城乡社区选举时，这种舆论鼓动的态势更为明显。总之，社区居民自治是在国家广泛的政治动员的基础上自上而下发展而来的。政治动员是国家推进基层自治的核心手段，因而有的学者也把这种基层民主称作为"动员式民主"。②

（三）情感动员：社区常用的动员方式

简单地讲，情感动员就是利用感情动员居民参与。情感动员在新闻传播学、政治社会学领域被广泛使用，很多学者也讨论了集体行动中的情感逻辑。郭景萍认为无论是基于冲突的需要，还是基于团结的需要，集体行动都必须唤起情感。③ 白淑英把情感动员分为悲情弱势、情感转移、情感

---

① 杨小明：《政治动员的功能新探》，《浙江学刊》2012 年第 1 期。
② 徐勇：《社会动员、自主参与与政治整合——中国基层民主政治发展 60 年研究》，《社会科学战线》2009 年第 6 期。
③ 郭景萍：《集体行动的情感逻辑》，《河北学刊》2006 年第 2 期。

交换、反诘戏谑以及个体认同五种策略,并分析了每种策略的动员逻辑及作用。① 刘中起等人认为,"群体情感"已经成为影响集体行动的重要因素之一(另一个是"群体效能")。②

情感动员主要经历两个阶段。一是情感萌芽。社会环境中的某种因素促成个人产生某种零碎的情感,再经过媒体渲染或舆论烘托使这种情感成为一种大众情感,促使人们产生情感共鸣。二是情感磨合。群体内部成员的情感会产生连锁反应,你影响我,我影响你,但这个过程也会产生情感冲突,最终群体成员会通过交流达成一致,并形成一种稳定的、具有一定价值取向的集体情感。这些研究大部分讨论的都是集体行动中的情感行为。集体行动不仅受到理性制约,也会受到情感的影响。情感动员就是动员主体利用个体心理情感促使客体产生集体行动的一个过程。

对于基层自治而言,社区常用情感动员的方式鼓励居民参与。由于社区和居民没有行政隶属关系,因而很难用政治动员等强硬的方式促进居民参与,往往只能采取比较软性的动员方式,情感动员是最为常见的。社区居委会很注重和居民搞好关系,建立感情。社区平时举办一些活动,如茶话会、座谈会等,甚至活动后给居民一些物质奖励,其目的都是要与居民建立良好的关系,以便以后让他们再次参与。实际上,社区由于自身的权力和资源有限,往往也只能以情感人,以情动人,利用私人感情引导居民自治。

认真观察后也可发现,参与社区事务的居民往往都是和社区居委会有情感交际的居民。这种动员方式遵循"让你来,你不好意思不来,否则以后见面不好说话"的逻辑,利用面子心理和情感压力迫使个体采取行动。一旦某些人接受这种情感,就会把这种情感传递给他们社交网络中的其他人,使他们也采取和自己一致的行动。也就是说,情感是会传染的,一传十,十传百,集体行动就会产生。不过,这里情感动员和上面讲的那种"共鸣情感"有所不同。上面讨论的主要是个人在某种社会氛围下自然形成一种群体情感。这里主要是指社区居委会利用自身私人感情动员居民参与。

---

① 白淑英、肖本立:《新浪微博中网民的情感动员》,《兰州大学学报》(社会科学版) 2011 年第 5 期。

② 刘中起、孙时进:《情感与效能:集体行动中群体认同的理论与实践视阈》,《西南民族大学学报》(人文社科版) 2016 年第 8 期。

二 项目制与基层自治方式创新

随着自治不断深入，传统动员方式的限度越来越明显。政治动员造成了社区自组织的行政化，情感动员又是一种不稳定、不持续的方式。这就需要创新动员方式，而项目动员是一个很好的尝试。项目制是国家治理的基本方式，项目动员植根于项目制理论中，其既能打破科层体系的束缚，又能调动多方社会力量的参与。

（一）传统动员方式的解释限度

随着经济社会的发展，传统动员方式的弊端日益暴露，解释限度越来越明显。就政治动员而言，过度的政治动员可能演变成一场非程序甚至非理性的运动，扰乱正常社会秩序，影响社会和谐稳定；同时随着互联网的发展，网络政治动员日益蔓延，但其有很大的突发性和不确定性，一些煽动性的信息或影响政治参与，甚至导致无政府状态和社会动荡不安。归根到基层民主和居民自治方面，政治动员适合在短时间内，集中力量解决一些重大或应急的问题，但居民自治是一个长期缓慢的过程，不是一蹴而就的。因此，要靠政治动员长期维持自治的发展很难，尽管在居民自治的发起阶段，这种方式起了很大作用。

更糟糕的是，随着社区建设和自治的深入，政治动员的副作用也日益明显。首先，组织控制加深了社区行政化，这成为自治发展的最大障碍。社区居委会被无形地纳入了行政科层架构，居委会不再是居民的自组织，社区也不再是自治共同体，而是一个"行政社区"[1]或者"体制社区"[2]。这在一定程度上造成了社区自组织的内卷化[3]和居民自治的内卷化[4]。其次，随着居民个体性增强，单纯鼓动宣传的方式已经无法很好调动居民参与的积极性了；再加上居民本身公共意识的衰减，动员群众参与已越来越难。

---

[1] 顾骏：《"行政社区"的困境及其突破》，《北京行政学院学报》2001年第1期。
[2] 张平主编：《中国和谐社区——江汉模式》，中国社会出版社2010年版，第5页。
[3] 何艳玲、蔡禾：《中国城市基层自治组织的"内卷化"及其成因》，《中山大学学报》（社会科学版）2005年第5期。
[4] 许宝君、陈伟东：《居民自治内卷化的根源》，《城市问题》2017年第6期。

情感动员的效度也越来越有限。情感动员本身就不稳定,居民受情感鼓舞的行动只是一种"情感行动"而非"价值合理性行动"。韦伯认为,情感行动只是受情绪感染做出的决定,即由于感情冲动或对于非常规性刺激无从控制而做出的反应,这是为了满足那些直接的报复、享受、热爱、喜乐、憎恨和抒发直接情感的需要所做出反应的行动。① 价值合理性行动是充分认识到某种行动的价值后内心自愿自觉采取的行动。居民的"情感行动"表明:居民并没意识到自治的价值,情感动员的结果并不是居民内心想要自治,而是迫于感情和情面做出的无奈选择。

这种弊端在于:一是自治是短暂的,不可持续。当居民受情感鼓舞,一时头脑发热投身于自治,但过一段时间后,这种情感因素逐渐褪去,自治的热情也就逐渐衰减了。二是参与人数少,扩散效应有限。社区利用情感动员只能是针对少数居民,想要与所有居民都建立良好的情感是不可能的。因而我们往往看到的就是,参与社区事务的居民也就是那么零星的几人,社区称之为"居民骨干"。三是象征性参与多,实质性参与少。很多居民在社区居委会的情感招揽下,口头上不好拒绝,在行动上却可以"磨洋工"。他们认为只要参与就是在给居委会面子,至于参与质量那就不是要考虑的事情。这种参与的实质是一种"象征性"参与或"仪式性"参与,② 参与效益不高。

(二) 项目制:治理机制新理路

项目制是国家治理机制的创新,是当前政府运作的主要模式。学界对项目制的研究也比较成熟。渠敬东对项目制进行了深入分析,他认为项目制是一种新的国家治理机制,能够使体制有效运转起来,因为以财政支付转移为核心手段的项目制既能打破科层体系的束缚,又能遏制市场所造成的分化效应。③ 项目制也被认为是我国从总体性支配转为技术性治理的关

---

① [德] 马克斯·韦伯:《社会学的基本概念》,顾忠华译,广西师范大学出版社2005年版,第32页。
② 阿兰纳·伯兰德、朱健刚:《公众参与与社区公共空间的生产——对绿色社区建设的个案研究》,《社会学研究》2007年第4期。
③ 渠敬东:《项目制:一种新的国家治理体制》,《中国社会科学》2012年第5期。

键手段。① 郭琳琳、段钢从政府与市场关系的角度出发,认为项目制是单位制解体后透视我国社会结构的有力工具。项目制链接了政府与社会、中央与地方的关系,是一种新的公共治理逻辑。② 曹龙虎认为项目制有利于国家建构,其与国家政权建设、服务型政府建设和地域均衡发展有很大的关系,我国正迈向"项目中国"。③ 李祖佩、钟涨宝分析了项目制之于基层治理的作用。他们认为项目制的基层实践反映了国家政治机制、行政机制和治理机制的综合运用,三种机制形塑了基层的扇形结构。④

这些研究都宏观上说明了项目制的治理功能,并给予其很高的评价。很多学者也把项目制置于微观情境中分析具体事件,进一步凸显了项目制的作用。如桂华以农地整合项目为例分析了项目制之于公共服务供给的作用;⑤ 尹利民讨论了项目制在土地整合中的作用,并驳斥了黄宗智等人认为项目制是"权钱结合"的观点;⑥ 龚为纲分析了项目技术有效遏制了粮食生产的外部性。⑦

项目制有着独特的运作机制。折晓叶、陈婴婴首先深入分析了项目制的运作机制和治理逻辑。他们认为项目制是一种"分级治理"机制。⑧ 国家部门担当"发包"角色;地方政府担当"打包"角色;城乡基层担当"抓包"角色。国家部门发布项目指南;地方政府根据地方发展规划把项目打包成一个综合性的工程;城乡基层再去主动申请项目。"发包—打包—抓包"分级治理机制不同于科层制纯粹纵向的权力控制,也不同于多中心的制度安排,而是一种特殊的治理机制。周雪光从"控制权"理

---

① 渠敬东、周飞舟、应星:《从总体支配到技术治理——基于中国30年改革经验的社会学分析》,《中国社会科学》2009年第6期。

② 郭琳琳、段钢:《项目制:一种新的公共治理逻辑》,《学海》2014年第5期。

③ 曹龙虎:《迈向"项目中国":项目制与国家建设》,《南京社会科学》2016年第1期。

④ 李祖佩、钟涨宝:《项目制实践与基层治理结构——基于中国南部B县的调查分析》,《中国农村经济》2016年第8期。

⑤ 桂华:《项目制与农村公共品供给体制分析——以农地整治为例》,《政治学研究》2014年第4期。

⑥ 尹利民:《也论项目制的运作与效果——兼与黄宗智等先生商榷》,《开放时代》2015年第2期。

⑦ 龚为纲:《项目制与粮食生产的外部性治理》,《开放时代》2015年第2期。

⑧ 折晓叶、陈婴婴:《项目制的分级运作机制和治理逻辑——对"项目进村"案例的社会学分析》,《中国社会科学》2011年第4期。

论视角出发分析了这种运作机制。他认为,政府内部上下级关系可以看作是一个"委托方—管理方—代理方"各方之间的契约关系,但由于信息的不对称和事件的不确定,这种契约只是一种不完全契约。这样契约规定之外的剩余控制权就成了各方争夺的对象。① 史普原认为项目制秉持"科层为体、项目为用"的运作逻辑。项目制与科层制还是有很强的联系,两者之间有三重张力,即项目统一规划和科层条线传递;项目的时段性和科层的常态性;项目的目标导向和科层的规则导向之间的张力。② 项目制看似打破了科层的束缚和条线运作逻辑,实际上还是在科层体系内部运行,项目有"科层化"的趋向。

不过,很多关于项目制的研究都是分析一些经济类项目,对于一些公益类、自治类的项目分析得较少。张振洋分析了基层自治项目的分级运作机制。他认为基层自治项目是一个"发包—打包—抓包—拆包—验包—传包"的运作过程,其中,"打包"机制主要体现为对项目团队和内容的打包,而"抓包"过程中,普惠性色彩更为浓厚。③ 但是其仍然没有脱离"分级运作"的框架,只是分级链条的进一步延长。公益类、自治类项目的运作机制既有项目制运作的一般逻辑,也有自己独特的方式。总之,项目制之于国家治理和基层治理都有重要的作用,项目制是我们分析基层自治的重要工具,也是一种新理路和新尝试。

(三) 项目动员:一种新的方式

项目制有很多功能,我们这里重点关注项目制的动员功能。现有文献鲜有单独讨论项目制的动员功能,但众多文献中都涉及了这方面的讨论。项目制的动员主要体现在上级政府动员下级政府和政府动员社会力量两方面,即体制内的动员和体制外的动员。就体制内动员而言,陈家建认为项目制比其他方式更能动员基层政府。这种动员机制在于给基层政府提供非

---

① 周雪光:《项目制:一个"控制权"理论视角》,《开放时代》2015 年第 2 期。
② 史普原:《科层为体、项目为用:一个中央项目运作的组织探讨》,《社会》2015 年第 5 期。
③ 张振洋:《城市基层自治项目的分级运作机制探析——基于上海市 S 镇"乐妈园"项目的分析》,《社会主义研究》2018 年第 2 期。

常规的增量资源。① 通过对城市社区"三社互动"项目的研究发现，项目动员的主要优势在于动员程序高效集中、特殊的人事安排权以及资金管理渠道的直接性。项目动员有利于打破依靠科层体制的束缚，突破政治动员的瓶颈，使政府内部动员从"层级动员"转为"多线动员"，即上级部门不再依赖单一科层体系，可以利用不同项目调动多个基层政府。

实际上，项目制运作机制中的"抓包"就是一个基层政府被动员的过程。基层政府为了获取项目，用尽各种办法去拿项目，"跑步拉项目"就是一种被动员的表现。孙立平认为中国社会结构变迁是从"总体性社会"向"分化性社会"转变，并在此基础上提出了"组织化动员"和"准组织化动员。"② 两者的差别就在于资源配置的不同。总体性社会中，国家集中了大量资源，可以进行大规模的组织动员。分化性社会中，资源较为分散，准组织化动员发挥了重要作用，项目动员就是一种准组织化动员。上级政府不仅依靠权力，还加入了利益链接机制调动基层政府的积极性。从这个意义上讲，项目动员实际激活了僵硬的科层制的活力，③ 把科层内部的纵向层级和横向部门统合并调动了起来。

就体制外动员而言，项目制把社会组织、社区居民等社会力量也充分动员了起来。政府通过购买社会组织的服务，拓展了社会组织的参与渠道和生存空间，把社会组织积极调动到参与社会治理和服务中去。同时，政府通过委托授权或服务外包的形式把社会组织纳入购买服务目录，其既克服了"政府失灵"和"市场失灵"的弊端，又满足了居民多样化的利益需求。④ 更富有意义的是，政府不仅动员了社会组织参与，而且还与之建立了常态化的合作关系，这有利于政府职能的转型和社会组织的发展。不过，针对这种外在动员的逻辑，学界有两种看法。一种看法是控制。政府购买社会组织服务的项目制是一种单向度的权力关系，社会组织运行项目

---

① 陈家建：《项目制与基层政府动员——对社会管理项目化运作的社会学考察》，《中国社会科学》2013 年第 2 期。

② 孙立平：《动员与参与：第三部门募捐机制个案研究》，浙江人民出版社 1999 年版，第 12-18 页。

③ 杜春林、张新文：《项目制动员的碎片化及其治理研究——基于 S 县后扶项目的实证考察》，《甘肃行政学院学报》2015 年第 5 期。

④ 尹广文：《项目制运作：社会组织参与城市基层社区治理的路径选择》，《云南行政学院学报》2017 年第 3 期。

的过程中实际受到了严厉的嵌入性监管;① 另一种看法是赋权。虽然有控制和依附的成分,但更多表现为合作和赋权。② 项目制的运作促进了多中心治理格局的形成。③

这里我们暂且不讨论项目动员遵循什么逻辑,但它调动了各种社会力量参与社会治理已成为不争的事实。无论是出于控制还是赋权的逻辑,行政还是服务的逻辑,项目动员都是一种很好的尝试。相比传统政治动员和情感动员,项目动员更具有社会性和持久性,具有整体动员和常态动员的特质。因此,对于推动基层民主和居民自治而言,项目动员不失为一种明智之举。

三 社区公益创投:居民自治项目化探索

北京、上海、江苏等地利用项目动员的方式推进基层自治有较好的探索。其中,HB省的社区公益创投颇具特色。公益创投是指公益资本投入方式的一种创新,其不仅给公益组织提供资金,还提供管理和技术,并且强调与投资方建立良好的合作关系,以此增强公益组织的运营能力。④ HB省公益创投主要针对社区,以"社区是居民的,我们共同行动"为理念,以"给力社工、助力社团、活力社区"为宗旨,目的主要是培育发展社区社团,探索社区公益服务购买新方式,提高社区居民自治和服务的能力。

(一) 社区公益创投运行路线

HB社区公益创投活动由HB省民政厅与HB城市社区建设研究中心联合举办完成。每年从4月份开始,至11月下旬结束,历时8个月,历经"项目创意、项目申报、项目审定、创投大赛、项目督导"五大阶段。

---

① 王向民:《中国社会组织的项目制治理》,《经济社会体制比较》2014年第5期。
② 尹广文:《项目制治理:一种新的社会组织治理的理论与实践》,《广西师范大学学报》(哲学社会科学版) 2016年第3期。
③ 张琼文、韦克难、陈家建:《项目化运作对社区社会组织发展的影响》,《城市问题》2015年第11期。
④ 岳金柱:《"公益创投"社会组织培育发展的创新模式》,《社团管理研究》2010年第4期。

2014年至2017年间,HB省社区公益创投已连续举办了四届,积累了较多的经验,为我们探索居民自治项目化提供了很好的借鉴。

1. 项目创意。项目创意是指社区居委会联合社区社会组织、社区居民等社会力量根据社区的需求和问题,自主创意公益项目。这首先需要相关主体运用参与式需求调查技术、问卷调查、入户调查等多种方式摸清社区的实际情况。在创意项目前,HB省民政厅会邀请第三方专业机构在全省开展能力训练,教会大家如何创意项目,各地市州也有相关的能力训练。能力训练一般为4—5天,主要以社会工作理论、方法、技巧和实务为主。培育内容包括:如何发现社区问题和居民需求;如何孵化和培育社区社团;如何开发和利用社区资源;如何发现和挖掘社团领袖;如何协商制定居民公约;如何建立居民参与的激励机制;如何策划公益活动;如何进行绩效评估等。四年来共举办公益创投实务能力培训班30多期,培训社区社工2500多人次。

能力训练时,HB城市社区建设研究中心的教授会现场指导参训学员以社区为单位策划公益服务项目,拟定公益服务项目策划书,并初步展示创意成果。其中,公益服务项目策划书要求社区工作者结合社区实际,以居民需求、社区问题、社区资源为导向来拟定。省民政厅要求各项目创意人回到社区后,利用2个月左右的时间,深挖社区实际,完善项目策划书,发展社区社团。

项目创意要注意四个方面的问题:一是项目的可行性。项目实施方案拟定前一定要对问题进行分析,开展需求调查,分析优势和条件,并做风险评估,力争做到目标群体明确,活动任务清楚,经费预算合理,方案实施操作性强。二是项目的公益性。根据社区实际,通过培育社区公益组织,开展志愿、互助等公益服务,有针对性地解决社区某一问题,满足目标群体的需求。三是项目的新颖性。项目创意要新颖,项目名称、主要内容、目标群体要有自己的特色,避免与其他项目雷同。四是项目的持续性。通过项目的实施,要能培育出一个公益社团组织,树立目标群体的参与意识,建立相应的自治发展机制,能够持续地开展公益服务;同时,社工从中能够得到锻炼提升,以利于今后更好地开展工作。

2. 项目申报。省民政厅要求各地结合实际,组织开展社区公益服务项目创投活动,有条件的地方应组织开展社区公益服务项目创投比赛,评选优秀创意项目,指导完善项目策划方案,填写《HB省社区公益服务创投项目申报书》，以市州为单位审核汇总后，上报到省民政厅基政处。这里尤其要注意的是，项目申报的主体是以社区居委会和社区社会组织为主，而不是以社会服务机构和专业性的社会组织为主。提倡社区"两委"成员和社区居民、社区持证社工或机构社工、社区社会组织或社会服务机构联合申报。这与北京、上海等沿海地区主要针对登记注册的社会组织不同。

3. 项目审定。省民政厅组织评审委员会评阅各地上报的项目策划方案、项目申报书。专家评审委员会由政府人员、学者、社区代表、第三方评估机构专家等有影响力的社会人士构成。这里最大的特点在于引入了多元评估力量，而不是政府单方面决定的。项目审定主要是从项目申报书中筛选可资助的项目，并挑选一些优秀项目参加公益创投大赛。如2016年确定省级资助200个社区公益服务创投项目（每个项目安排扶持资金2万元左右），并挑选出30个优秀项目参加全省第三届社区公益服务项目创投大赛。

评定实行100分制，主要参考以下标准：一是项目定位公益性（20分）。项目公益指向明确，主要围绕城乡社区老年人、青少年、妇女儿童、残疾人、留守人员、流动人口及各类困境人员，提供纠纷调解、健康养老、教育培训、公益慈善、防震减灾、文体娱乐、邻里互助、居民融入、农村生产生活和其他有助于宣扬公益理念、促进社区和谐发展的公益服务。二是项目参与公众性（20分）。项目要体现"三社"联动，突出社区"两委"成员和社区居民、社区持证社工或机构社工、社区社会组织或社会服务机构共同参与、共同发现需求、共同设计项目、共同运作项目、共同筹集公益资源。三是项目实施有效性（10分）。项目要从社区治理实际需要出发，坚持需求导向、问题导向、资源导向，有针对性地创意策划并组织实施。四是项目实施可行性（10分）。项目背景分析全面、需求问题分析透彻、目标群体锁定准确；有合理的进度安排，时间节点明确，能够按期完成；项目实施步骤清晰完整，并落地实施5步以上，取得阶段性成效。五是项目运作持续性（20分）。已有基础的项目通过"社团+"行动，把更多的居民组织起来，让更多的居民行动起来。新创设的项目，要能够通过实施项目内生社区社会组织，把居民组织起来共同行动。项目要有社团激励机制和资源链接机制。六是项目的示范性（10分）。社工角色定位准确，有一个从介入到退出的过程。发现领袖过程清晰，领袖形成团队，并不断为其增能。七是团队专业性（10分）。项目推介人着装得体，仪态端庄，充满激情，富有感染力；说普通话，语速适中，语言流畅；陈述时要点突出，详略得当，能在规定时间内完整陈述项目（结余1分钟或规定时间没陈述完的都要酌情扣分）。

4. 创投大赛。创投大赛上，项目推介人陈述社区公益服务项目策划方案和实施情况。专家评审团队综合项目负责人汇报情况和项目策划实施情况，评选优秀的社区公益服务项目。2016年举办的全省第三届社区公益服务项目创投大赛，设优秀项目、优秀社工及组织奖项。挑选出的30个参赛项目创意策划人及各市、州及参赛项目所在县（市、区）民政局分管局长、政权科长参加，并邀请省委组织部、省委宣传部、省文明办、团省委、省妇联、省残联等领导观摩（表6-1）。最终评选出一、二、三等奖各5个、12个、25个，优秀辩手16位，5个单位获得组织奖。在比赛中获奖的项目，在扶持资金安排上将给予倾斜。2017年举办第四届公益创投大赛时，还同步举办了HB省社区治理12个创新品牌推介会。如黄石市胜利路社区"我爱我楼，楼栋自管"、荆门市浏河社区"居民自管联盟+积分制"等，成为各地学习借鉴的典范。

表6-1　　HB省第三届社区公益创投大赛入选项目（列举）

序号	项目名称	主要内容	目标群体
1	伴你同行	针对老年夫妻的情感需求，通过建立"伴你同行"社团，为老年夫妻补拍婚纱照，弥补老年夫妻爱情路上的小遗憾，促进老年夫妻婚姻生活和谐发展，增加老年人在家庭活动与社会活动中的存在感、价值感。	老年人
2	让"夏洛"不再烦恼	通过成立"夏洛"不烦恼组织，提供小孩接送、课业辅导、发展兴趣、心理辅导等服务，其既为家长减轻负担，又让学生快乐学习。	社区青少年
3	宝贝B计划	通过成立"宝贝B计划"志愿社团，指导二孩妈妈如何在生理最佳的状态下怀孕以及如何消除大孩危机感和抵触感，增强二孩妈妈优生优育意识、完善优生优育设备、增进社区融合。	二孩妈妈
4	"农夫"有田又有甜	针对社区因乱种菜造成的环境问题，成立"农夫"有田又有甜志愿类组织，其不仅让爱好种菜的居民有田可种，而且有助于解决土地荒废问题，解决社区环境问题。	社区居民
5	全员加速中：优商服务联盟	针对商户及居民，成立利民商户联盟志愿者组织，打造便民利民服务圈，在辖区商圈内形成友好的经营服务氛围，加强社团内部商家良性竞争，促进资源充分利用。	商户及居民

续表

序号	项目名称	主要内容	目标群体
6	槐苑热泵：社区营造理事会	培育"槐苑热泵"社区营造理事会，也可称为"社区社会组织联合会"，开展助力公益活动，给力老社团、再造新社团，实现社区总体营造新格局。	社区居民
7	巾帼花开别样红	针对辖区内留守妇女，成立"木兰花"社团，丰富留守妇女的精神文化生活，提升其多方面的能力，促成家庭和社会的和谐。	留守妇女
8	记住老兵	针对社区退伍老兵，创建"记住老兵"志愿者团队，改造一个文化活动场所，开展老兵志愿服务行动，其不仅使老人找回自信和乐趣，而且合理利用了闲置资源。	退伍老兵
9	稚童导阁	针对"3—6"岁儿童，成立"稚童导阁"社团，提供心理咨询服务，组建师资教育队伍，成立自闭症儿童康复训练中心，使自闭症儿童更加阳光自信，社区更加和谐。	自闭症儿童
10	航运妈妈社团	针对留守儿童，建立"航运妈妈"儿童社团，为留守儿童提供精神关爱，丰富他们的精神世界，让他们树立正确的人生观、世界观。	留守儿童等
11	熊祥国党员互助站	以"HB好人"熊祥国为核心，培育社区党员志愿服务社团，充分发挥党员在社区治理和服务中的先锋模范作用，为社区自管党员开展志愿服务搭建平台，满足社区居民多方面的需求。	社区党员
12	蓓蕾网"警"	培育一个能提供女童安全防范的志愿服务类社团，提供辖区女童安全防护服务和困难女童家庭帮扶服务，营造一个关爱女童的社会环境，使社区更加安定和谐。	辖区女童
13	"互联网+"残疾人创业	创建"互联网+"残疾人创业社会组织，开展各种网上公益项目，为残疾人创业搭建平台，提升残疾人的社会认同感。	社区残疾人
14	金喇叭防护队	为减少失足落水身亡人员，通过建立"金喇叭防护队"，鼓励游泳爱好者学习交流游泳技能，创建安全、安心的游泳环境，营造我为人人、人人为我的互助氛围。	汉江边游泳对象
15	"心灵之窗"培育计划	针对社区矫正服刑人员，培育"心灵之窗"志愿者社团，鼓励成员为社区矫正人员提供各种义务服务，引导他们树立正确的世界观、价值观和人生观。	社区矫正人员

5. 项目督导。项目实施6个月后，由省民政厅与HB城市社区建设研究中心教授成立督导组开展项目督导，及时帮助社区发现项目执行中的问题，以增强社区公益项目的可持续发展能力。项目结项后，省民政厅成立专家评估组，赴各地对全省社区公益服务创投项目实施情况进行评估，总

结成效,提炼经验,分析问题,提出对策,形成综合评估报告,并采集优秀的项目进行汇编,打造一系列 HB 省社区治理品牌。

项目督导主要分三方面:审查方案、现场督导和过程观察。审查方案主要看目标群体是否明确;宣传是否到位;目的是否明确;设施是否具备;拟采用技术方法是否合适以及活动形式是否能吸引目标群体。现场督导主要看目标群体是否能被吸引前来;场地设施是否准备妥当;材料是否准备充足。过程观察主要看参与性和互动性;分工以及协作能力情况;积极分子以及潜在领袖的挖掘情况;社团是否具备自治能力;领袖是否能引导活动;社团治理结构是否完整;目标实际实现情况;活动实际支出等情况。督导行动小组长期跟踪观察与记录项目执行情况,为社区公益项目团队提供改进建议,将有效促进社区公益项目团队的成熟,提高项目执行效力和质量。

(二) 社区公益创投实践特征

HB 省民政厅四年来共举办公益创投实务能力培训班 30 多期,培训社区工作者 2500 多人次,安排省级专项资金 2400 万元,资助社区公益创投项目 1000 余个,成功举办了四届社区公益创投大赛,180 多个优秀项目参加了比赛,所形成的 12 个全省社区治理创新品牌项目[①],具有以下典型特征:

1. 项目主体多元,类型齐全。四年来,HB 省公益创投项目申报主体日趋多元。2017 年,HB 省第四届公益创投大赛以"建设幸福家园、我们共同行动"为主题,项目申报主体以社区居委会为主,联合社会服务机构、社区社会组织共同申报,所有参赛项目都突出了社区"两委"成员、社区社工、社区社会组织或社会服务机构以及居民群众的参与、合作。他们共同发现需求、共同设计项目、共同实施项目、共同筹集资源,多主体推动居民自治。同时,项目类型齐全,涵盖了志愿类、治理类、互助类、双性社团等多个类型。这一点我们从 2016 年第三届社区公益创投就可以看出来(图 6-1)。

---

① 数据来源于 HB 省民政厅基层政权与社区建设处。本书中关于 HB 社区公益创投的数据,没做特殊说明,均来源于此。

表 6-2　　　　　　　　HB 省第三届社区公益创投项目类型与数量

互助类	志愿类	治理类	双性社团	其他类型
167	273	85	65	45

2. 项目范围广泛，群体多样。2014 年 HB 省首届社区公益创投大赛的项目涉及目标群体包括：社区志愿者、社区老人、青少年、文艺爱好者、残疾人、贫困家庭、两劳回归人员、商户、失独家庭、社区工作人员、宠物爱好者、占道摊贩、下岗工人 13 类群体。受益对象包括：社区空巢老人、离退休老人、高龄老人、孤寡老人、失能老人、青少年、文艺爱好者、进城务工人员、残障人士、贫困家庭子女、就业困难群体、新生儿、低保家庭、留守儿童、重症患者、两劳回归人员、商户、失独家庭、单亲子女、社区归侨及侨眷、宅男宅女、社区工作人员、宠物爱好者、育龄人群、下岗工人、留守妇女 26 类群体。

2016 年第三届社区公益创投大赛，项目涉及的目标群体除上述 13 类外，又增添疾病患者、二孩家庭、义工、居民代表（小组长、楼栋长）、业委会、党员、进城务工人员 7 类，共 20 类群体。受益对象增加义工、二孩家庭、失地农民、棚改户、大龄未婚青年、陪读妈妈、现役军人、退役老兵、楼栋居民、党员、灾区居民、三无小区居民、少数民族居民 13 类，共 39 类群体。项目的目标群体和受益对象种类的增多，意味着参与公益服务的群体在增多，居民行动起来回应自己需求的积极性在不断提高，居民自治在逐步发展。

3. 项目数量递增，参与扩大。HB 省四届公益创投申报项目数量、资助项目数量、参赛项目数量逐渐增多。目前共申报 1500 个项目。其中，2014 年、2015 年、2016 年、2017 年分别为 241 个、321 个、512 个、426 个；资助 871 个项目，其中，2014 年、2015 年、2016 年、2017 年分别为 100 个、200 个、206 个、365 个；参加创投大赛 182 个项目。其中，2014 年、2015 年、2016 年、2017 年分别为 30 个、41 个、50 个、61 个。共评出一等奖 30 个、二等奖 38 个、三等奖 64 个、优胜奖 20 个（前三届没有）（表 6-2）。

表 6-2　HB 省社区公益创投申报、参赛和资助项目情况（单位：个）

		2014 年	2015 年	2016 年	2017 年
申报		241	321	512	426
资助		100	200	206	365
参赛		30	41	50	61
	一等奖	5	5	5	15
	二等奖	8	8	12	10
	三等奖	12	12	25	10
	优胜奖	—	—	—	20

由上表可知，四年来，社区公益创投申报项目、资助项目、参赛项目数量显著提高。表中的唯一不符之处在于 2017 年公益创投申报项目总量少于 2016 年。表面上看是如此，实则不然。2017 年社区公益创投项目在前三年居民组织化的基础上，进一步向社团整合迈进，即社区内已有多个社团形成一个联盟实现再组织化，因而 2017 年的公益项目绝对数量虽低于 2016 年，但实际上却相当于之前多个项目的集合，其中所涉及的目标群体、受益群体、公益服务内容等有增无减，公益氛围日益浓厚。

4. 扶持力度增强，投入加大。HB 省社区公益创投项目的扶持力度逐年增强，其主要体现在两个方面。首先"种子基金"金额逐渐增多。"种子基金"就是省民政厅一次性购买服务的资金。HB 省民政厅用于公益创投项目的"种子基金"总量逐年稳中有增。2014 年 200 万元，2015 年 400 万元，2016 年 400 万元，2017 年 1400 万元，四年共 2400 万元。

其次，扶持项目的数量和扶持比例逐渐增加。由表 6-2 可知，扶持项目的数量 2014 年、2015 年、2016 年、2017 年分别为 100 个、200 个、206 个、365 个，扶持公益创投项目的数量正逐年稳步增长。同时，公益创投资助项目占同年申报项目总量的比例总体也呈增长态势。2014 年、2015 年、2016 年、2017 年分别为 41.49%、62.30%、40.23%、85.68%（表 6-3）。

表 6-3　HB 省社区公益创投历届资助项目占比情况

	2014 年	2015 年	2016 年	2017 年
资助率	41.49%	62.30%	40.23	85.68%
非资助率	58.51%	37.7%	59.77%	14.32

需要说明的是，2016年比2015年的绝对占比下降了，但资助的项目数增加了。综合历年公益创投申报项目数量和公益项目"种子基金"总量可知，此结果与2016年公益申报项目总量基数较大、省民政厅2016年公益创投"种子基金"金额分配有关。2016年公益创投申报项目的总量将近为2015年公益创投申报项目总量的1.6倍，但两年用于公益创投"种子基金"金额相同，这说明，扶持公益创投项目数量的总体态势是逐年稳中递进的。

令人欣喜的是，四年来，在HB省各级民政部门、HB城市社区建设研究中心及社会各界力量的共同努力下，HB省社区公益创投的资源链接平台不断拓展，资源链接方式持续创新，链接到的资金、人力、物力资源不断增加。如第四届社区公益创投得到了HB美好志愿者公益基金会30万元公益金的资助，并在大赛现场进行了公益洽谈，签订了合作意向书。

5. 项目动员有效，作用凸显。从HB省社区公益创投的实践来看，无论是针对体制内，还是体制外，项目的动员作用都很明显。一方面，调动了地方政府参与的积极性。各地每年组织社区参与公益创投的规模逐渐增大，而且地方相关领导参与，起到了很好的示范作用。一些地方政府学习了HB省社区公益创投的经验，在当地也举办社区公益创投，进一步加大了居民自治的推进力度。另一方面，调动了居民参与的积极性。这一点我们可以从四年来，执行省公益创投项目过程中培育和发展的社区社团及其成员数量就可以看出来（表6-4）。通过项目动员的形式，居民以社团为单元的组织化参与明显增强，参与能动性和积极性逐渐提高。

表6-4　　HB省社区公益创投培育的社区社团数量及其成员数量

（单位：个/人）

	2014年	2015年	2016年	2017年
社团数量	292	428	713	786
社团内含人员数量	4277	8504	10862	15463

由上表可知，通过项目化的运作方式，社区社团数量和居民参与数量都有了提升，且增加趋势明显。四年来，HB省社区公益创投共培育社区社团2219个，带动了39106位居民的参与。这个数字相对全省的人口基数而言，并不乐观。但这仅仅是通过省民政厅公益创投项目示范带动的，不算省级其他部门和地方政府项目带动的数量以及社区原有的数量。同

时，这个数量是以社团真正能够运行以及居民切实参加为标准确定的。这样看来，项目带动社团运行和居民参与的作用毋庸置疑。已有研究表明，纯粹民间社会组织发展主要有三个瓶颈：是否能够获得政府批准认可；是否能够得到发展的资金；是否具有活动的空间。① 项目化运作打破了这些瓶颈，为民间组织发展提供了制度性的空间。

同时，项目的居民组织化程度不断增强。2014—2016 年三届公益创投项目大多以社区某一问题、某一资源优势或居民某一需求为导向，培育单个社区社团。在居民由原子化到组织化的基础上，第四届公益创投项目则着眼社区内新产生的多个社团争抢资源、缺乏交流、相互扯皮的现象，改变申报形式，推进社团整合，致力于将"单个社团"带向"社团联盟"，实现居民再组织和社区资源的再整合。从"居民+"到"社团+"，居民的组织化程度进一步得到增强。

（三）社区公益创投项目评估

公益创投项目的评估监测十分重要，这关系到项目运行的成败以及居民自治的效益。HB 省民政厅引入第三方评估机构成立评估组，赴各地对项目实施情况进行评估，分析问题，提出对策，形成综合评估报告。评估采取资料审查与实地考察相结合的方法，分参评项目自评、评估小组初评与评估委员会审定三个阶段进行。

评估工作由评估领导小组，评估工作组及项目实施单位三方共同完成。评估领导小组负责项目的工作指导、阶段性工作的检查、评估重点问题的研讨决策；协调评估工作组与项目实施单位的工作衔接；评估报告的初审与终审等工作。评估工作组具体实施工作包括：初期调研、调研提纲及表格文本的设计，现场访谈及现场查勘调研，收集、整理资料，评估分析，形成评估报告和结论。项目实施单位负责相关材料的提供和情况介绍，并配合评估小组完成现场查勘及调研工作。绩效评估实施过程分为三个阶段：

1. 准备工作。成立评估工作组。基于项目评估的特点和要求，由专业人员组成评估工作组。工作组需提前熟悉项目内容，对项目进行绩效评

---

① 管兵：《竞争性与反向嵌入性：政府购买服务与社会组织发展》，《公共管理学报》2015 年第 3 期。

估的背景、相关政策法规、评估内容、项目总目标、年度阶段性目标等进行系统的了解和学习；制定评估工作方案和评估工作计划；评估指标设计、评估方法选择及评估标准值的确定等；制定评估资料清单，评估申报材料。具体所需要提供的材料详见表 6-5。

2. 材料的审核分析。（1）案卷分析。对申报项目的评估材料及评估小组通过各种途径收集到的材料进行案卷分析，全面了解项目情况。（2）审核。对项目申报材料的真实性、合理性、相关性、完整性等情况做出判断。（3）数据分析。通过对数据的整理分析，制作评估基础数据表，并在这一阶段的工作中，针对审核中存在的问题以及评估所需要的关键信息，制定出现场核查工作的内容和方案。

3. 现场核实与调查。（1）现场核查。对主要申报材料和数据进行核查，查阅原始资料和针对相关人员询问，审核其真实性，取得重要评估证据和有疑问的数据资料的佐证材料。（2）现场访谈。分别召开省民政厅和各级市县民政部门工作人员的访谈会，进一步了解项目的实际绩效情况以及对评估中关键问题的深入了解和疑难问题的甄别。访谈前做好访谈提纲，并做现场访谈记录。（3）现场调查。分别选取具有代表性的项目所在的社区进行现场调查，与实施项目的相关人员进行交流。采用抽样调查的方式对项目所在社区的相关居民进行满意情况调查。最后根据上述工作取得的可信资料，进行综合分析评估，并撰写评估报告。

总之，HB 省社区公益创投以居民需求和社区问题为导向，秉承"社区是居民的，我们共同行动"的理念，以项目为依托，支持和发展社区社会组织。这一方面创新了政府购买社会服务的方式，使供需更为适配，提高了服务供给的效率；另一方面也提升了社区自我服务的能力，找到了推进居民自治的新路径。HB 省社区公益创投运行实践也表明，以社区社团为载体的自治在一定程度上能够打破集体行动的困境，使居民自我组织自我行动起来。

四　社区居民自治项目评估方式与标准

项目化的方式推进就必然涉及项目绩效评估，居民自治项目也不例外。绩效评估是检验项目成效的重要方式。绩效指标是绩效评估的核心，是度量项目绩效强弱的工具，是用来衡量具体绩效水平的，如效益、操作效益、生产力、服务质量、客户满意度和成本。[①] 社会服务项目和经济项目，公益项目和工程项目的评估都有很大不同，其绩效指标设定也有一定的特殊性。

（一）结果导向：社会公益项目一般评估标准

关于公共项目评估学界已有很多研究，产生了一些评估模式。卓萍建构了"绩效维度—利益相关者—样本属性"三维立体的绩效评估框架，[②] 认为公共项目绩效评估指标具有战略导向性、动态激励性、蕴含循环经济可持续发展理念等特性。[③] 张强等人介绍了美国联邦项目的绩效评估模式。美国构建了比较完善的层级绩效评估体系，大致包括项目战略管理、项目目标设计、项目管理、项目结果以及责任五个部分。[④] 尽管不同学者建构了不同绩效评估模式，但从他们构建的思路和指标来看，可以大致归纳为结果导向的评估模式和过程导向的评估模式。

结果导向评估模式重点关注项目的最终业绩，即项目的产出和贡献，包括列举结果、测量效果、成本收益。[⑤] 结果导向的评估往往采取结果量化的形式衡量产出，并以此作为绩效的标准，而不太注重执行项目的过程和行为。针对社会公益项目评估，很多学者都倾向结果导向的评估模式。台湾学者黄松林等人认为，社会工作评估应该以成效为导向，然后对服务方案和服务效益进行评估。朱晨海等人认为基于结果导向的社会工作服务体系才能有效监管和控制服务质量，增强社会工作服务机构的活力，提高服务的效率和信任度。[⑥] 实践中，很多地方政府也采纳了这种方法。调查发现，目前政府购买社会服务大多是以举办了多少次活动，有多少人参

[①] [美] 西奥多·H·波伊斯特：《公共与非营利组织绩效考评：方法与应用》，肖鸣政等译，中国人民大学出版社 2005 年版，第 4 页。

[②] 卓萍：《公共项目三维立体绩效评估指标体系的构建》，《天津行政学院学报》2009 年第 5 期。

[③] 卓萍：《公共项目绩效评估指标特性及构建标准》，《行政论坛》2013 年第 3 期。

[④] 张强、张定安：《美国联邦政府项目绩效评估及其效用分析》，《中国行政管理》2006 年第 9 期。

[⑤] 郁菁：《政府购买社会组织社会服务项目绩效评估模式研究》，《华东理工大学学报》（社会科学版）2016 年第 5 期。

[⑥] 朱晨海、曾群：《结果导向的社会工作评估指标体系建构研究——以都江堰市城北馨居灾后重建服务为例》，《西北师大学报》（社会科学版）2009 年第 3 期。

加,受益人群有多少,有无媒体报道,什么级别,报道的次数,使用多少经费等量化结果作为评判项目绩效的核心标准。

综合各地关于社区公益项目评估标准,其大多包含组织建设、资源投入、财务管理、项目实施和完成情况(项目开展、成效以及影响)五个方面的一级指标。其中,项目实施和完成情况是核心,我们选取这项来具体分析。当然,财务管理的比重也很大,但我们这里主要考察项目内容本身,所以不考虑这项。下面我们将以SH地区统一制定的社区公益服务项目评估指标为例(表6-5),来透视公益项目评估的一般标准。

表6-5　　SH地区社区公益服务项目评估指标体系(列举)

项目进展与项目计划的符合性	高	$1 \geq X \geq 0.8$	项目在服务内容、服务人群、服务方法、服务区域以及项目进度5个方面与项目标书一致。
	中	$0.8 > X \geq 0.6$	项目在服务内容、服务人群、服务方法、服务区域以及项目进度5个方面中,有3个以上方面与项目标书一致。
	低	$0.6 > X \geq 0$	项目在服务内容、服务人群、服务方法、服务区域以及项目进度5个方面中,有2个以下方面与项目标书一致。
服务人数	高	$1 \geq X \geq 0.8$	根据项目标书所制定的相关评估指标,项目实际服务人数达标率达到80%以上。项目实际服务人数每超出标书规定人数的10%,赋值加0.1。
	中	$0.8 > X \geq 0.6$	根据项目标书所制定的相关评估指标,项目实际服务人数的达标率达到60%以上,且小于80%。
	低	$0.6 > X \geq 0$	根据项目标书所制定的相关评估指标,项目实际服务人数的达标率小于60%。
服务频次	高	$1 \geq X \geq 0.8$	根据项目标书所制定的相关评估指标,项目实际服务频次的达标率达到80%以上。项目实际服务频次每超出标书要求10%,赋值加0.1。
	中	$0.8 > X \geq 0.6$	根据项目标书所制定的相关评估指标,项目实际服务频次的达标率达到60%以上,且小于80%。
	低	$0.6 > X \geq 0$	根据项目标书所制定的相关评估指标,项目实际服务频次的达标率小于60%。
安全服务情况	高	$1 \geq X \geq 0.8$	无服务投诉或服务投诉结案率达到90%以上。
	中	$0.8 > X \geq 0.6$	服务投诉结案率达到75%以上,且小于90%。
	低	$0.6 > X \geq 0$	服务投诉结案率小于75%。
服务成效	高	$1 \geq X \geq 0.8$	根据项目标书所制定的相关评估指标,项目服务成效达标率达到80%以上。
	中	$0.8 > X \geq 0.6$	根据项目标书所制定的相关评估指标,项目服务成效达标率达到60%以上,且小于80%。
	低	$0.6 > X \geq 0$	根据项目标书所制定的相关评估指标,项目服务成效达标率小于60%。

从以上指标设定可以看出，SH 地区社区公益项目评估仍是以"服务人数""服务频次"等可量化的指标去衡量项目的完成情况。同时，把项目完成情况同服务合同一一对比，检验其是否达标；是否与标书所写的目标一致。合同中服务成效主要包含受益群体的人口数量；年均受益人数；引起受益群体生活水平和生活质量的改变以及项目的社会关注度和影响力（主要看宣传报道情况）。这其实是一种典型的基于结果导向的评估模式。不可否认，结果导向有一定的合理性。"结果导向"是发达国家当代政府改革的新理念之一，也是政府绩效评估的重要指导原则。[①] 但是，社会公益项目，同经济类、工程类项目不一样。后者可以用结果量化的方式清晰地反映问题和衡量产出。例如，用了多少材料，修建了几栋楼，道路的宽度和厚度都可以简单量化。然而，前者有些东西不是很好量化的，就算可以量化，也不一定能反映出真实的问题，并且很多量化的东西可以弄虚作假。社会公益项目的绩效更要关注服务对象的生活方式、行为方式、精神风貌等方面的变化，而这是一个漫长的变化过程。

（二）过程导向：居民自治项目绩效评估标准

过程导向的评估模式的重点在于集中探索服务的提供机制、运作成效，如资源的投入、调配及运用；或者系统的完整即协调性程度，[②] 强调项目的监测、质量控制和进度控制。居民自治项目的目的是通过项目化的方式提高居民的自治意识、自治能力和自治的可持续性，这是一个缓慢培育的过程。HB 省对公益创投资助项目实施情况进行全面评估（表6-6）。主要评估内容为：项目实施全过程中是否贯彻和灵活运用了社区工作的新理念、新角色、新技术、新方法等；是否把居民组织起来，让居民自我行动起来；居民的行为方式有了什么变化等。这个评估指标是基于过程导向设定的，不再是简单地以服务多少人，多少人参与等量化指标为主。

[①] 周志忍：《为政府绩效评估中的"结果导向"原则正名》，《学海》2017 年第 2 期。

[②] 郁菁：《政府购买社会组织社会服务项目绩效评估模式研究》，《华东理工大学学报》（社会科学版）2016 年第 5 期。

表 6-6　　HB 省社区居民自治项目绩效评估指标体系（列举）

一级指标	分值	二级指标	分值	三级指标	分值	指标说明	评分标准
项目背景	20	问题分析	6	真实	3	真实指项目中要解决的问题是社区真实存在的；	项目具有真实性（3分）
				可能	3	可能指在实施项目中，未超过项目运行人能力范围。	项目具有可能性（3分）
		需求分析	5	运用参与式需求调查技术	5	参与式需求调查指对项目的目标群体做的需求调查。	需求调查技术运用到位（2分）；准确锁定了目标群体的数量（最好在20人左右）（1分）；找到了目标群体的需求并进行归类（2分）
项目目标	12	创建一个社区社会组织	4	具备培育社区社会组织的理念意识	4	社区社团由社区组织或个人在社区范围内单独或联合举办的、在社区范围内开展活动的、满足居民不同需求的民间组织。	目标具体、明确（1分）；目标可测量（1分）；目标可行动（1分）；目标有时间节点（1分）
		解决一个问题	2	项目实施前就已经非常明确的问题	2	问题指本社区真实存在的，社区及社区社会组织可以解决的。	问题解决的效果好（2分）
				充分开发和利用社区资源	9	社区资源是一个社区能够掌握、支配和动员的各种现实的社会资源。	人力性资源（3分）物质性资源（3分）；体制性资源（3分）
项目收益	7	发生的变化	7	物的变化	2	物的变化主要指社区的设施和环境等发生的变化；	社区的设施得到充分利用（1分）；社区的环境得到良好改善（1分）
				人的变化	5	人的变化主要指社区工作者和居民发生的变化。	社区工作者发生的变化：工作理念发生了变化（0.5分）；角色发生了变化（0.5分）；思路发生了变化（0.5分）；实际工作的技术方法发生了变化（0.5分）；专业能力增强了（0.5分）。目标群体发生的变化：目标群体的理念发生了变化（0.5分）；发现了目标领袖团队（0.5分）；成立了自治团体（0.5分）；建立了自治机制（0.5分）；能力得到了增强（自治能力、互动能力等）（0.5分）

从这个指标体系的内容来看，其主要侧重项目实施的过程。居民自治项目很难用量化的方式去衡量自治的效果，只有注重过程评估和过程监控才能实现项目动员的目的。HB社区自治项目绩效评估主要检测居民自组织如何成立，如何可持续发展的过程。这个过程包括是否有具体的问题分析；是否锁定了目标群体；是否有风险规避的措施；是否有激励居民参与的措施；是否使用了正确的方法和技巧；居民是否自我行动起来等过程性问题。而并没有关注举办了多少次自治活动，多少人参加，有无媒体报道等结果性指标。

同时，这个指标的设定更多关注的是项目本身的内容，即在执行项目过程中，有没有采取切实可行的措施推进居民自治。政府给了社区和社团很大的自主空间，而不是想通过评估去控制被评估对象。评估内容具有很强的导向性，正所谓"你评估什么，就想得到什么"。① 怎么评估，以后就会怎么做。结果为导向的评估模式不适合公益类、自治类项目，因为其不能提供很好的示范和导向。在整个项目绩效的生成过程中，"结果"只是一个显在的绩效，其他过程更多的是潜在的绩效。② 推进自治、培育自治更是一个漫长的过程，建立基于过程导向的项目绩效评估指标至关重要。也只有通过过程导向的绩效评估，才能把"复杂的互动因素"③ 挖掘出来，从而持续培育和发展自治。

（三）项目收益："人的变化"+"物的变化"

项目带动的社区自治效益可以通过社区物的变化和人的变化表现出来，核心是人的变化。"物的变化"主要是指社区物质环境发生的变化。如社区变得干净了，各种设施得到了保护等。"人的变化"主要是指居民的精神风貌、思想状态和行为方式发生的变化。例如，项目化运作过程中，居民的参与意识是否有一定程度的提升。前者是显性的，后者是隐性的。基于过程导向的自治项目绩效评估尤其注重人的变化，这是自治得以发生的核心。实践证明，这种项目动员，确实也使社区的人和物发生了很

---

① 邓国胜：《中国公益项目评估的兴起及其问题》，《学会》2009年第11期。
② 尚虎平：《政府绩效评估中"结果导向"的操作性偏误与矫治》，《政治学研究》2015年第3期。
③ 张锁庚：《从问题导向、过程导向到主体导向——公共政策研究的新视角》，《南京社会科学》2008年第3期。

多变化。

　　在长者精神关怀志愿社团项目化运作过程中，社区内的老年人逐渐组织了起来，一定程度上实现了老年人之间的互帮互助，解决了社区内孤寡老人长期无人照料的问题，促进了老年人之间的交流，在社区内营造了和谐的氛围。这种效益首先体现在人的变化上：一是受助老人的变化。社区内的孤寡、独居以及残疾老人得到了帮助，日常生活能够正常进行，心理得到疏导，精神面貌变好了，幸福指数提高了。二是施助老人的变化。社区内具有自主活动能力的老年人找到了实现自身价值的渠道，实现了"老有所为"，提高了自我认可度以及内心满足感，老年人的精神面貌发生了很大变化。三是居民关系的变化。社团活动开展过程中，老年人自我联系起来，交流逐渐增多了。

　　同时，老年人积极参与社区公共事务，如治安巡逻、环境管理等。这加强了老年人与社区内其他居民之间的交流，使居民之间的关系变得和谐融洽起来。表现在物的变化上面，主要是社区资源得到充分利用。一方面，原先社区闲置的设施设备及周边与长者相关的各类资源得到了充分的利用；另一方面，社团又挖掘和开发了一些新的资源，社区的物理空间有局部的改善。

　　在党员互助社团执行项目过程中，社区的人和物也发生了诸多改变。就人的变化而言，一是党员发生了变化：一方面，老党员自身价值得到实现。通过开展爱国主义教育活动，小区电梯维护活动，老年人慰问活动以及社区环境管理活动，老党员有了发挥自身价值的机会和平台，实现了老党员自身价值；另一方面，在老党员积极参与社区公共事务的过程中，年轻党员受到了很大程度的影响，也积极参与社区党建活动和志愿服务活动。

　　二是普通居民发生了变化：一方面，社区是棚户改造小区，居民来源不一，他们之间缺少沟通和联系的媒介。社团项目化运作为居民沟通与交流搭建了平台，居民关系融洽了。另一方面，老党员影响了身边的居民。在老党员带头作用下，居民参与社区公共事务的热情与意识增强了。就物的变化而言，社区设施、资源利用率得到提高，党史微展馆展示内容更加多样。以往具有历史意义的老物件没有得到有效利用，处于闲置状态，而且社区1500平方米的场地资源也没有得到利用，社区内的资源浪费严重。党员互助社团通过老物件收集，将老党员手中的老物品收集到社区集中展示,广大居民和学生可以参观,提高了资源利用效率,党史微展馆内的物品也丰富了。

以上都是从整体上看自治项目带来的变化。下面我们从微观个人出发,具体来看自治项目给人带来的改变。这更加细微地彰显了自治的绩效。

> LSDL社区内有一名7岁的小姑娘叫婷婷,婷婷家一共4口人,奶奶、父母及婷婷。婷婷父母均为聋哑人,父亲在一家工厂上班,每月固定1800元钱收入;母亲之前没有工作,现在在卖化妆品、保健品等,两个月才能回一次家,每一次回来只待3小时,奶奶今年70岁,身体还算硬朗,但有些腿脚不便。婷婷从小跟奶奶一起长大,日常生活起居全是由奶奶负责。一家人住在爷爷留下的两室一厅的房子里,平常婷婷很少和父母沟通,家庭环境相对来说比较安静,导致婷婷出现某些性格上的问题。
>
> 社团领袖CXG的儿子恰巧和婷婷是同班同学。CXG得知婷婷一家的实际情况后,中秋节主动到婷婷家送上亲手制作的月饼,并邀请婷婷参加社团组织的各种活动和"第二课堂"辅导。开始时婷婷很拘谨很害怕,后来渐渐地变得开朗、爱笑,愿意参加社团活动,对外界适应能力有所增强,学习成绩也有了小幅度提升。婷婷在"第二课堂"结交了很多好朋友,跟小伙伴一起玩耍学习,还邀请朋友到自己家中做客,笑容明显多了。

这个案例形象地说明了自治的绩效。自治社团在运作过程中,给人带来了很大的改变。从原来的"自卑封闭"变成了"开朗爱笑";从原来的独来独往转为主动结交朋友。这种变化才是公益项目真正想达到的目的,但这种产出无法量化,只有通过长时期观察才能看到。有的学者认为,自治效益的监测不仅应关注实践层面的现象,还要关注制度层面的表现形态。① 不过,我们这里尤其关注实践形态,不在宏观制度上做过多的解释。因为,这里我们采取行动研究方法,重点关注实践的改变。自治项目带来的改变关键体现在人的变化上。社区居民自治是以人民为中心的自

---

① 刘金海:《村民自治的绩效评估》,《社会主义研究》2000年第2期。

治,社区建设和社区治理的目的也是要促进人的良善发展。①

五 社区居民自治项目的运作绩效

居民自治项目的绩效主要体现在"人"的改变上。HB 社区公益创投实践表明,通过项目的形式推进自治促进了政府的功能角色转型和社区居委会的专业化建设,提高了居民参与程度和自治能力。

(一) 政府角色功能逐渐明晰

以往的研究表明,理顺政社关系,促进政府职能转变是推进居民自治的重要举措。但是,如何促进政府职能转型,明确政府在社区自治中的功能一直是个值得探究的议题。HB 社区公益创投实践表明,项目制是促进政府角色转型,推进居民自治的可行方式。政府不再直接介入社区自治,而是把自治事务通过项目的形式交给社区居委会、社区自组织等社会力量。政府逐渐从具体的社会事务中抽离出来,从大包大揽的惯习中脱离出来,职能和角色逐渐清晰。

居民自治项目化过程中,政府的主要功能在于:一是制定政策。宏观上制定有关社区自治的政策,为居民自治找准方向。社区公益创投本质上就是一项公共政策,也是一种政策创新。值得注意的是,制定政策时,也要把社区自组织纳入政府购买社会服务目录,增强本土的自治力量。二是提供资源。政府应该为自治提供必要的资源支撑,强化居民自治的保障。社区公益创投中,给予自治团队一定的"种子基金",引入第三方能力训练机构,都是资源供给的集中体现。三是号召参与。政府要充分利用自身的权威和优势,号召各方力量参与社区自治。例如,举办第四届社区公益创投时,HB 省民政厅还同时举办了公益洽谈会,吸引了 HB 美好志愿者公益基金会的参与,并给予了 30 万元公益金资助。当然,这笔公益金也是以项目的形式交给自治组织。由此也可以看出,自治项目运作机制不同于传统的分级治理,政府的角色是一个帮扶者,不是控制者。

(二) 社区引导自治能力提升

社区居委会是我国法定的自治组织,其核心功能是引导和组织居民自

---

① 许宝君、陈伟东:《社区治理理念创新及其技术实践》,《中州学刊》2017 年第 7 期。

治。项目制为社区居委会引导和组织居民自治提供了一种有效的操作方法，增强了社区居委会的法定功能和提高了专业化程度。一是社区居委会的主体功能得以体现。HB 省社区公益创投与其他地方的最大不同之处在于项目承接方不一样。其他很多地方要求项目承接方必须是登记的专业社会组织，HB 则是社区居委会。这么做的目的就是要让社区利用项目引导居民开展自治，让社区在执行项目的过程中孵化和培育居民自组织。这种项目制增强了社区居委会的主体地位和法定功能，避免了三社联动中居委会可能被边缘化的倾向。社区不再只是起"平台"作用，即为专业社会组织搭建平台，而是要发挥主体作用，主动作为，开展自治。

二是社区居委会的专业能力不断增强。项目执行过程中，社区居委会不再单纯依靠经验性的、行政式的方法，而是逐渐掌握了一套系统的专业社会工作技术和方法。社区居委会综合利用居民公约协商技术、参与式需求调查技术、社区问题诊断技术、社会资源链接技术、公益基金众筹技术等，引导居民自我建立组织、自我制定公约、自我选择激励、自我提供服务。他们逐渐懂得把社区公共事务的决定权和行动权交给居民，使传统的"给予式"服务向现代的"增能式"服务转变，破解了居民"理性无知"的难题，专业化程度不断提升。

（三）动员居民参与效应凸显

居民自治的核心困境在于参与的缺失，自治项目的最大绩效就在于动员了居民参与，使他们从"要我参与"变为"我要参与"。

一是参与群体和事务得以拓展。随着项目的深入开展，居民的参与热情和参与动力有了很大程度的提升。据统计，实施社区公益创投以来，老人、青少年、文艺爱好者、残疾人、贫困家庭、"两劳"回归人员、商户、失独家庭、宠物爱好者、占道摊贩、下岗工人、退役老兵、二孩家庭、进城务工人员等 20 多类群体都积极参与进来。参与事务涉及环境保护、治安巡逻、防灾救灾、家政维修、青少年教育、社区矫正、物业纠纷调解、家庭矛盾调解、残疾人帮扶、就业创业指导、留守儿童关爱等 40 多类社区事务。同时，在参与过程中，居民的主体性和能动性得以释放。他们不再是社区治理的"旁观者"或社区服务的"享受者"，而是积极发表意见，贡献智慧，"实质性"参与成分增多了，"表演性"参与的成分减少了。

二是组织化参与程度得以提高。碎片化的社会始终面临再组织化的问题，社会再组织化是社会管理和服务的重要课题。① 推进居民自治的关键就在于把分散化的、原子化的居民组织起来，让他们依托组织参与自治。居民自治项目运作中，项目制的动员作用就主要体现在让居民以组织化的形式参与自治。举办社区公益创投的最终目的也是要让居民自我建立组织，自我行动起来。据统计，创投项目共培育和发展了2200多个社区社会组织。很多居民都根据自身的爱好、特长和诉求加入了一个或多个组织。这些组织内部治理结构较为完善，有自治领袖、自治公约、自治章程，能够较好地引导和组织居民自治。同时，这些组织都是本土的组织，不是外来"嵌入"的，能够长期扎根社区，持续开展自治。

六 项目赋权：自治运转方式变革的关键

现有文献关于居民自治的研究大多停留在制度层面的学理讨论，然而，实践中，自治处于"空转"的状态。如何使居民自治运转起来，让自治从"空转"转为"自转"是一个必须回答的问题。项目赋权或许能够为我们找到新的突破口。项目赋权有两层含义：一是通过项目的方式推进自治；二是居民在项目申请、执行和结项的过程中享有自主权。这主要体现在根据居民的需求确定项目和根据居民的意愿评估项目两方面。

（一）通过项目推进居民自治

我国的居民自治不是自然而然就发生的，需要政府的推动。实际上，居民自治本身就带有很强的"国家建构"的色彩，政府一直就起了很大的作用。对于这一点，一些学者认为正是由于政府介入才导致自治发育不良，政府应当退出社会领域。其背后涉及国家与社会关系的讨论，是个复杂的议题，这里暂不讨论。不过，整体上看，这种看法虽有它的合理性，但是带有强烈的"社会中心论"色彩，不符合我国社区建设的历史和实践。政府外部动员是十分必要的，前面已论证过，这里就不再赘述。现在我们要关注和讨论的焦点不是政府是否应当介入的问题，而是政府应当采

---

① 徐永祥：《社会的再组织化：现阶段社会管理与社会服务的重要课题》，《教学与研究》2008年第1期。

取什么方式介入的问题。HB 省社区公益创投的经验告诉我们,通过项目的方式介入自治是一个可行的路径。

项目运作的主要目的是培育和发展自组织,使居民自治能够运转起来。前面我们讨论了自治组织的建立、自治规则的设定和激励机制的制定三大问题。可以说,这三大问题是自组织的内部问题。处理这三大问题的目的是解决自组织内部结构的问题。现在要讨论的是自组织如何运转的问题。即使自组织结构较为完善,但其也不能自然而然地运作,它需要参与平台和资源支撑,而这正是政府应该作为的。政府通过项目化的方式推进自治,实际上就给予了自组织参与渠道和参与平台,更重要的是,给予了自组织运转必要的资源支撑。

在我国社会民主和自治发展不良的情况下,自组织能够自我筹集的资源十分有限,政府的资源供给就显得尤为重要了。因此,从这个意义上讲,政府通过项目化的方式推进自治就是在培育和发展自组织,解决自组织外部动员和资源供给的问题。居民自治项目化就是以项目的形式推动自治组织的发展。这一点我们从 HB 省社区公益创投促进社区社团不断增长的趋势就可以看出来。

尤其需要说明的是,居民自治项目运作逻辑与目前学界经常讨论的项目制的运作逻辑不一样。通常意义上讨论的项目制的运作逻辑都是分级运作。折晓叶、陈婴婴首先提出项目制是"发包—打包—抓包"的自下而上的分级运作机制,[1] 这一看法也得到了学界的广泛认同,之后,很多学者用不同的事实也印证了这种逻辑。分级运作实际上还是政府自上而下的控制。虽然这不同于周黎安教授提出的"行政发包制",[2] 即各级政府层层发包,层层加码,但是,上级政府拥有项目的决定权和资源的分配权是无法争辩的事实。这样,上级政府就可以利用这种权力控制和调动下级政府,沿用的还是科层制逻辑,正如有学者指出是"科层为体、项目为用。"[3]

居民自治项目是自下而上运作的。政府不是通过招标,而是创投的

---

[1] 折晓叶、陈婴婴:《项目制的分级运作机制和治理逻辑——对"项目进村"案例的社会学分析》,《中国社会科学》2011 年第 4 期。

[2] 周黎安:《转型中的地方政府:官员激励与治理》,格致出版社、上海人民出版社 2008 年版,第 14 页。

[3] 史普原:《科层为体、项目为用:一个中央项目运作的组织探讨》,《社会》2015 年第 5 期。

方式确定项目。从居民自治项目的运作路线看,它是经历了"项目创意—项目申报—项目审定—大赛确定—项目督导"的过程,其完全不同于"发包—打包—抓包"的运作逻辑。这个过程的发起端是居民,不是政府,政府的"发包"角色也就无从谈起。并且,HB省的公益创投是直接针对社区的,省民政厅直接向社区征集项目,这抑制了中间地方政府的"打包"策略。

多方主体组成评委共同现场打分决定项目,也就抑制了基层政府的"抓包"策略。① 这些项目的内容都是社区联合社团自我确定的,政府只是通过项目的形式推进这些内容。尽管政府还是拥有项目的决定权,但这种决定权不是控制而是支持。况且,项目确定是在创投大赛上现场确定的,评委是由政府官员、高校专家以及其他第三方机构代表人员共同组成的,最终结果根据现场打分的高低确定,不是政府单方面决定。这样就减少了很多非制度化的操作空间,保障了项目的公平性。

可以看出,通过公益创投大赛确定的项目不同于传统项目制的运作逻辑。传统项目制运作过程中,尽管下级政府可以用反控手段,通过倒逼机制维护地方利益,② 事实中也形成了国家主导逻辑和地方自治逻辑,③ 但是,纵向控制和横向竞争是其核心逻辑。④ 居民自治项目则更多的是一种赋权逻辑,政府是支持者的角色,目的是给予自组织能够自我运转的资源和探索居民自治有效的运转方式。

(二) 根据居民需求确定项目

传统的项目基本上都是按照政府的意志和偏好分配的,地方政府也只是出于财政或晋升的考虑去争取项目。⑤ 这些项目一般数额较大,资助范

---

① 并不是说,自治项目运作机制中就没有分级运作机制中的"打包"策略、"抓包"策略,只是这些策略体现得不明显。

② 陈家建、张琼文、胡俞:《项目制与政府间权责关系演变:机制及其影响》,《社会》2015年第5期。

③ 陈水生:《项目制的执行过程与运作逻辑——对文化惠民工程的政策学考察》,《公共行政评论》2014年第3期。

④ 张振洋:《当代中国项目制的核心机制和逻辑困境——兼论整体性公共政策困境的消解》,《上海交通大学学报》(哲学社会科学版)2017年第1期。

⑤ 于君博、童辉:《项目制:一种新的国家治理模式的文献综述》,《南京农业大学学报》(社会科学版)2016年第3期。

围有限，地方争取这些项目都是"跑"出来的，正所谓"大跑大发展、小跑小发展、不跑不发展"，遵循的是压力型体制下的政绩逻辑。① 居民自治项目则不同，其属于一种公益性项目，是根据居民的需求确定的。社区联合社团共同挖掘社区的需求，然后再向上申报项目。政府只是需要根据自身的财政状况和社区的实际需求确认项目，对项目的内容不会做出更改，最多也只是指导操作项目的方法。

从 HB 省社区公益创投的经验来看，这类项目资金数额不大，一般每个项目 1 万—2 万元；横向竞争力度也较小，资助范围很广，如 2017 年资助率达 85.68%，可以说，只要有需求，基本就满足。这和传统项目"纵向控制、横向竞争"的运作逻辑不一样。同时，省民政厅要求每个社区都要做需求调查，项目中要解决的问题是社区真实存在的。

LH 社区采取的是参与式需求调查方法，不是传统的问卷调查。问卷调查的基本操作路径是列出需求选项，让居民勾选。这些列出的需求也有"拍脑袋"的成分，有的居民根本不需要，有的需要选项中却没有。参与式需求调查就是让居民自己写出内心真实的需求，然后再分类归总，投票或打分排序，这样更能挖掘居民内心的真实想法以及需求程度。LH 社区最后归总发现有 36 类需求，这远远超出了居委会原有的考虑。有的需求如"社区旁边拥堵，拆除社区边围墙"，居委会根本就没想到。"禁止绿化带种菜"也没有想到是最受支持的。

需要说明的是，投票或者打分排序的目的是决定先开展哪类项目，不是说得票少的需求就不重要，只是在资金有限的情况下，优先发展需求多的项目。LH 社区根据投票数，最先发展了前三个项目，后面的也会陆续展开。由此可见，这是基于需求导向的项目制，不是基于控制导向的项目制。有的学者所担心的项目制中常存在的"政府的偏好和社会的需求冲突"② 在这类居民自治项目中是很少存在的；黄宗智所讲的"官商勾结、权钱结合"③ 以及

---

① 张良：《"项目治国"的成效与限度——以国家公共文化服务体系示范区（项目）为分析对象》，《人文杂志》2013 年第 1 期。

② 颜克高、任彬彬：《嵌入冲突：社会组织项目制治理的困境探析》，《理论导刊》2017 年第 10 期。

③ 黄宗智、龚为纲、高原：《"项目制"的运作机制和效果是"合理化"吗?》，《开放时代》2014 年第 5 期。

李祖佩所讲的"分利秩序"① 在这类项目中也没有体现。政府主要是依照社会的需求协助和支持自治的发展。项目发挥的不是控制功能,而是动员功能,即动员地方政府和社会力量参与社会治理。②

(三) 根据居民意愿评估项目

评估是项目制的末端环节,评估的目的是反馈和激励。通过评估,既能避免社会组织因委托代理的复杂性而导致的目标偏离,又能够对社会组织在承接政府职能转移过程中的成本和风险进行有效控制。③ 很多项目评估都是采取以结果为导向的评估模式,包括当前很多地方政府向社会组织购买社会服务的项目评估多是采取的这种模式。政府关注的是结果,准确地说,关注的是项目是否实现了自己想要的结果。政府想知道"花这些钱究竟值不值",④ 并以此作为是否继续购买的依据,所以项目制中的结果导向尤为明显,至于项目执行中是否符合居民的意愿,是否达到了居民的要求,项目评估中很少体现。即使有些评估指标中有居民满意率的指标,但所占比重也比较低,并且常常也只是走过场,玩数字游戏。

居民自治项目评估采取的是过程导向的评估模式,注重项目过程的监控和反馈,尤其是,整个评估过程都是以居民意愿为导向。一方面,项目专门制定了居民满意度调查问卷,考察项目执行过程中居民是否参与,项目的动员作用是否明显,是否达到了居民理想的要求。另一方面,项目的评估指标是采取了参与式绩效评估的方法确定的。整个评估指标体系制定都是建立在民意最大公约数基础之上的,这使项目评估充满了"民本主义"色彩。

评估指标不是由政府说了算,也不是权威专家单方面制定的。制定指标的时候邀请了政府官员、知名专家、社团领袖、社区居民等利益相关者。他们首先,各自表达项目预期要达到的效果,如何执行项目才有效等

---

① 李祖佩、钟涨宝:《分级处理与资源依赖——项目制基层实践中矛盾调处与秩序维持》,《中国农村观察》2015年第2期。

② 王才章:《地方政府社会治理创新的项目制运作》,《重庆社会科学》2017年第3期。

③ 朱晓红:《社区公共服务合作治理的风险与制度建设——以公益创投项目为例》,《湖南社会科学》2016年第2期。

④ 郁菁:《政府购买社会组织社会服务项目绩效评估模式研究》,《华东理工大学学报》(社会科学版) 2016年第5期。

问题；其次，把自己的想法尽量细化，尽量变成可操作的指标；再次，第三方机构、专家小组协同相关人员把这些指标按照单一性、通用性的原则合并归类；最后，大家在一起协商讨论哪些指标可以要，哪些指标没必要，每个指标分值是多少，并配以指标解读。

整个过程居民都参与其中，每一个环节都征求了居民的意见。这相比单纯的居民满意度调查更能体现居民的意志，居民也拥有了评价权。居民享有评价权是以人为中心的治理理念的直接体现。① 传统政府购买服务的评估标准大多是政府意志的表达，这样的购买往往会造成社会组织的"逐利化"和服务的"奶油化"，② 导致购买服务的内卷化，为购买而购买，没有考虑居民的感受。综上，只有评估标准的制定始终坚持以人为本，以公益为导向，③ 项目的动员和激励作用才能显现，居民也才会有参与的意愿和动力，项目化推进居民自治的目标也才能实现。

总之，外部动员之于居民自治有重要的作用，无论是历史发展脉络还是现实实际需求都印证了这一点。但传统政治动员和情感动员的方式已经不能适应新时代居民自治的需求，项目动员为新时期发展居民自治提供了可行的路径。项目制不仅是国家治理的一种新机制，也是推进居民自治的一种新方式。HB省社区公益创投运行实践表明：以项目化的方式推进居民自治是可行的。不过，居民自治方式变革的关键在项目赋权。项目的设计要以居民的需求为导向，项目评估要以居民的意愿为导向，项目效益主要体现在人的改变上。

七　小结

项目制一直是学界研究的热点议题。目前学者们对政府内部治理和社会管理和服务领域的项目制研究得比较多，对基层自治领域的项目制研究相对较少。研究发现，项目制在基层自治领域中的运作机制不同于传统的分级运作，其是赋权逻辑而非控制逻辑。通过对HB省社区公益创投的研究发现，居民自治项目历经"项目创意—项目申报—项目审定—创投大

---

① 许宝君、陈伟东：《社区治理理念创新及其技术实践》，《中州学刊》2017年第7期。
② 杨书胜：《政府购买服务内卷化倾向及成因分析》，《理论与改革》2015年第3期。
③ 王力达、方宁：《我国政府向社会力量购买服务问题研究》，《中国行政管理》2014年第9期。

赛—项目督导—项目评估"六大阶段，遵循自下而上的制定机制，供需适配的购买机制以及过程导向的评估机制。整个项目运作过程都十分尊重居民意愿。上级政府不再是利用项目控制基层，而是利用项目赋权社区。这种"以居民为中心"的项目制有利于促进政府职能转型，提高社区居委会的专业化程度，动员居民组织化和常态化参与，这对于推进居民自治以及拓展项目制研究都有重要的意义。

居民自治项目是由社区联合居民制定的，政府联合第三方机构通过大赛评比的方式现场确定。整个过程经历了"创意—申报—审定—大赛—督导—评估"六大阶段，其显著特点在于：政府是根据居民的意愿自下而上确定项目，而不是根据政府的偏好自上而下发包项目；政府是根据居民的需求以项目的形式购买服务，供需适配偏差较小；同时采取了过程导向的评估模式，注重项目执行中人的行为和态度的变化。整个运作过程中，政府的角色再不是分级运作中的控制者，而是一个协助者和支持者。政府更多是赋权社区，这为居民自治的发展提供了可能。

同时，项目本身就是一种资源，任何行动都离不开资源的支持，居民自治也不例外，正所谓"巧妇难为无米之炊。"这里的资源包括物质资源、人力资源、技术资源、组织资源、财务资源等。资源对于居民自治的影响在于：一是资源的多少决定自治的广度。资源越多，居民自主开展的活动也就越多，自治的事务和范围都会随着资源的变化而变化。二是资源的属性决定自治的深度。自组织拥有的独立资源越多，其自治行为的可选择性空间就越大，对政府等他组织的依赖就越小，自治的效力也就更好。

需要说明的是，这种居民自治项目的运作机制只是为项目制的研究提供了一种新的可能和新的视角，并不是否定分级运作机制的解释力度。我们可以把其看作是项目制研究的一种补充或拓展。由于项目的属性不同，其运作机制和运作绩效也有所不同。只不过，在基层自治领域，这种运作机制比分级运作更有效。如果居民自治项目简单地套用分级运作机制，就会产生"行政吸纳自治"的窘境。当然，这种项目制也不是十全十美的。如项目运作的碎片化问题，以及项目经费的科层制问题仍旧存在。如何构建居民自治项目的整体运作机制，并配套灵活的财政制度仍是值得探究的议题。

第七章 流程式赋权的集体构建与社区居民自治的梯度递进

前面四章分别讨论了流程式赋权的四个环节。这四个环节不是单独存在的，而是环环相扣的。其中，组织赋权是基础，规则赋权是关键，心理赋权是动力，项目赋权是保障。同时，流程式赋权不是单方构建的结果，而是以居民为中心集体构建的结果。其中，政府赋权主要体现在政策和资金的供给上；社会组织赋权主要体现在能力和技术的供给上；社区居委会赋权主要是引导居民组织起来、行动起来。在多主体集体赋权过程中，居民的自治能力有了很大的提升。居民不再是服务的享受者，而是主动参与到服务的提供中去，充分发挥自己的主观能动性和创造性，从"要我参与"转向"我要参与"。实际上，流程式赋权中，不但居民的权能得到了增强，其他各主体也从原来包办式关系中抽离出来，获得了新的自主行动的空间，权能也得到了增强，实现了权力共生。整体上看，流程式赋权造就了社区居民自治的梯度递进，培育自治实际上就是一个流程式赋权的过程。

一 流程式赋权的基本环节与产生过程

流程式赋权包括组织赋权、规则赋权、心理赋权和项目赋权四个基本环节。其中，组织赋权是基础，规则赋权是关键，心理赋权是动力，项目赋权是保障。这四种赋权不是单独存在的，而是相互联系的。从组织赋权到项目赋权是一个赋权的连续统；同时每种赋权都有可操作的流程。

（一）组织赋权是基础

流程式赋权的首要环节就是组织赋权。组织赋权是指个体参与的组织化并且个体拥有建立自组织的自主权。这里的组织赋权不同于 Robert

Adams 教授所讲的组织赋权。Robert Adams 讨论的组织赋权主要是针对组织内部结构而言。他认为组织赋权是与科层组织相对的，具有民主的、灵活的、开放的、水平的组织结构，组织上下级以及组织成员之间都能够合理沟通。[①] 本书的组织赋权的核心要义有两层。

第一层意思是要让个体加入一定的组织中，以组织为载体参与自治。组织赋权首要的是实现公众参与的组织建设，使个体的、自发的参与转化为组织化参与。[②] 面对碎片化和个体化的居民，再组织化具有很强的迫切性。个体化的参与对于推进居民自治的意义不大。组织为集体行动实践提供了持久的条件和力量，组织的存在无论是在思想上，还是在行动上都具有深邃的意涵。[③] 居民加入一定的组织后就获得了某种特定的身份和功能，这一方面能够提升居民自治的效益，克服碎片化自治的弊端；另一方面也能增强自治的力量，在与政府互动中获得一定的话语权。

第二层意思是个体拥有自我建立组织的自主权。组织并非是一种自然形成的现象，而是人为的一种建构，其目的就是要解决集体行动的问题。[④] 组织建构过程中尤其要保障利益相关者的自主权。单位制社会中，居民的组织化程度也很高，单位把大家统一组织了起来，但是这种组织不是居民自愿构建的，而是国家为了控制社会而构建的，因而居民自治也就无从谈起。单位制解体后，社区居民委员会作为整合基层社会的组织形式，但是其仍然是国家建构的结果，不是居民自我建立的，因而自治属性仍然很弱。当前一些地方根据居民的意愿，让居民自我建立组织是一种很好的尝试。这种组织之所以能够带动居民自治的根本原因在于居民拥有组织建立的自主权。居民在组织中能够获得认同感和归属感，因而他们愿意参与自治。实际上，居民自我建立的组织都是一些规模较小的组织，利益

---

① ［英］Robert Adams：《赋权、参与和社会工作》，汪冬冬译，华东理工大学出版社 2013 年版，第 174 页。

② 唐有财、王天夫：《社区认同、骨干动员和组织赋权：社区参与式治理的实现路径》，《中国行政管理》2017 年第 2 期。

③ ［法］埃哈尔·费埃德伯格：《权力与规则——组织行动的动力》，张月等译，上海人民出版社 2008 年版，第 3 页。

④ ［法］米歇尔·克罗齐耶、埃哈尔·费埃德伯格：《行动者与系统：集体行动的政治学》，张月等译，格致出版社、上海人民出版社 2017 年版，第 1 页。

和意愿高度集中，这是一种组织创新，① 是居民自治得以产生的重要条件。

（二）规则赋权是关键

居民自我建立了自组织并不意味着居民就会自觉行动，其关键在于要制定合理的规则引导居民行动。良好的社群自治应当内生演化出有利于实现社群成员协商合作的行为规范。② 按照经典作家诺斯的理解，规则就是一些人为设计的，形塑人们互动关系的约束。③ 规则赋权有两层含义。

第一层含义是指制定规则引导自治。任何个体都必须遵照一定的规则开展行动，否则无序的社会行动和社会参与只能导致社会失序，不会带来民主和稳定。人的行为可以分为自发行为和自觉行为，自发行为是受到欲望、情感等驱动的，是非理性的，需要规则引导，而规则就是把自发行为转化为自觉行为的保障性因素。④ 同时，以组织为载体的集体行动必然会遇到集体行动的困境，只有制定合理的规则，制约人们"搭便车"的行为，才有可能破解集体行动的困境。这一点，奥斯特罗姆在设计自主治理的原则的时候就做出了很好的解释。不过，规约民间自治行为的规则大多是一种非正式规则，非正式规则与民间公共物品的供给有很强的关联。⑤

第二层含义是指居民要有制定规则的自主权。规则实际上是一种契约，是"分工—协作"形式出现的集体行动的要求，是一种非人格化的、制度化的信任。⑥ 只有利益相关者拥有参与规则制定的自主权，规则的认同和约束功能才会发生效力，制度化的契约信任也才会形成。

当前居民自治的困境并不在于没有规则，而在于现有的规则没有发挥作用。传统的社区自治章程、居民公约都是政府自上而下统一制定的。居

---

① 郑雯睿、汪仕凯：《组织创新、公共事务管理与城市居民自治——上海市 H 居民区自治个案研究》，《广东社会科学》2015 年第 1 期。

② 朱宪辰、李玉连：《异质性与共享资源的自发治理——关于群体性合作的现实路径研究》，《经济评论》2006 年第 6 期。

③ [美] 道格拉斯·C. 诺思：《制度、制度变迁与经济绩效》，杭行译，格致出版社、上海三联书店、上海人民出版社 2014 年版，第 3 页。

④ 张康之：《论社会治理中的权力与规则》，《探索》2015 年第 2 期。

⑤ 温莹莹：《非正式制度与村庄公共物品供给——T 村个案研究》，《社会学研究》2013 年第 1 期。

⑥ 张康之：《论组织化社会中的信任》，《河南社会科学》2008 年第 4 期。

民没有参与公约的制定,也没有参与公约的表决,因而不愿遵守;同时这些公约千篇一律、大而化之,没有地域和行业的差别,没有具体的操作要求,都是一种口号式宣传,居民无所适从。可喜的是,当前一些地方实践中,让居民在一定的社团中自我协商制定公约。这一方面充分保障了居民的自主权,提高了居民的参与效能感;另一方面细化了公约内容,增强了公约执行的操作性和可行性。社区公约就是由不同社团公约组成的集合,其具有多样性、多元性。最终制定的公约是居民利益和意志的合约,所以他们愿意遵守。各个群体都有自己的操作规则,公约治理成为可能。

(三) 心理赋权是动力

如何构建自治韧性,提升自治的持续性是自组织运转过程中必须解决的问题。归根结底,居民自治的根本问题是人的问题。解决自治持续性问题主要是解决人的自治动力的问题。现实中不难发现,很多居民开始凭借一腔热情主动开展自治,当热情逐渐退却,没有其他激励措施的时候,他们就会逐渐放弃自治。心理赋权就是为了解决这一问题。广义上讲,从个体层面讨论赋权就是心理赋权。[①] 本书中的心理赋权有两层含义。

第一层意思是指建立激励机制,使人们能够看到有参与回报的预期,给予个体行动的心理希望。激励就是一种有效的心理赋权方式,其能够有效激发人的行为动机,增强参与的动力。但是,关于自治行动、志愿行动中的激励学者们有不同的看法。有的认为参与公益只能讲奉献,不能图回报,这是公益的精神所在;有的人认为志愿者也是人,追求回报是人性的必然。实际上,要想增强自治行为、公益行为的延续性必须建立激励机制。无论是奥尔森的选择性激励理论还是霍曼斯的经典命题都阐明了激励的重要作用。居民只有在被激励的基础上看到有参与回报和参与价值的希望下才会持续开展自治。

第二层意思是激励的内容要符合个体的意愿,居民有参与激励内容制定的自主权。毋庸置疑,居民自治需要激励,但是这种激励不同于政府部门或者企业部门中的激励。自治组织属于纯草根的非营利部门,它无法像企业那样可以纯粹通过物质经济因素激励成员;也不能像政府那样纯粹可

---

① Perkins D. D., Zimmerman M. A., "Empowerment Theory, Research, and Application", *American Journal of Community Psychology*, 1995, 23, pp. 569-579.

以通过职位晋升渠道激励成员；自治组织的激励要妥善处理好收益和公益的关系。自治组织要以公益为主，适当的收益是为增强继续开展公益的动力而存在的，而不是开展公益的目的。这里尤为关键的是，激励的内容要符合个体的意愿。只有这样，激励机制才会发生效力，否则也只能是摆设，居民毫无兴趣。实践中，积分兑换是一种很好的激励机制。按照居民意愿，利益相关者协商可以积分的自治行为及积分标准；可以兑换的物品或服务及兑换标准。居民根据自治的公益积分数量，自主选择兑换的东西。这既增强了居民自治的动力，实现了个人的心理预期；又营造了"我为人人、人人为我"的公益氛围。

（四）项目赋权是保障

自组织内部结构逐步完善后，如何链接资源，保障自组织持续运作是必须回应的问题。诚然，西方意义上的自组织不需要外界介入，因为其自身能够筹集到诸多资源维持其自身发展的需要。但是，我国纯民间的自组织力量十分有限，需要政府的支持，项目赋权是一个很好的路径。项目赋权有两层含义。

第一层意思指通过项目的形式推进自治。项目制不仅在经济发展中发挥了重要作用，也在社会管理领域其功能日益凸显。项目动员是一种很好的动员方式，其不仅能够调动地方在政府推进居民自治的积极性，也能调动居民参与社区事务的积极性。居民自治项目化的实践也表明，项目制能够培育和发展社区自组织，有力推动居民组织化参与。项目制既能打破科层体系的束缚，又能调动多方社会力量的参与，是政府推进居民自治的有效方式。实行项目制的目的就是要在保障自治资源的基础上探索居民自治有效的运转方式。

第二层含义指根据居民的意愿确定和评估项目。居民自治项目和一般项目的运作机制不一样。一般项目都是自上而下由上级政府确定，然后再逐级分发下去，体现的是"发包—打包—抓包"的分级运作逻辑。[①] 这些项目都是根据政府的偏好确定的，利用压力型体制的科层逻辑逐级分配。最后也是采取以结果为导向的评估模式，用量化的方式评估项目绩效，看

[①] 折晓叶、陈婴婴：《项目制的分级运作机制和治理逻辑——对"项目进村"案例的社会学分析》，《中国社会科学》2011年第4期。

其是否贯彻了上级意志，尤其注重财务使用的考核管理。实际上，这是一种垂直结构的专业化管理和控制。[①] 居民自治项目则不能采取这种项目运作逻辑，况且，居民处于体制外，科层制的项目运作逻辑也无法有效调动他们。居民自治项目体现的是赋权逻辑，不是控制逻辑。居民自治项目要根据居民的意愿和需求确定，是一个自下而上的过程。政府只需要根据自身财力状况确定项目的数量，而不要干预项目的具体内容。只要是真实反映了居民的需求和社区的问题的项目，政府都应当全力支持。当然，自治项目的评估也要充分尊重居民的意愿，让居民能够参与到项目评估中去，自我反馈，自我检验。只有这样，项目的动员作用才能实现，居民也才会积极参与自治。

（五）赋权连续统构建

四个赋权环节不是单独存在的，而是环环相扣的。前一个环节都是后一个环节的基础，步步递进，共同推进居民自治的发展。每种赋权类型都有特定的功能和角色，不同功能的组合和互补构建了赋权连续统（图7-1）。流程式赋权就是一个赋权连续统。这是流程式赋权的本质所在，也是本章要讨论的中心议题

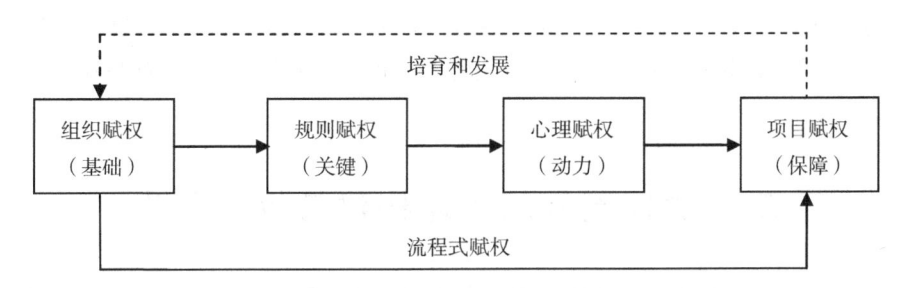

图7-1 流程式赋权的产生过程

流程式赋权的开始端是组织赋权。首先，要引导原子化的居民根据自身的需求、爱好和兴趣分门别类地自我建立组织，推选组织领袖；其次，实施规则赋权，引导居民自我制定自治规则和公约，规约人们的行动，减少"搭便车""机会主义"的行为；再次，开展心理赋权，引导居民自我制定激励措施，适当给予参与回报，增强自治动力，提高自治的可持续

[①] 渠敬东、周飞舟、应星：《从总体支配到技术治理——基于中国30年改革经验的社会学分析》，《中国社会科学》2009年第6期。

性；最后，推动项目赋权，以项目化的形式培育和发展自组织，使自组织能够运转起来。这四个环节一个都不能少。组织赋权是基础，后面几个赋权类型都是建立在组织赋权的基础上。规则赋权是关键，没有合意的规则，人们将陷入无序行动和盲目竞争的窘境；心理赋权是动力，只有在激励的不断刺激下，个体才会保持持久的行动力；项目赋权是保障，项目化的运作方式能够在保障资源供给的基础上创新自组织的运行方式。

同时，每个阶段的赋权也都有自己的操作流程。例如，组织赋权首先是发现问题，开展需求调查；在找到问题和需求的基础上精确锁定群体；确定目标群体后，再让大家熟悉交流，创意活动，在活动中增强沟通和信任；最后再根据参与活动的表现，协商推选领袖，成立组织。实际上，我们可以从两条线索去理解这个赋权连续统。一是从集体行动的问题出发。集体行动首先面临的问题是居民无组织的问题；组织建立后将面临自治无规则的问题；规则建立后将面临自治无激励的问题；当这些内部问题解决后，组织架构基本成形，但又会面临无资源的问题。四个递进的赋权环节刚好是为了解决四个递进的问题而存在的，这一点一目了然。二是从组织社会学的角度出发。组织既要有必要的内部结构，也要有外部生存的空间。前者是基础，后者是条件。组织内部结构的核心是组织领袖、组织规则及激励机制。组织赋权、规则赋权和心理赋权就是为了完善这三大结构。组织内部问题解决后，就要考虑组织如何运行的问题，而项目赋权就是一个很好的运行路径。

二 赋权流程的集体构建与权力共生

整个流程式赋权不是某个单一主体构建的，而是多主体集体构建的结果。政府、社区居委会和社会组织在每个流程环节都发挥了重要的作用。整体而言，政府赋权主要体现在政策和资金的供给上；社会组织赋权主要体现在能力和技术的供给上；社区居委会的赋权主要是引导居民组织起来，并协助链接社会资源。多主体的集体赋权是以居民为中心，落脚到居民自我赋权上，目的是增强居民自治的权力和能力，提高居民自治的效益。实际上，各个主体在赋权给它主体的时候，也是一种自我赋权，两者相辅相成，相互支持，最后实现了权力共生，各主体自身的权能感也增强了。

(一) 政府赋权

政府既是制度的供给者，又是社会经济发展的推动者。[①] 社区居民自治不是一个自发的过程，需要政府动员和支持。但政府支持和协助并不意味着是全面介入，政府的职能集中在政策制定和方向把握上。[②] 从四个阶段的赋权过程可以看出，政府的主要作用在于提供政策和资金。

一是理顺政府和社区的关系，提供自治空间。讨论社区居民自治的时候，必然会涉及政府与社区的关系。政府与社区的关系是国家和社会的关系的缩影，是学者们经常讨论的议题，也是推进居民自治必须解决的问题。政社关系不顺，社区被行政化已严重阻碍了居民自治。为了有效赋权，地方政府探索制定了相关政策，以理顺政社关系，为居民自治营造良好的外部环境。如制定了减负增效专项政策，减轻了社区的行政负担，让居委会把更多精力放在引导居民自治上来。制定了社区事务准入制度，明确社区居委会依法协助政府开展社会管理和公共服务事项以及政府及其各部门事务可下沉至社区的事项。有的地方推行居站分离或者在街道层面上统一设立行政服务中心，其目的就是要厘清政府和社区的职能，增强社区居委会的自治属性。

二是培育和发展自治组织，提供自治载体。推动居民自治的首先环节就是组织赋权，政府在组织赋权中有重要的作用，其主要体现在制定了培育和发展居民自组织的政策上。有的学者认为政府赋权是供给侧改革，通过权力让渡为社会组织提供发展空间。[③] LX区区委和区政府的文件明确规定要大力发展文体活动类组织，发现和培养文体活动骨干；培育互帮互助类组织，发现热心居民，培养社区志愿者；培育志愿服务类组织，针对居民需求，提供公益服务；建立自治类组织，提高居民参与率，让居民自己解决社区问题。虽然，不得不承认，政府对社会组织采取的是选择性赋权的策略，[④] 具有

[①] 彭澎：《政府角色论》，中国社会科学出版社2002年版，第2页。

[②] 潘小娟：《中国基层社会重构——社区治理研究》，中国法制出版社2004年版，第213页。

[③] 王义：《"赋权增能"：社会组织成长路径的逻辑解析》，《行政论坛》2016年第6期。

[④] 杨义凤、马良灿：《合力赋权：社会组织动员参与有效性的一个解释框架——以NZ康复服务项目为例》，《福建论坛（人文社会科学版）》2017年第3期。

"国家意识"①，重点培育社会风险较低，政治上服从的社会组织，但这些政策也确实推动了居民自组织的发展。这是组织赋权得以可能的前置条件。

三是推进社区协商民主，提供自治工具。社区很多事情只能靠协商的方式解决，赋权的核心也是在于协商。幸运的是，从国家到地方都制定了推进社区协商民主的专项政策，主张协商解决居民矛盾，实现民事民议民决。例如 LX 区进一步深化了社区协商民主试点工作，形成一套完整的工作流程，逐步在各街道社区推广；同时丰富民主协商形式，探索议事型协商、对话型协商、共建型协商、联动型协商、开放型协商等协商形式，促进民主协商形式多样化。实践中，居民协商制定了包含环境卫生、邻里关系、治安管理等多方面内容的居民公约。

四是购买社会服务，提供自治资金。通过购买社会服务的方式，让社会组织等社会力量参与社区治理已是政府普遍的做法。LX 区政府明确支持社会组织开展社区服务活动，打造公益性社区社会组织品牌。推进社区社会组织与政府部门、社会各界的广泛交流与合作，完善项目购买、项目补贴、项目激励等方式，调动社会组织参与和承接社区服务的积极性。HB 省连续四年推进居民自治项目化，仅省民政厅用于购买社区组织服务，培育社区社会组织的经费就达 2400 万元。

（二）社会组织赋权

毫无疑问，社会组织已经是社区中重要的活动主体，尤其是，"三社联动"在全国开展以来，大量的社会组织进入社区开展服务。然而，大多数社会组织仅仅是为了开展服务而服务，政府也是为了购买服务而购买，②而没有让居民参与到服务供给中去，居民只是服务的享受者。尽管这可以在一定程度上达到服务型治理③的目的，但是居民的主体性往往在被服务中消磨殆尽，宁愿坐享其成，也不愿主动开展自治，自我服务。值得欣慰的是，一些地方实践突破了单纯服务的理念，要求社会组织在开展

---

① 葛道顺：《中国社会组织发展：从社会主体到国家意识——公民社会组织发展及其对意识形态构建的影响》，《江苏社会科学》2011 年第 3 期。

② 杨书胜：《政府购买服务内卷化倾向及成因分析》，《理论与改革》2015 年第 3 期。

③ 王思斌：《社会治理结构的进化与社会工作的服务型治理》，《北京大学学报》（哲学社会科学版）2014 年第 6 期。

服务的过程中赋权居民，提高居民自我服务的能力。社会组织开展服务前，广泛征求居民的需求；开展服务中，给予更多居民参与的机会。

值得注意的是，一些社会组织在开展服务中帮助社区孵化和培育了自治社团，这对于推进居民自治至关重要。政府购买社会组织服务，社会组织在社区开展服务都是有合同年限的。当社会组织服务期限满退出社区以后，带动居民参与的主体就不存在了，居民还是和原来一样又是一盘散沙。如果社会组织在开展服务中培育了自组织，退出后，自组织能够带动居民参与，弥补了社会组织离开后造成的损失，居民自治也就可以延续，这比单纯开展服务的价值更大。例如，LX 区的 SQ 社会工作服务中心在社区开展"情系桑榆——赋权视角下老年人社区融合服务"项目的时候，帮助社区孵化了"金剪刀社团""布艺社团""'武'动乾坤""小禾苗"四个草根社团，其既涉及老年人自我服务，也涉及青少年的自我管理。社区草根社团的建立，增强了居民自治的能力，使居民由"受助"状态向"自助"状态转变。

尤为突出的是，一些社会组织专门注重社会工作技术的研发，通过技术赋权的方式使社区系统掌握了引导居民自治的方法，这对于推进居民自治尤为关键。居民自治的问题既源于自治意识的淡薄，也源于自治方法的缺失。现实中，有的居民并不是因为缺乏自治意识不愿开展自治，而是因为缺乏自治方法而无法开展自治。学界关于居民自治的研究也大多是从制度和理论层面出发，但只有把理论转化为可操作的方法，自治才能落地。例如，HB 省 WC 社区社会组织培育与发展中心开发了一套"开放空间会议技术+"的技术体系，使居民自治的理念和理论充分落地，有效带动了居民自治。[①] HB、LX 等地也正是借助了这套开放空间会议技术，才一步步推进了居民自治。

实际上，整个流程式赋权的过程也是需要技术支撑才能运转的。组织赋权中需要知道社区社团的培育方法和技巧；规则赋权中需要知道协商式公约的制定方法和技巧；心理赋权中需要知道激励机制制定的方法和技

[①] 参见陈伟东、许宝君《社区治理社会化：一个分析框架》，《华中师范大学学报》（人文社会科学版）2017 年第 3 期；陈伟东、张继军《"开放空间会议+"：一套社会治理的系统机制》，《华中师范大学学报》（人文社会科学版）2016 年第 4 期；袁方成、张翔《使协商民主运转起来：技术如何可能——对"开放空间会议技术"及其实践的理解》，《甘肃行政学院学报》2015 年第 4 期。

巧；项目赋权中需要知道项目创意的方法和技巧。笔者在阐述四个赋权阶段的时候已经详细地说明了技术的运用，这里就不再赘述。总之，社会组织不仅要注重服务的开发和提供，更要注重技术的研发和运用。"授人以鱼，不如授人以渔"，通过技术赋权更能带动居民自治。

（三）社区居委会赋权

虽然，社区居委会是处在科层制的委托代理结构中的准行政组织，即作为国家行政权力而存在，听从基层政府指令，成为社区居委会的一种行为模式。[①] 但是，社区居委会也是政府和居民的联系桥梁，是法定的居民自组织，是居民自治的引导者。政府着眼于宏观政策的制定，社区居委会是实践的操作者。流程式赋权整个过程都是在社区居委会引导下展开的，社区居委会的功能就在于引导居民组织起来，行动起来。

一是引导居民表达需求。只有充分了解居民的需求才能有针对性地解决问题和提供服务。也只有建立在居民需求基础上的自治方案，居民才会参与。流程式赋权过程中，社区居委会运用参与式需求调查技术、问卷调查、入户访谈、座谈会等多种方式引导居民充分表达自己的意见、兴趣和爱好，然后再引导居民在需求的基础上成立各种自治社团。这类社团可以说是一种意愿型共同体。项目赋权中也是居委会引导居民根据自己的需求创意项目。在引导居民表达需求的过程中，居民不但提高了表达能力，也增强了团队的沟通和合作。

二是引导居民挖掘领袖。是否存在一个或若干个民间领袖是中国民间社会自组织能否发生的关键。[②] 居民能否自我组织起来关键在于有没有民间领袖的发动；居民自组织的持续运转，关键也在于民间领袖的推动。居委会运用专业的社会工作技术引导居民挖掘自己的领袖，并采取多种方法持续增强领袖的能力。这使得组织赋权才得以可能，也增强了团队的凝聚力和号召力。

三是引导居民制定公约。居民公约不应当是政府或社区居委会单方面制定的，而是居民自主协商的结果。规则赋权中，社区居委会运用公约协商技术引导居民自主决定公约的内容和形式。在引导过程中，利益相关者

[①] 孙柏瑛：《城市社区居委会"去行政化"何以可能？》，《南京社会科学》2016年第7期。
[②] [美] 杜赞奇：《文化、权力与国家——1900—1942年的华北农村》，王福明译，江苏人民出版社1995年版，第5页。

都充分表达自己的意见，协同对意见进行归并和整合，逐条表决，逐条筛选，尽最大努力找到居民需求的契合点。居民的需求和意见都通过公约的形式固定下来，并成为行动准则。

四是引导居民策划活动。居民开展自治大多是以活动为载体的。以前社区的活动的都是由居委会冥思苦想出来的，然后再号召居民参加。但是，居民往往对这些活动不感兴趣，不愿参加。流程式赋权过程中，居委会引导居民自主策划活动，自主撰写活动方案。大家集思广益，往往会想到很多种不同形式的活动，然后再分批次开展。这要比居委会苦苦拍脑袋的效果好得多。居民不仅有了自己感兴趣的活动，而且参与活动的积极性也很高。

五是引导居民开发资源。自组织由于自身能力有限，开发的社会资源也很有限。在心理赋权中，为了建立积分激励机制，找到可兑换的物品或服务，社区居委会引导居民首先用心智图、蜘蛛图等形式广泛搜索社区社会资源，然后再利用自身优势协助居民链接了诸多人力资源、物质资源、组织资源、技术资源等。这不但为心理赋权提供了保障，也促进了社区资源的循环流动，优化了资源配置，提高了资源使用效率。

（四）以居民为中心的集体赋权

政府、社会组织和社区居委会在社区的行动既各自独立，又相互联系。政府赋权、社会组织赋权和社区居委会赋权既有各自的侧重点，也有共同点。这个共性就是以激发居民的主体性为中轴展开的。主体性就是人的能动性、创造性和自主性，意味着个体的自觉自愿、自决自动。[①] 政府制定减负增效政策目的就是理顺政府和社区的关系，让社区自组织的功能得以回归，为居民开展自治提供环境和空间；大力培育社区社会组织的目的就是让居民自我组织起来，使其获得特定的身份和功能；推行社区协商民主就是要给居民一个利益的表达渠道和方式，让居民发挥主观能动性，在协商中解决问题；实施政府购买服务就是要给居民自主性的发挥提供资金资源支撑，让居民参与的积极性得以延续。

社会组织在服务的过程中不再把居民当作是被服务的对象，被给予的对象，而是让居民也积极参与其中，让居民充分发挥自己的主观能动性和

---

① 陶富源：《论主体及主体性》，《安徽师范大学学报》（人文社会科学版）2003年第5期。

创造性。居民不仅是服务的受益者，也是服务的提供者；居民不再是被动地接受服务，而是主动地自我服务。一些社会组织在社区执行项目的时候，还培育了自治社团，让居民自我组织起来自我提供服务。这不仅减轻了社会组织撤退后造成的不利影响，也从深层次增强和延续了居民的自主能力。尤其是，一些社会组织专注社会工作技术的研发，并充分运用到社区自治中，使居民有了自治的方法和技巧。居民可以有效地表达需求、成立组织、开展自治。这为居民主体性的发挥提供了强有力的技术支撑。

社区居委会逐渐树立了"社区是居民的"的理念，主动把社区事务的决定权和行动权交给居民。需求让居民表达、问题让居民讨论、公约让居民制定、项目让居民确定；服务让居民参与、活动让居民策划、领袖让居民推荐、效果让居民评价，增强了居民自主决策和自我管理意识，强化了居民的主人翁地位，发挥了居民的主体性作用。社区居委会不再"替民作主"而是"让民作主"，让居民自主参与和决定社区公共事务，自己只是一个协助者和引导者。

同时，以居民为中心的集体赋权也收到了积极的效果。政府通过公益创投、购买服务等方式调动了多种社会力量参与社区自治的热情，并逐步转变了角色，逐渐从全能的包办者转变为有限权能的引导者和协同者。社区居委会通过政策引导、教育培训、项目运作等方式，逐渐摒弃了传统包办的工作理念，推动了社区工作方式由行政式向增能式转变。社会组织不断发展壮大，不仅为居民提供了多样化、个性化的服务，而且自身力量得到增强的同时也增强了受助者的能力。居民从"要我参与"转变为"我要参与"，从"旁观者"转变为"参与者"。居民的参与意识和参与能力不断提高，社区归属感和认同感不断提高。

总之，整个流程式赋权都是以激发和培育居民的主体性为中心展开的。政府、社会组织和社区居委会不再是包办者，而是引导者。三者共同赋权居民，给他们创造条件，引导他们充分发挥自己的主观能动性和创造性，从给予式服务转向增能式服务。①

（五）集体赋权行动中的权力共生

整个流程式赋权过程都遵循行动研究的逻辑。按照理念划分，行动研

---

① 陈伟东、陈艾：《居民主体性的培育：社区治理的方向与路径》，《社会主义研究》2017年第4期。

究可以分为参与式行动研究、赋权式行动研究和女性主义行动研究等。① 流程式赋权就是一种集体赋权式行动。流程式赋权的最终目的不是要建构居民自治的理论或制度,而是要让居民自我行动起来。一方面,流程式赋权不是为了解释自治,而是推动自治,找到解决问题的方法和路径。另一方面,流程式赋权过程中,赋权主体与赋权客体建立了一种伙伴关系,不是赋权与被赋权,给予与被给予的关系,各大行动者在合作中实现了权力共生。

一般意义上,笔者讨论权力关系都是站在排斥的角度去解释的,即在特定的场域关系中,权力关系是此消彼长的。讨论基层自治的时候必然会涉及国家与社会的关系,但关于这对关系学界基本形成了两种对立的观点。一种观点从国家自主性或国家中心主义视角出发,认为国家要有独立的意志,可根据自己的利益偏好统筹社会事务,不能完全被社会所限制;另一种观点从社会自主性或社会中心主义视角出发,认为国家应该退出社会,还权于民,国家应该完全为社会服务。

然而,在流程式赋权过程中,国家和社会中的行动者的权力是共生非对立的关系,各方的权能都得了增强。首先,最好辨认的一点是,三大主体共同赋权居民,居民的权能增强了。精英话语的裂变、官方话语的协商和大众话语的崛起难解难分,并非相互取代而是彼此交织。② 居民不仅是受益者、消费者,也是全程的参与者和服务的提供者。一系列的外部赋权提高了居民的表达能力、沟通能力、组织能力、协商能力等,组织化的居民获得了话语权,这使得居民自我赋权③得以可能。

其次,政府的权能也得到增强。这一点可能令人费解。赋权过程中,政府从"全能政府"向"有限政府"转变,在社会管理和公共服务的一些领域适当放权分权,表面上看,政府的权力弱化了,但为什么说政府权力得到增强?因为,政府赋权给社会组织、社区居民等社会力量,这些社会力量的自主能力增强后,政府就从原来保姆式的关系中抽离出来,也就不会再被社会拖累,从而有更多的时间和精力处理其他要紧的事项。故

---

① 古学斌:《行动研究与社会工作的介入》,《中国社会工作研究》2013年第1期。
② 陈旭光:《逻辑转向与权力共生:从网络流行体看青年网民的集体记忆实践》,《新闻与传播评论》2018年第3期。
③ 自我赋权就是指人们掌控自己生活的权力。参见[英] Robert Adams《赋权、参与和社会工作》,汪冬冬译,华东理工大学出版社2013年版,第98页。

而，从这个意义上讲，政府赋权是统治和管理方式的创新，政府的权能不是弱化了，而是权力转化了，综合权能强化了。

再次，社区居委会的权能也得到增强。政府赋权社区居委会，居委会有了更大的自主权。这一点，不难理解。因为政府制定了权责清单，减轻了社区居委会的行政负担，社区有了更大的自治空间，原有的自治权可以在一定程度上得到保障。社区居委会赋权居民的同时，自己的权能也得到增强，这一点同政府赋权居民时，自身权能也得到增强的解释逻辑一样。社区居委会也是从原来的包办关系中解脱出来，有了更大的自主权，不会被居民拖累。

最后，社会组织的权能也得到增强。政府赋权社会组织，社会组织的权能得到增强很容易理解。政府购买社会组织的服务并落地社区，不仅使社会组织有了更多的参与空间和参与渠道，也为社会组织的发展提供了资金资源的保障。社会组织的参与能力和生存能力都得到增强。社会组织赋权居民，让居民参与到项目执行中去。广大居民为项目建言献策，集体的智慧是无限宝贵的，这有利于提高项目执行的科学性，增强社会组织项目的策划和执行能力。

总之，集体赋权式行动也是一种混合式赋权，即体制内行政化赋权和体制外社会化赋权相结合。① 各个主体都在积极寻求改变，改变是行动研究的宗旨，② 改变的结果就是实现了权力共生。政府改变了管理社会的方式；社会组织改变了服务社区的方式；居民改变了参与社区的态度。整个改变的过程中形成了一种合作伙伴关系，没有绝对权威的专断，"被给予性"③ 的色彩也降低了，各个行动者在"自赋权—他赋权"的结构中实现了权力共生。

---

① 郑晓华：《社区参与中的政府赋权逻辑——四种治理模式考察》，《经济社会体制比较》2014年第6期。

② 杨静：《回观历史 辨识经验 寻找变的力量——一个社会工作者的行动研究》，《中国农业大学学报》（社会科学版）2013年第3期。

③ 简单地讲，"被给予性"就是外界给予了你什么东西。参见杨静、夏林清主编《行动研究与社会工作》，社会科学文献出版社2013年版，第5页。

三 社区居民自治的理论突破与发展趋势

流程式赋权使居民自治得以可能，每一步流程都推动了一步自治。流程式赋权造就了居民自治的梯度递进，是居民自治理论的重大突破。培育自治实际上就是一个流程式赋权的过程。在持续赋权中，居民的自治意识和自治能力得以提升。同时，流程式赋权环节中，组织赋权是基础和核心，其他环节都是建立在组织赋权基础上的，以组织为载体的自治有诸多优势。基于此，笔者认为，社区居民自治的走向是社区社团自治，居民自治就是复合型社团自治。

（一）培育自治：赋权流程的梯度递进

流程式赋权与居民自治有很强的内在耦合性。赋权流程的梯度递进造就了居民自治的步步递进（图7-2）。居民自治需要赋权不是一个新议题，学界已有很多讨论。但是，这些研究要么把关注的焦点放在政府与社区的关系上，更多地强调政府要赋权社区，降低对社区的行政管控；要么就是以某个单一的赋权方式作为讨论的起点，如技术赋权，强调这种赋权方式对于基层自治的作用。这些观点，一方面仍是基于宏观结构和制度的讨论，并没有找到使居民自我行动起来的方法；另一方面没有拓展赋权方式，更没有找到赋权方式之间的联系，以至于无法形成连续性推进自治的局面。本书则从行动研究的角度出发，试图通过流程式赋权找到使居民自我行动起来的一般路径。

从整体上看，流程式赋权分为四个阶段，每个阶段之于居民自治的作用不一样。但四个阶段是有紧密联系的，一步一步地推进居民自治。第一个阶段是组织赋权，主要是赋予居民自我组织的自主权，把分散的居民组织起来，让居民获得身份和功能，并依托组织开展自治。第二个阶段是规则赋权，主要是赋予居民自我制定自治公约的自主权，让公约真正能够发挥约束和认同的作用，从而使居民在规则的引导下实施行动。第三个阶段是心理赋权，主要是赋予居民自我制定激励机制的自主权，给予居民一定的参与回报，让其看到自我行动的价值，从而保持自治热情，增强自治动力，持续地采取行动。第四个阶段是项目赋权，主要是赋予居民项目创意的自主权，让自组织项目化运作，创新自治方式，拓展自组织的参与渠

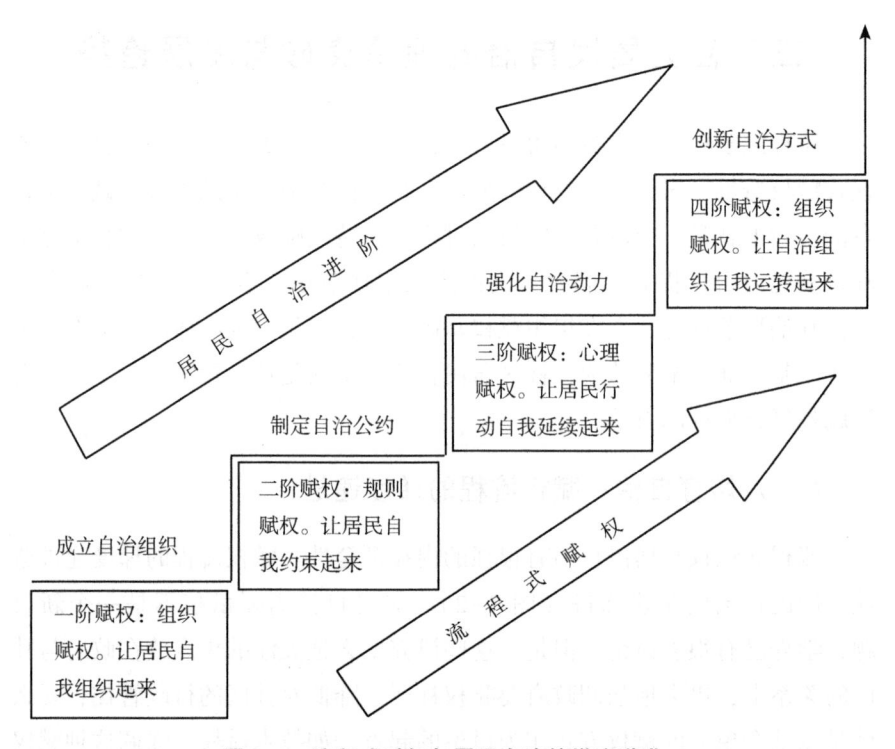

```
                                              创新自治方式
                                         ┌──────────────┐
                                         │四阶赋权：组织│
                                         │赋权。让自治组│
                              强化自治动力│织自我运转起来│
                                         └──────────────┘
                                   ┌──────────────┐
                                   │三阶赋权：心理│
                                   │赋权。让居民行│
                                   │动自我延续起来│
                         制定自治公约└──────────────┘
                              ┌──────────────┐
                              │二阶赋权：规则│
                              │赋权。让居民自│
                              │我约束起来    │
             成立自治组织      └──────────────┘
       ┌──────────────┐
       │一阶赋权：组织│
       │赋权。让居民自│
       │我组织起来    │
       └──────────────┘
```

图 7-2　流程式赋权与居民自治的梯度递进

道，给予自组织资源支持，提升其自我生存能力。实际上，这四个阶段的赋权都是围绕"如何使居民自行动起来"这一核心命题展开的。组织赋权提供自我行动的组织；规则赋权提供自我行动的公约；心理赋权提供自我行动的动力；项目赋权提供自我行动的方式。

　　流程式赋权是"流程—行动"范式的产物，目的就是要建构一套流程推进一类行动。从某种意义上讲，流程式赋权模式是居民自治理论的突破。一方面，流程式赋权突破了以前单纯理论或制度建构的弊端，社区和居民有了可操作的流程，居民自治可以切实运转起来；另一方面，流程式赋权强调赋权居民的连续性和统一性，使居民可以持续性地采取行动。同时，居民自治不是居民单方面的行动，而是利益相关者集体行动的结果。培育自治是利益相关者集体赋权的结果，流程式赋权尤其强调以居民为中心的集体赋权。流程式赋权的结果是居民自治能力的提升。例如，让居民组织起来，增强了居民的自组织能力；让居民交往起来，增强了居民的互助能力；让居民参与进来，增强了居民的行动能力。

（二）社区居民自治走向社区社团自治

流程式赋权中，组织赋权是基础和核心。后面三种赋权方式都是建立在组织赋权基础上的。规则赋权主要是制定组织规则；心理赋权主要是探究组织激励机制；项目赋权主要是探索组织运转方式，三者都是围绕组织展开的。也就是说，居民自治是围绕居民自治组织展开的，而社区社团是居民自治组织的典型形态，因此，从这个意义上讲，社区居民自治的走向就是社区社团自治，居民自治是复合型社团自治。

传统的居民自治是以社区为单元开展的，是从"一致性"的角度去解释居民自治的，即居民内部是没有差异，是一致的；居委会与居民的利益没有冲突，是一致的。因此，国家是按照以居委会为中心安排居民自治制度的，"四个民主"就是典型代表。街道办提名居委会候选人，居民代表表决（民主选举）；居委会组织召开居民代表大会（民主决策）；居委会管理居民事务（民主管理）；居委会接受居民代表大会监督（民主监督）。这就在实践中造成了一个假象：社区居委会自治就等于社区居民自治。

事实上，随着经济社会的发展，总体性社会格局瓦解，社区规模越来越大，居民利益高度分化，社区内部异质性突出。居委会、业委会、物业公司、居民等各种力量在社区经常博弈、冲突不断，这时候，再以整个社区为单元开展自治就不太适宜了。因此，我们需要站在"异质性"的角度去解释新时期的居民自治。既然居民的利益是复杂的、多样的、多元的，那么我们就要构建多元化、多层次的自治单元。有效的构建方式就是把自治单元社群化，让居民根据自己的兴趣、爱好、利益和需求建立各类自治社团，再以组织化的方式推进自治。其实，这本身就是一种组织创新，是居民自治得以产生的重要条件，① 也是以人民为中心的社区治理观的具体表现。

社团自治有独特的优势。首先，社团实现个体利益。居民开展自治的目的也是实现某种利益或权益，而社团正是共同利益的聚集体，以社团为

---

① 郑雯睿、汪仕凯：《组织创新、公共事务管理与城市居民自治——上海市 H 居民区自治个案研究》，《广东社会科学》2015 年第 1 期。

载体的自治有利于实现个体利益。社区是由不同利益群体的居民所组成，以往笼统以社区居委会为载体的自治，没有细分群体，各种异质性利益纠缠在一起，不仅很难满足居民的个性需求，也容易造成利益冲突，从而不利于带动自治。根据不同利益组成的不同社团，社团内部利益具有同质性，社团外部的利益具有可分割性，也就是说，社团既将分散的共同利益聚合起来，又将杂糅的异质利益区分开来，有利于实现不同群体的不同利益。

其次，社团孕育适用性规则。居民自治需要规则约束已成为共识。目前每个社区都有居民公约，中央也强调要积极发挥居民公约的作用，但实际情况是，很多社区的居民公约就是一纸空文，毫无价值。因为制定这些公约的时候，居民没参与，所以不认同；同时，公约内容千篇一律，缺乏针对性，居民无所适从。以社团为单位制定的公约是居民集体协商的结果，是民意的集合，大家愿意遵从；同时，这些内容都是根据具体群体、具体空间、具体事务和利益相关方协商确定的，每个群体都有自己行动的规范，针对性强。因此，从这个角度看，居民公约就是不同层次、不同类别的多种社团规章的集合。以社团为单位制定的公约适用性强，公约的认同和约束效力得以发挥。

最后，社团产生选择性激励。居民自治是一项集体行动，自治的困境很大程度上也是集体行动的困境。选择性激励是破除集体行动困境的良药。居民参与社区公共事务生产的公共物品具有非排他性的特点，人人都可以享用，是一种普遍性激励，因而人们不愿继续参与，扩大集体利益。社团制定了一些个性化的激励措施，人们除了可以享用共有的利益外，积极参与还可以获得一份额外的利益，激励具有选择性；同时，这种额外利益不是硬性规定的，而是根据自己的需求协商供给的，具有较强的选择性。因此，这种选择性激励可以激发居民参与的动力，降低"搭便车"的可能性，减少"机会主义"行为，促进集体行动的产生。

实际上，帕特南在讨论意大利制度绩效时指出，地方自治的内核就是社团，社团一方面培养了成员合作和团结的习惯；另一方面增进了利益表达和利益集结。[①] 美国的地方自治也主要体现在人们无时无刻不在进行社

[①] [美] 罗伯特 D·帕特南：《使民主运转起来》，王列、赖海榕译，江西人民出版社 2001 年版，第 103 页。

团活动。进一步讲,居民自治是围绕居民自治组织展开的,以自治组织为单元的自治能够有效聚集社会资本和共同利益,使居民自治从"分散化"向"组织化"转变;从"他组织"向"自组织"转变。因此,从这些意义上讲,社区居民自治的走向就是社团化自治,社区居民自治的未来形态可能是复合型社团自治。政府、居委会和社会组织的行动都要体现在能够帮助社区培育社团,发展自治组织上。

四　小结

流程式赋权与社区居民自治有内在的耦合性,培育居民自治就是赋权流程的梯度递进。流程式赋权包含组织赋权、规则赋权、心理赋权和项目赋权四个阶段,其中,组织赋权让居民自我组织起来,规则赋权让居民自我约束起来,心理赋权让居民持续自治起来,项目赋权让组织自我运转起来。这四个阶段的赋权围绕"如何使居民自我行动起来"这一核心命题展开,环环相扣,层层递进,一步一步把居民自治向前推进。

同时,流程式赋权是以居民为中心集体建构的结果。社区居民自治是一个多元行动者的关系网络,行动者的互动关系促成了新的自治空间的产生。政府、社会组织、社区居委会共同赋权居民,重塑自身在居民自治中的角色和功能,为居民自治提供政策、资源、资金、能力和技术等基本要素,切实使社区居民自治可以运转起来。社区居民自治不是单边的个人或组织行为,而是一个综合的生态系统;是外部条件性要素和内部功能性要素的结合;是政府主体性、市场主体性和社会主体集体建构的结果。

赋权过程中,各主体要以激发居民的主体性为宗旨,引导居民发挥主观能动性和创造性,不能只是把居民当作是被服务的对象,要让居民积极参与,力争做到需求让居民表达、问题让居民讨论、公约让居民制定、项目让居民确定、服务让居民参与、活动让居民策划、领袖让居民推荐、效果让居民评价。切记,居民不仅是服务的受益者,也是服务的提供者。政府、社会组织和居委会不再是包办者,而是引导者。三者要共同给居民创造条件,引导他们发挥自己的主观能动性和创造性,提高他们自主决策和自我管理的能力。社区自治组织和居民则要充分借助外部条件,不断激发内在潜能，自我行动起来。

　　进一步看，流程式赋权的过程也是各方积极寻求改变的过程。政府改变了管理社区的理念；社会组织改变了服务社区的方式；居民改变了参与社区的态度。各方在自我改变中形成了一种伙伴关系，共同助力居民自治和社区建设。

第八章 结论与讨论

一 基本结论

流程式赋权包含组织赋权、规则赋权、心理赋权和项目赋权四个环节,与居民自治有很强的耦合性,能够使居民自治运转起来。其中,组织赋权提供自治组织,规则赋权提供自治公约,心理赋权强化自治动力,项目赋权创新自治方式。四个阶段的赋权环环相扣、层层递进、前后呼应。培育居民自治就是赋权流程的梯度递进。流程式赋权是以居民为中心的多主体集体赋权的结果;是外部赋权和自我赋权共同作用的结果;是社区居民自治经验凝练和理论突破的成果。

(一) 社区居民自治研究范式转换与发展走向

学术研究既要注重实践经验的挖掘,更要注重理论范式的构建。社区居民自治研究需要新的理论范式。传统的研究范式已经不能适应新时期居民自治研究的需要。一些新问题和新现象迫切需要新的理论范式予以解读。从居民自治的发展历程看,依次经历了"价值—制度"范式、"结构—功能"范式和"条件—形式"范式的过程。"价值—制度"范式就是在深挖自治价值的基础上构建相应的自治制度。居民自治研究初期,基本上都是在讨论居民自治的民主价值,并把其当作是中国民主建设的窗口和范本,因此呼吁建立相应的制度以实现这种价值。国家把社区居委会作为基础群众自治组织就是制度建构的体现。然而,当制度运行一段时间后,很多学者都聚焦于这种制度能否实现自治功能而展开讨论,学术研究也就转向了"结构—功能"范式,即探究制度结构的效用。很多研究得出的结论都是现有的制度结构制约了自治功能的发挥,也就是说,把社区居委会纳入行政科层体制的制度结构阻碍了居民自治的发展,社区自组织的内卷化就是典型的恶果。后来，一些学者从宏观的制度结构转向微观的社会实践，提出了"条件—形式"范式。其基本立足点就是在满足相应条件的基础上探索居民自治多层次、多样式、多类型的有效实现形式。①

社区居民自治的核心是居民能够自我行动起来，推进社区居民自治既涉及制度的变革，又涉及组织的优化，但核心是要看居民是否能够自主行动起来，制度、组织、技术、资源等其他要素的建构都是为了使个体能够自主行动起来。然而，这三个范式有一个共同的缺陷，即都只是聚焦于居民自治的制度、结构和条件，而没有就居民如何自我组织起来自我行动起来提供更多解释和操作性的路径。其仍是一种静态研究，无法避免自治空转的问题。

针对这个弊端，在学界已有研究的基础上，笔者构建了"流程—行动"范式，即围绕居民自我行动的要素建立可操作的流程，根据流程再采取针对性的行动。这种范式跳出了制度主义的泥淖，进而转向行动研究，着眼于居民自治内部要素的挖掘和行动路径的构建，是社区居民自治研究范式的发展走向。流程式赋权就是这种范式的产物。四个阶段的赋权就是居民自治的整体流程，并且每个阶段的赋权都有具体操作的流程，培育居民自治就是赋权流程的梯度递进。

推进居民自治的关键在于赋权，但赋权方式影响赋权绩效，进而影响自治效果。流程式赋权突破了结构化赋权的局限，创新了赋权方式。学界现有关于赋权的研究大多是一种结构式赋权。英国著名学者 Adams 教授把赋权分为自我赋权、个体赋权、团体赋权、组织赋权以及社区赋权和政治体系赋权六类。从自我赋权到政治体系赋权，赋权领域逐步扩大，赋权层级逐步提升。实际上，这六类赋权方式是按照赋权范围划分的，建立了一种赋权领域结构，强调的是个人应当接受多个领域的赋权。美国学者戴维·奥斯本和彼得·普拉斯特里克把赋权分为组织赋权、雇员赋权和社区赋权三种。② 组织赋权就是减少政府对组织的控制；雇员赋权就是减少组织对内部成员的控制；社区赋权就是把权力移送到组织外的社区和邻里。其实际上也是以组织为中心，赋权范围由内向外延展而建立的一种赋权领域结构。

---

① 徐勇、贺磊：《培育自治：居民自治有效实现形式探索》，《东南学术》2014 年第 5 期。
② ［美］戴维·奥斯本、彼德·普拉斯特里克：《摒弃官僚制：政府再造的五项战略》，谭功荣、刘霞译，中国人民大学出版社 2002 年版，第 217—227 页。

这些关于赋权的经典研究都建立了多层次的赋权结构,强调了多维度赋权的重要性,但并没有明确指出使个体自我行动起来的路径和方法,而流程式赋权正好弥补了这个缺憾。推进居民自治的关键在于要使居民自我行动起来。流程式赋权摒弃宏观的结构论或制度论,从行动研究的视角出发,强调建构个体行动的路径,增强个体行动的能力,按照既定的流程,一步一步走向自治。其不再是赋权层级的扩展,而是赋权流程的递进;也不再是赋权领域的拓展,而是赋权路径的推进。这很好地契合了居民自治的内在要求,打破了"居民不行动"的现实困境,能够使社区居民自治切实运转起来。

(二) 流程式赋权与社区居民自治的深度耦合

社区居民自治运转起来的实质就是流程式赋权的过程。组织赋权、规则赋权、心理赋权和项目赋权是一个有机连续统,是流程式赋权的基本要素和环节。流程式赋权与居民自治有很强的耦合性,培育居民自治就是赋权流程的梯度递进。流程式赋权的首要环节就是组织赋权,即赋予居民自我建立组织的自主权,让分散的居民自我组织起来;其次是规则赋权,即赋予居民自我制定公约的自主权,让居民在规则的约束和认同作用下自我开展活动;再次是心理赋权,即赋予居民自我激励的自主权,让居民获得参与回报,找到自治价值,延续自治行动;最后是项目赋权,即赋予居民自我创意项目的自主权,让居民自组织项目化运作,在资源供给的基础上创新自治运行方式。

本质上讲,这四个阶段的赋权都是围绕"如何使居民自我行动起来"这一核心命题展开的。从"建组织"到"定规则",再到"强激励",最后到"创项目",是层层递进,环环相扣,一步一步使居民行动起来。因而从这个意义上讲,居民自治运转的过程就是一个流程式赋权的过程。同时,整个流程式赋权过程中,组织赋权是基础,后面三个都是围绕组织赋权建立起来的。规则赋权主要是制定组织规则章程,心理赋权主要是探究组织激励机制,项目赋权主要是探索组织运转方式。进一步说,推进居民自治的关键是要推动以组织为载体的自治。社区社团是居民自组织的典型形态,某种意义上讲,社区居民自治就是复合型社团自治。

深层次讲,赋权的连续性决定了自治的持续性。同样都注重赋权,为什么有的地方能够自治起来,有的地方却不能,为何赋权绩效存在如此大的差异？这归根结底是赋权连续性的问题。有的地方注重组织赋权，大力孵化和培育自组织，但是却没有为自组织的后续发展提供空间和渠道，因而很多自组织运行一段时间后就成了"僵尸社团"，居民自治被迫中断。有的地方注重号召和引导居民参与，但不注重给予居民参与回报，没有建立参与的激励机制，因而往往使居民丧失了自治动力；有的地方注重宏观政策的制定，但不注重微观公约的制定。政府往往聚焦"硬制度"的建设，不关注"软公约"的作用。因而使居民自治缺乏规则引导，往往会无所适从或无序竞争。

可见，赋权绩效差异归源于赋权的连续性，赋权的连续性决定了自治的持续性。流程式赋权就是根据有效的地方经验提炼出的一种理论。流程式赋权本身就是一个赋权的连续统，它四个过程环环相扣，构成了一条赋权链条。其既强调组织的建立，也强调组织的发展；既强调居民的参与，也强调制度的激励；既强调政策的供给，也强调公约的引导。推进居民自治的整个过程都注重赋权，只是每个阶段的赋权侧重点不一样。赋权不间断，自治可持续，这也是居民自治运转良好地方的有效经验。

同时，我们经常站在排斥的立场去讨论自主权，认为自主权在利益相关方之间是此消彼长的，但本书中，各方的自主权是共生的。流程式赋权过程中，赋权主体在赋予居民权力的同时，自身其实也获得了权力；居民在接受权力的同时，也变相地赋予了其他主体权力。正是基于权力共生的立场，以居民为主体的集体赋权，以自治为核心的集体行动才能得以形成，这也是流程式赋权的魅力所在。

值得注意的是，政策制定者要相信社区居民本身是有自治能力和自治意识的，他们可以自我行动起来。文森特·奥斯托罗姆认为美国设计三权分立制度前提是，相信公民天生都是有自治能力的，美国两百年的民主运行实践也印证了他的这种假设。实际上，我国的居民本身也是有自治意识和自治能力的，并不是天生就缺乏民主意识和参与能力。传统中国社会一直都是实行双规制，有"国权不下县、县下惟宗族、宗族皆自治"的说法。因此，任何制度的设计和行动的开展都要以相信"人"为前提，不要陷入"老百姓素质不高"的偏见中而总是习惯"为民作主"或"替民作主"。

（三）社区居民自治是集体赋权和建构的结果

社区居民自治不是一个自发的过程，而是行动者集体建构过程中外部赋权和自我赋权共同作用的结果。我国的基层民主和居民自治不是像西方学者哈耶克认为的那样，社会是自发的秩序，自治是自然的产物，而是多元主体提供相应条件，集体赋权的结果。流程式赋权也是集体建构的产物。政府赋权主要体现在制定自治政策和提供自治资金方面。政府提供培育自治组织的政策，并通过项目购买的方式增强自组织的生存能力，拓展自组织的发展空间，这才使得组织赋权和项目赋权得以可能，也才使以组织为载体的自治得以可能。

社会组织赋权主要体现在能力和技术供给上。社会组织不再是单纯地为居民提供服务，而是让居民也参与到服务提供中来，增强居民自我服务的能力。尤其是，有的社会组织提供了技术支持，如公约协商技术、项目创意技术、问题诊断技术、需求调查技术等。这种技术是一种社会技术，使流程式赋权能步步推进。但是，社会技术赋权不同于郑永年所讲的互联网技术赋权。后者主要是提供公共空间，影响国家和社会的互动；[①] 前者主要是提供自我组织起来自我行动起来的具体技术和方法。每个流程式赋权环节都需要社区居委会的参与，他的赋权主要体现在引导居民自治上。社区居委会引导居民表达需求、建立组织、制定公约、创意项目、挖掘领袖，等等。

集体赋权的关键在于把社区公共事务的决定权和行动权交给居民，增强居民的自主性。居民自治能力和自治意识的彰显是要建立在拥有一定自主权的基础上的。居民有自治意识和自治能力，但这些并不是自然而然就显现出来的。当居民需要拥有一定的自主权的时候，他们才会主动参与社区公共事务，他们的自治意识和自治能力才会被激活并彰显出来，所谓用自主权激活自治权就是这个道理。可以说，居民拥有自主权的范围和大小决定了居民自治水平的高低。自主权涉及的范围包括组织的建立、规则的设计、项目的策划、活动的开展等多个方面。当居民拥有自主权的范围较广且大小适宜时，居民自我行动起来的可能性和持续性就较大，居民自治水平就较高。

社区居民自治内卷化源于居民权力的缺失，即决定权和行动权的缺失，因此，赋权居民，把相关事务的决定权和行动权交给居民也是破解居

---

① 郑永年：《技术赋权：中国的互联网、国家与社会》，邱道隆译，东方出版社2014年版，第3页。

民自治内卷化的有效路径。政府和社区居委会要从原来"保姆式"的包办关系中抽离出来,要从"替民作主""为民作主"转向"让民作主""由民作主"。而在流程式赋权过程中,都是根据居民自己的爱好、兴趣、意志和利益组建社团、制定公约、实施激励和创意项目。比如,在规则赋权中,摒弃政府和社区居委会直接"拍脑袋"制定公约的做法,让居民参与到公约制定中去,让居民充分表达自己的意见和建议,最后再协商找到民意的最大公约数并形成公约。只有在充分对话协商中,才能产生尊重、民主和主体性。

整个过程中,社区居委会只是引导,政府只是做合法性审查,最终决定权归居民所有。这样形成的公约才是公意和约定的集合,也才能发挥约束和认同的作用,居民也才愿意遵守。社会组织以项目化的形式参与社区治理过程中,不能只把居民当作被服务的对象,被给予的对象,更不能以专业权威排斥居民参与,而是要让居民也主动参与到服务供给中去,让居民在自我服务中感受到自治的价值,否则,他们宁愿坐享其成,也不愿开展自治。一言以蔽之,集体赋权过程中,要以居民为中心,以激发居民的主体性为宗旨,最大限度释放居民的积极性、能动性和创造性。

值得注意的是,政府、社会组织和社区居委会的赋权只是外部赋权,而外部赋权要通过居民自我赋权才能发挥作用。外部赋权只是为居民自治创造条件,居民只有不断自我赋权,自我增强自治的意识和能力,并主动运用外部赋权才能自主行动起来,主动参与到自治中去。总之,居民自治本质上是居民主体性的体现,居民和自组织始终是主角,是自治的实践者;他组织是配角,是自治的协助者。各个主体要坚持以居民为中心的理念,围绕"如何使居民自我行动起来"这一核心命题展开。换言之,居民自治就是一个通过赋予自治权激活自主权的过程,不同行动者在居民自治中的能动性就在于为居民自治提供基本条件。

(四) 社区居民自治重点培育路径与推进方式

推动居民自治的路径实际上就是居民自治内部要素的组合开发和逻辑建构。要使居民自我行动起来就要把居民组织起来,在一定的组织中,自选领袖、自定公约、自谋活动,同时还要辅以外部激励和保障,延续自治行动。具体而言,要从三方面着手。

第一,内育社区社会组织。从当前"三社联动"的实践来看,专业社会组织在社区中的话语权逐渐增强,社会协同能力也有所增强,居民也享受了多样化的服务,但是居民自治并没有发展起来。这是因为专业社会组织往往只关注项目的进展,而不愿意发动居民参与;同时他们会随项目的撤退而撤退,留给社区的又是一盘散沙的居民,因而培育本土的社区社会组织至关重要。社区社会组织由本地居民组成,长期扎根在社区。以社区社会组织为载体的居民自治才会持久。为此,一是优化社区社会组织发展政策。通过降低登记门槛,简化登记手续,实行"登记"和"备案"双轨制等措施优化社区社会组织发展环境。二是设立社区社会组织发展基金。由政府公共财政、企事业单位资助、福利彩票公益金以及个人捐款组成社区社会组织发展基金,主要用于社区社会组织的培育,社区公益项目的开展和公益人才的奖励。三是开发社区社会组织孵化技术。从居民实际需求出发,大力开发治理类、志愿类、互助类等不同类型社团的孵化技术,同时要提升社区社工培育和孵化社区社会组织的能力。四是拓展社区社会组织参与渠道。通过服务购买、定向采购、项目补贴、税收减免等方式将基层法律服务、社区矫正、残障人员康复、青少年服务等事务逐步转移给社区社会组织,让居民在组织中充分发挥能动性和创造性。应注意的是,当社区社会组织不断增多,可能因为抢夺共同资源而发生冲突,如共同争抢社区活动场所等,这时候需要建立枢纽型社区社会组织去规范和协调不同组织的行为和利益,从而形成有序和谐的自治氛围。总之,居民自治应当建立在具有共同需求、利益和意愿的社区社会组织上,通过微小结构生态的变化撬动社区治理结构的优化。①

第二,外拓社区社会资源。如何有效开发和利用社会资源,使社会资源变为可用的社区资源,是在新型资源配置格局下社区建设所面临的突出问题,居民自治生存空间的大小很大程度取决于社会资源链接状况。为此,一是开发社区人力资源。社区集聚了一批具有一定社会关系、技术特长或专业能力的居民。他们有的善于调解沟通;有的责任心强,活跃在治安守望方面;有的活跃在文体活动方面。这些人才很可能就是潜在的社团领袖,社区要善于挖掘这些人才,为他们发挥作用搭建平台。二是开发企事业单位资源。企事业单位拥有雄厚的资本,是社区开拓资源的重要对象。一方面,政府可用行政手段撬动社会资源,通过制定企事业单位社会

---

① 尹浩:《城市社区微治理的多维赋权机制研究》,《社会主义研究》2016年第5期。

责任承担制度，举办公益洽谈、公益沙龙等形式促使企事业单位参与社区建设，承担社区责任；另一方面，社区要以共同利益为连接点，通过自身优势吸引企事业单位参与社区建设，建立社区资源共享机制，促进双方共赢。三是开发社会服务机构资源。社会服务机构是社区产品和服务的重要供给者，在一些"软服务"领域有无可比拟的优势。社区尤其是要善于利用社会服务机构的专业社会工作技术有效孵化社区社团、挖掘社团领袖、制定社团公约，促使居民自治工作专业化、社会化。

第三，强化社区参与激励。居民自治事务大多是社区公共事务，需要居民具备较强的公益精神，但要延续居民自治行动，就必须给予一定的激励。注意，这种激励要制度化、常态化，不是临时的物质刺激或感情刺激，而是要建构一套有效的、可操作的激励制度，提升参与回报。可行的方法有：一是公益项目制。项目制是基层社会动员的重要机制，在推动居民自治的过程中，可把一些自治事务和公共事务打包成项目通过政府购买服务等方式分配给社区社会组织。社区社会组织也可根据居民的实际需求，以项目的形式向政府申请公益资金，政府再以公益创投或其他形式确定自治项目。二是公益积分兑换。制定积分和兑换的目录和标准，发放积分券。按照居民参与的事项和时长给予他们一定的积分，居民在一定的周期内可用积分去兑换相应的物品或服务。有的地方利用数字化技术，把这套机制搬到网上运行，居民操作十分便捷，取得良好效益。

二 核心讨论

任何研究都是针对特定情形的研究，既有解释力度，也有解释限度。本书重点讨论的是社区居民自治的赋权过程，关注的是让居民自我行动起来的要素。流程式赋权为社区居民自治运转起来提供了一种新的解释，但对于外部赋权结构没做深入讨论。政府赋权政策稳定性，流程式赋权的力度，自组织的类型和边界等问题还有待进一步讨论。同时，随着党的十九大提出"党政军民学，东西南北中，党是领导一切的"论断后，学界关于党建引领的话题不断增多，党建引领社区居民自治的若干议题还有待深化，流程式赋权如何融入党建引领的大局还有待研究。

（一）自治组织的边界及其与政府关系的调适

流程式赋权的基础是组织赋权，强调以组织为载体的自治。这里的组织是指居民自治组织，是一种民间社会组织。流程式赋权的核心就是引导居民建立自治组织，进一步讲，流程式赋权的效益有赖于自治组织的发展状况。但是，囿于我国特殊的政治环境和社会结构，自治组织不是自然而然产生的，而是人们有意识建立的，更依赖国家政策的支持。政府对社会组织究竟秉持什么样的态度和发展策略？政府对社会组织的支持政策是否持续？社会组织的生命周期到底有多长？深层次讲，以自治组织为载体的居民自治能否持续？以自治组织为载体的居民自治的质量究竟会有多高？这是我们必须要探讨的议题。分析这个问题，我们宏观上仍旧脱离不了讨论国家和社会的关系，微观上仍旧脱离不了讨论政府与社会组织的关系。

学界基本上从"公民社会"和"法团主义"两种视角[①]出发，展开关于政府和社会组织关系的讨论，并大致形成了两种观点：一种是政府塑造论；另一种是双向赋权论。有的学者一针见血地指出，我国政府与社会组织的关系是通过政府行为塑造的。政府对社会组织采取的是控制和赋权的双重策略，既倡导赋权组织又强调政治控制。[②] 有的学者摒弃政府单方塑造论，强调"双向嵌入"和"双向赋权"，即国家的意识和目标嵌入社会组织；社会组织在制度支持、合法性和资源方面嵌入国家。[③] 尽管两种观点表面上看似分歧较大，但是有内在的共同点，即政府总体上对社会组织是支持的态度。

但是，赋权具有选择性。选择支持那些政治上服从国家意志的社会组织，其实质是界定了社会组织的发展边界。正因为如此，很多地方在推进居民自治进程中，为了规避风险，不发展政治事务类的组织，只发展社会事务类的组织。那么，我们是否就可以简单地认为，只要不触碰国家政治底线，政府就会持续支持社会组织的发展，以自治组织为载体的自治就会持续？同时，国家关于社会组织的政策有"模糊发包"的特征，[④] 政策的针对性和操作性都较为模糊，如何才能构建具有明确指向且可持续的公共政策？这关系到赋权的成败，也关系到自治的发展。

---

① 纪莺莺：《当代中国的社会组织：理论视角与经验研究》，《社会学研究》2013年第5期。

② 敬乂嘉：《控制与赋权：中国政府的社会组织发展策略》，《学海》2016年第1期。

③ 纪莺莺：《从"双向嵌入"到"双向赋权"：以N市社区社会组织为例——兼论当代中国国家与社会关系的重构》，《浙江学刊》2017年第1期。

④ 黄晓春：《当代中国社会组织的制度环境与发展》，《中国社会科学》2015年第9期。

更值得关注的是,基层民主和居民自治的发展不应当仅局限于社会事务领域,而是要拓展到政治事务领域,这既是政治民主发展的需要,也是基层民主发展的方向。但是,就如政治学家亨廷顿所说,"人类可以无自由而有秩序,但不能无秩序而有自由。"① 尤其是对于发展中国家而言,首要的就是快速建立公共秩序、维护社会稳定。社会组织的发展不应该违背国家的整体目标,也不应该扰乱社会的整体秩序。那么,深层次的问题就凸显了,即自治组织的边界究竟在哪里?

赋权强调自组织的自主权,但自主权是有边界的,且这个边界绝不是上面一刀切的"不触碰政治"。进一步讲,如何培育政治类自治组织,拓展居民自治的层级和范围,提升居民自治的质量和高度是一个值得探究的议题。培育政治类自治组织必然触及我国的政治结构。尽管本书强调,在外部行政结构难以改变的条件下,可以通过居民自治的内部要素去激活自治,我们可以认为这是一种增量改革,但要追求更高层次的自治和民主,就必然涉及原有政治结构的调整和优化,需要存量改革。

(二) 正确认识党建引领与居民自治的辩证关系

党的二十大指出,健全基层党组织领导的基层群众自治机制,增强城乡社区群众自我管理、自我服务、自我教育、自我监督的实效。中共中央、国务院印发《关于加强基层治理体系和治理能力现代化建设的意见》指出,坚持党组织领导基层群众性自治组织的制度,建立基层群众性自治组织法人备案制度。现阶段,基层群众自治也是在党建引领背景下开展的,党的领导是加强和创新基层群众自治制度的根本保证。但是,从各地开展基层党建引领基层群众自治的实践来看,有诸多做法仍值得商榷,有些关系还待进一步理顺。

宏观上讲,要正确认识基层党组织的领导力和其他组织的主体性的关系。首先,必须认识到基层党组织在社区治理中处于领导核心地位。社区治理的目标是建立一个和谐有序的社区治理共同体,但诸多社会矛盾和社会冲突聚焦社区,增强基层组织的领导力和组织力很有必要。当前,无论是基于学术理论还是地方实践的考察,多元共治都成为共识。然而,多元

---

① [美]塞缪尔·P. 亨廷顿:《变化社会中的政治秩序》,王冠华、刘为等译,上海人民出版社2008年版,第6页。

共治也会带来多元冲突，各种力量碎片化地参与可能会导致社区治理失序。

我国社会发展的历史和实践证明，只有中国共产党的基层党组织才能有效破解这个问题。一是从权力的角度而言，党具有对各类资源进行权威性分配的权力。党在社会治理中处于领导核心地位，能够总揽全局、协调各方。二是从历史的角度而言，办好中国的事情，关键在党。在基层社会治理中，用党的权威去统领各项工作，化解社区冲突，整合基层力量具有无可比拟的优势。三是从价值的角度而言，党的执政理念是"立党为公、执政为民"。基层党组织能够有效联系群众、服务群众、团结群众；能够在确保群众利益和公共利益最大化的基础上，平衡各方利益，达成集体共识，维护社区秩序。因此，加强基层党组织的领导力至关重要，其不仅关系到基层社会治理的政治方向，也关系到基层社会的和谐稳定。

其次，要认识到其他治理主体的能动作用。基层社会需要秩序，也需要活力。任何单一主体一元化的治理都会禁锢社会的活力。基层社会活力就来源于多元主体能动性的发挥和主体性的释放。强调基层党组织领导各方的能力不是要回归到传统总体性社会下的单方面控制，而是规范各方的参与行为，避免无谓的冲突。相反，基层党组织要利用自身的权威和优势，创造更多条件，把更多的社会力量纳入基层社会治理体系和治理结构，激发居民自治活力。

实际上，基层党组织在社区居民自治中担当"元治理"角色，协调各种组织安排的不同目标、行动以及后果。为此，一方面，党组织要厘清职能，明晰自身的角色是"掌舵"而不是"划桨"，适度为社会力量让渡治理空间；另一方面，要积极动员，以群众需求和基层问题为导向，采取多种方式鼓励其他组织参与居民自治。

实践中，关于党建引领社区居民自治的讨论存在一个重大误区：加强党在基层的领导力就弱化了基层群众的主体性，相反，增强了基层群众的主体性就弱化了党组织的领导力。实际上，很多事情不是非此即彼的关系，看似悖论的命题实质是一个问题的两面。加强党组织的领导力和基层群众的主体性都有现实必要性，两者不是相互矛盾，而是相辅相成的。加强党组织的领导力有利于为各方参与居民自治创造一个更加和谐公平的参与环境，增强群众的主体性有利于优化党组织的领导方式，增强党在基层社区的认同。

微观上，要正确认识党员服务与居民自治的关系。毋庸置疑，基层党建引领社区治理需要建设服务型基层党组织，充分发挥党员的先锋模范作用。基层党组织在社区治理中的引领示范作用是通过个体党员体现出来的，强调党员服务群众，密切联系群众，保持党同群众的血肉联系是建设服务型基层党组织的根本。然而，当前有些党员先进意识淡薄、服务意识淡化、不愿组织发动群众、不愿参与基层治理，这不仅不能彰显基层党组织的引领功能，而且还会破坏党在基层群众中的良好形象，削弱党的政治认同。因此，在这种语境下，强调党员服务群众具有很强的现实意义。

但调查发现，党员服务群众过程中存在党员包办，充当"超级保姆"的现象。强调党员服务群众无可厚非，但党员过度服务会损伤居民自治。社区居民自治是基层治理的重要面向，党的二十大也强调健全充满活力的基层群众自治制度。基层很多琐碎的事情需要居民自我解决，过度强调党员服务而忽视居民自我服务会让居民产生依赖思想，他们宁愿坐享其成，也不愿开展自治。实际上，社区居民自治难以推进，一方面与居民自身参与意识淡薄有关；另一方面也与社区两委大包大揽有关。在全方位的服务中，居民的主体性日益削减，居民自治陷入内卷化困境。

破解这个问题的关键是要找到"服务"与"自治"的契合点，将两者有机统筹起来。把党员服务嵌入居民自治，让党员服务带动居民自我服务才是最优选择。基层党建引领居民自治的关键是要通过党员的先锋模范作用把原子化、个体化的党员和居民组织起来，而不是一味地单纯强调党员的个体服务。政党的重要功能就是推进社会建设，其中最重要的是提高社会组织化水平，[①] 因而统筹党员服务和居民自治的核心就是要充分发挥基层党组织的社会再组织化功能。总之，党员既要注重为群众，尤其是为失能群众提供服务，也要注重把居民组织起来，让居民自我服务。只有把居民组织起来，改变一盘散沙的状态，才能持续推动居民自治，也才能减轻居民对党组织的依赖，使党组织从保姆式的关系中抽离出来。

深层次看，妥善处理好党建引领与居民自治的关系是政党与社会关系的调适，秩序与活力的平衡。一方面，党组织要利用自身权威创造条件，

[①] 王长江：《当前推进基层党建理论与实践创新亟待探讨的几个问题》，《中共浙江省委党校学报》2016年第1期。

构建"强组织的低成本撬动"机制,① 拓展社会力量参与居民自治的渠道,充分激发居民的主体性作用;另一方面,要合理制定参与规则,明确各方参与的边界和范围,协调和控制多方冲突,维护基层自治秩序。总之,正确认识和理解针对关系是党建引领社区居民自治过程中必须关注的议题,也是基层党组织有效、正确发挥引领作用的前提。

---

① 吴晓林、谢伊云:《强组织的低成本撬动:党建引领城市基层群众自治制度效能转化的机制》,《广西师范大学学报》(哲学社会科学版) 2021 年第 1 期。

参考文献

中文著作

《马克思恩格斯选集》第 1—2 卷，人民出版社 2012 年版。

《习近平谈治国理政》第 1—4 卷，外文出版社 2017、2018、2020、2022 年版。

《习近平著作选读》第一、二卷，人民出版社 2023 年版。

［美］埃莉诺·奥斯特罗姆：《公共事物的治理之道——集体行动制度的演进》，余逊达、陈旭东译，上海三联书店 2000 年版。

［英］安东尼·吉登斯：《现代性的后果》，田禾译，译林出版社 2000 年版。

［英］保罗·霍普：《个人主义时代之共同体重建》，沈毅译，浙江大学出版社 2010 年版。

［美］彼得·德鲁克：《社会的管理》，徐大建译，上海财经大学出版社 2003 年版。

曹锦清：《黄河边的中国——一个学者对乡村社会的观察与思考》，上海文艺出版社 2000 年版。

陈家刚选编：《协商民主》，上海三联书店 2004 年版。

陈向明：《质的研究方法与社会科学研究》，教育科学出版社 2000 年版。

［美］道格拉斯·C. 诺思：《制度、制度变迁与经济绩效》，杭行译，格致出版社、上海三联书店、上海人民出版社 2014 年版。

［美］杜赞奇：《文化、权力与国家——1900—1942 年的华北农村》，王福明译，江苏人民出版社 1995 年版。

［美］E. S. 萨瓦斯：《民营化与公私部门的伙伴关系》（中文修订版），周志忍等译，中国人民大学出版社 2017 年版。

[德]斐迪南·滕尼斯：《共同体与社会》，林荣远译，商务印书馆1999年版。

费孝通：《乡土中国·生育制度·乡土重建》，商务印书馆2011年版。

[英]弗里德利希·冯·哈耶克：《自由秩序原理》，邓正来译，生活·读书·新知三联书店1997年版。

桂勇：《邻里空间：城市基层的行动、组织与互动》，上海书店出版社2008年版。

郭于华、杨宜音、应星：《事业共同体：第三部门激励机制个案探索》，浙江人民出版社1999年版。

何艳玲：《人民城市之路》，人民出版社2022年版。

[美]科恩：《论民主》，聂崇信、朱秀贤译，商务印书馆1988年版。

[美]科尼利厄斯·M.克温：《规则制定——政府部门如何制定法规与政策》，刘璟、张辉、丁洁译，复旦大学出版社2007年版。

孔繁斌：《公共性的再生产——多中心治理的合作机制建构》，江苏人民出版社2008年版。

李路路、李汉林：《中国的单位组织：资源、权力与交换》，浙江人民出版社2000年版。

[美]理查德·C.博克斯：《公民治理：引领21世纪的美国社区》，孙柏瑛等译，中国人民大学出版社2014年版。

刘建军：《居民自治指导手册》，格致出版社、上海人民出版社2016年版。

[法]卢梭：《社会契约论》，何兆武译，商务印书馆2003年第3版。

[美]罗伯特·D.帕特南：《使民主运转起来》，王列、赖海榕译，江西人民出版社2001年版。

[美]罗伯特·A.达尔、爱德华·R.塔夫特：《规模与民主》，唐皇凤、刘晔译，上海人民出版社2013年版。

[美]罗伯特·K.殷：《案例研究：设计与方法》（原书第5版），周海涛、史少杰译，重庆大学出版社2017年版。

[德]马克斯·韦伯：《经济与社会》第一卷，阎克文译，上海人民出版社2010年版。

[美]曼瑟尔·奥尔森：《集体行动的逻辑》，陈郁、郭宇峰、李崇新

译，格致出版社、上海三联书店、上海人民出版社1995年版。

［法］米歇尔·克罗齐耶、埃哈尔·费埃德伯格：《行动者与系统：集体行动的政治学》，张月等译，格致出版社、上海人民出版社2017年版。

潘小娟：《中国基层社会重构：社区治理研究》，中国法制出版社2004年版。

［美］乔治·S. 布莱尔：《社区权力与公民参与》，伊佩庄、张雅竹译，中国社会出版社2003年版。

［英］Robert Adams：《赋权、参与和社会工作》，汪冬冬译，华东理工大学出版社2013年版。

［美］塞缪尔·P. 亨廷顿：《变化社会中的政治秩序》，王冠华、刘为等译，上海人民出版社2008年版。

孙柏瑛：《当代地方治理：面向21世纪的挑战》，中国人民大学出版社2004年版。

田毅鹏、漆思：《"单位社会"的终结——东北老工业基地"典型单位制"背景下的社区建设》，社会科学文献出版社2005年版。

［法］托克维尔：《论美国的民主》，吉家乐编译，中国华侨出版社2014年版。

［美］托马斯·S. 库恩：《必要的张力：科学的传统和变革论文选》，纪树立、范岱年、罗慧生等译，福建人民出版社1981年版。

王敬尧：《参与式治理：中国社区建设实证研究》，中国社会科学出版社2006年版。

王巍：《社区治理结构变迁中的国家与社会》，中国社会科学出版社2009年版。

夏建中：《中国城市社区治理结构研究》，中国人民大学出版社2012年版。

徐大同主编：《当代西方政治思潮：20世纪70年代以来》，天津人民出版社2001年版。

阎云翔：《私人生活的变革：一个中国村庄里的爱情、家庭与亲密关系（1949—1999）》，龚小夏译，上海书店出版社2006年版。

燕继荣：《社会资本与国家治理》，北京大学出版社2015年版。

杨静、吉家欣、夏林清主编：《行动研究经典读书札记》，社会科学文献出版社 2015 年版。

杨静、夏林清主编：《行动研究与社会工作》，社会科学文献出版社 2013 年版。

杨涛：《公共事务治理机制研究》，南京大学出版社 2014 年版。

俞可平主编：《治理与善治》，社会科学文献出版社 2000 年版。

[美] 詹姆斯·C. 斯科特：《国家的视角：那些试图改善人类状况的项目是如何失败的》（修订版），王晓毅译，社会科学文献出版社 2012 年版。

张静：《法团主义》，中国社会科学出版社 1998 年版。

张康之：《合作的社会及其治理》，上海人民出版社 2014 年版。

张平主编：《中国和谐社区——江汉模式》，中国社会出版社 2010 年版。

张小劲、景跃进：《比较政治学导论》，中国人民大学出版社 2001 年版。

赵鼎新：《社会与政治运动讲义》，社会科学文献出版社 2006 年版。

郑永年：《技术赋权：中国的互联网、国家与社会》，邱道隆译，东方出版社 2014 年版。

周雪光：《组织社会学十讲》，社会科学文献出版社 2003 年版。

中文期刊

阿兰纳·伯兰德、朱健刚：《公众参与与社区公共空间的生产——对绿色社区建设的个案研究》，《社会学研究》2007 年第 4 期。

白雪娇：《规模适度：居民自治有效实现形式的组织基础》，《东南学术》2014 年第 5 期。

蔡禾、贺霞旭：《城市社区异质性与社区凝聚力——以社区邻里关系为研究对象》，《中山大学学报》（社会科学版）2014 年第 2 期。

陈家建：《项目制与基层政府动员——对社会管理项目化运作的社会学考察》，《中国社会科学》2013 年第 2 期。

陈家建、张琼文、胡俞：《项目制与政府间权责关系演变：机制及其影响》，《社会》2015 年第 5 期。

陈明：《村民自治："单元下沉"抑或"单元上移"》，《探索与争鸣》2014 年第 12 期。

陈树强：《增权：社会工作理论与实践的新视角》，《社会学研究》2003年第5期。

陈水生：《项目制的执行过程与运作逻辑——对文化惠民工程的政策学考察》，《公共行政评论》2014年第3期。

陈伟东：《论社区建设的中国道路》，《学习与实践》2013年第2期。

陈伟东：《社区行动者逻辑：破解社区治理难题》，《政治学研究》2018年第1期。

陈伟东、陈艾：《居民主体性的培育：社区治理的方向与路径》，《社会主义研究》2017年第4期。

陈伟东、许宝君：《社区治理社会化：一个分析框架》，《华中师范大学学报》（人文社会科学版）2017年第3期。

陈秀峰、黄小荣：《中国公益基金会的激励机制及其创新策略》，《行政论坛》2009年第2期。

陈岳堂、熊亮：《非营利组织参与社区公共品供给激励机制研究》，《中国行政管理》2015年第8期。

戴祥玉：《地方政府自我推进型治理创新：转型期城市社区自治的发展路径——基于4类社区治理创新典型案例的研究》，《北京理工大学学报》（社会科学版）2017年第3期。

邓大才：《村民自治有效实现的条件研究——从村民自治的社会基础视角来考察》，《政治学研究》2014年第6期。

窦泽秀、荆友奎：《论政府委托行政与社区自治行政的有机结合》，《中国海洋大学学报》（社会科学版）2003年第6期。

费孝通：《居民自治：中国城市社区建设的新目标》，《江海学刊》2002年第3期。

古学斌：《行动研究与社会工作的介入》，《中国社会工作研究》2013年第1期。

顾骏：《"行政社区"的困境及其突破》，《北京行政学院学报》2001年第1期。

管兵：《竞争性与反向嵌入性：政府购买服务与社会组织发展》，《公共管理学报》2015年第3期。

桂华：《项目制与农村公共品供给体制分析——以农地整治为例》，《政治学研究》2014年第4期。

桂勇、黄荣贵：《城市社区：共同体还是"互不相关的邻里"》，《华中师范大学学报》（人文社会科学版）2006年第6期。

何艳玲、蔡禾：《中国城市基层自治组织的"内卷化"及其成因》，《中山大学学报》（社会科学版）2005年第5期。

胡慧：《社区自治视角下的居民参与有效性探析》，《社会主义研究》2006年第4期。

胡平江：《地域相近：村民自治有效实现形式的空间基础》，《华中师范大学学报》（人文社会科学版）2014年第4期。

胡雅琼：《利益相关：城市居民自治的内在动力》，《江西社会科学》2016年第3期。

黄晓春：《当代中国社会组织的制度环境与发展》，《中国社会科学》2015年第9期。

黄振华：《村民自治研究的范式转换与理论提升》，《理论与改革》2015年第6期。

黄宗智、龚为纲、高原：《"项目制"的运作机制和效果是"合理化"吗?》，《开放时代》2014年第5期。

纪莺莺：《当代中国的社会组织：理论视角与经验研究》，《社会学研究》2013年第5期。

江正平、赵莹莹、曲春生：《基层政府在城市社区自治中的角色重塑》，《中州学刊》2008年第6期。

［日］今川晃、俞祖成、周石丹：《日本地方自治的基本原则》，《政治学研究》2016年第1期。

敬乂嘉：《控制与赋权：中国政府的社会组织发展策略》，《学海》2016年第1期。

李友梅、肖瑛、黄晓春：《当代中国社会建设的公共性困境及其超越》，《中国社会科学》2012年第4期

李增元：《农村基层治理单元的历史变迁及当代选择》，《华中师范大学学报》（人文社会科学版）2018年第2期。

李祖佩、钟涨宝：《项目制实践与基层治理结构——基于中国南部B县的调查分析》，《中国农村经济》2016年第8期。

林尚立：《公民协商与中国基层民主发展》，《学术月刊》2007年第9期。

林尚立：《基层群众自治：中国民主政治建设的实践》，《政治学研究》1999年第4期。

刘博、李梦莹：《社区动员与"后单位"社区公共性的重构》，《行政论坛》2019年第2期。

刘春荣：《赋权下的自主性——对上海社区治理革新的政治分析》，《复旦公共行政评论》2009年第00期。

刘建军、马彦银：《层级自治：行动者的缺席与回归——多中心治理视野下的城市基层治理研究》，《杭州师范大学学报》（社会科学版）2015年第1期。

刘孟超、黄希庭：《希望：心理学的研究述评》，《心理科学进展》2013年第3期。

刘强、马光选：《基层民主治理单元的下沉——从村民自治到小社区自治》，《华中师范大学学报》（人文社会科学版）2017年第1期。

刘巧红：《论公民公共事务协商权》，《北京行政学院学报》2009年第6期。

娄成武、谷民崇：《城市社区自治：我国政治民主化发展的必然路径》，《理论探讨》2014年第3期。

罗家德、孙瑜、谢朝霞、和珊珊：《自组织运作过程中的能人现象》，《中国社会科学》2013年第10期。

马仲良：《城市社区自治是社会主义新型民主的生长点》，《北京行政学院学报》2001年第1期。

苗月霞：《社会资本视域中的中国城市社区建设》，《河北学刊》2007年第2期。

潘泽泉：《参与与赋权：基于草根行动与权力基础的社区发展》，《理论与改革》2009年第4期。

彭惠青：《内源性发展视角下服务型政府与城市社区自治互动研究》，《科学社会主义》2009年第5期。

渠敬东：《项目制：一种新的国家治理体制》，《中国社会科学》2012年第5期。

任路：《文化相连：村民自治有效实现形式的文化基础》，《华中师范大学学报》（人文社会科学版）2014年第4期。

尚虎平：《政府绩效评估中"结果导向"的操作性偏误与矫治》，《政治学研究》2015 年第 3 期。

沈荣华、鹿斌：《制度建构：枢纽型社会组织的行动逻辑》，《中国行政管理》2014 年第 10 期。

史普原：《科层为体、项目为用：一个中央项目运作的组织探讨》，《社会》2015 年第 5 期。

孙柏瑛：《城市社区居委会"去行政化"何以可能?》，《南京社会科学》2016 年第 7 期。

孙立平：《"关系"、社会关系与社会结构》，《社会学研究》1996 年第 5 期。

孙立平：《实践社会学与市场转型过程分析》，《中国社会科学》2002 年第 5 期。

谭祖雪、张江龙：《赋权与增能：推进城市社区参与的重要路径——以成都市社区建设为例》，《西南民族大学学报》（人文社会科学版）2014 年第 6 期。

唐鸣、陈荣卓：《论探索不同情况下村民自治的有效实现形式》，《当代世界社会主义问题》2014 年第 2 期。

唐有财、王天夫：《社区认同、骨干动员和组织赋权：社区参与式治理的实现路径》，《中国行政管理》2017 年第 2 期。

王春光：《个体化背景下社会建设的可能性问题研究》，《人文杂志》2013 年第 11 期。

王力达、方宁：《我国政府向社会力量购买服务问题研究》，《中国行政管理》2014 年第 9 期。

王思斌：《社会治理结构的进化与社会工作的服务型治理》，《北京大学学报》（哲学社会科学版）2014 年第 6 期。

王小章、王志强：《从"社区"到"脱域的共同体"——现代性视野下的社区和社区建设》，《学术论坛》2003 年第 6 期。

王岩、魏崇辉：《协商治理的中国逻辑》，《中国社会科学》2016 年第 7 期。

王义：《"赋权增能"：社会组织成长路径的逻辑解析》，《行政论坛》2016 年第 6 期。

魏娜：《我国志愿服务发展：成就、问题与展望》，《中国行政管理》2013 年第 7 期。

温莹莹：《非正式制度与村庄公共物品供给——T 村个案研究》，《社会学研究》2013 年第 1 期。

文军：《个体化社会的来临与包容性社会政策的建构》，《社会科学》2012 年第 1 期。

吴理财、吴侗：《论地方政府创新韧性》，《江苏社会科学》2018 年第 1 期。

吴素雄、郑卫荣、杨华：《社区社会组织的培育主体选择：基于公共服务供给二次分工中居委会的局限性视角》，《管理世界》2012 年第 6 期。

吴晓林、张慧敏：《社区赋权引论》，《国外理论动态》2016 年第 9 期。

吴兴智：《国家、组织化与社会秩序——当前我国社会发展模式再思考》，《上海行政学院学报》2014 年第 3 期。

向德平：《社区组织行政化：表现、原因及对策分析》，《学海》2006 年第 3 期。

肖勇：《论我国基层自治的依据》，《探索》2001 年第 1 期。

谢立中：《城市居民自治：实际涵义、分析模式与历史轨迹》，《江苏行政学院学报》2002 年第 3 期。

徐勇：《"绿色崛起"与"都市突破"——中国城市社区自治与农村村民自治比较》，《学习与探索》2002 年第 4 期。

徐勇：《论城市社区建设中的社区居民自治》，《华中师范大学学报》（人文社会科学版）2001 年第 3 期。

徐勇：《社会动员、自主参与与政治整合——中国基层民主政治发展 60 年研究》，《社会科学战线》2009 年第 6 期。

徐勇、贺磊：《培育自治：居民自治有效实现形式探索》，《东南学术》2014 年第 5 期。

许宝君：《超越"去行政化"迷思：社区减负思路廓清与路径优化》，《中国行政管理》2023 年第 3 期。

许宝君：《社区居民自治研究范式转换及发展趋向》，《内蒙古社会科学》2020 年第 1 期。

许宝君：《我国城市社区居民自治单元重构——兼对"自治单元下沉"论的反思》，《东南学术》2021 年第 1 期。

许宝君：《找回居民：新时代基层治理价值重塑与深度转型》，《中州学刊》2023年第2期。

杨爱平、余雁鸿：《选择性应付：社区居委会行动逻辑的组织分析——以G市L社区为例》，《社会学研究》2012年第4期。

杨宝、王兵：《社区自治中的内生惩罚：自主组织规制搭便车行为的策略研究》，《中国行政管理》2016年第5期。

杨静：《回观历史 辨识经验 寻找变的力量——一个社会工作者的行动研究》，《中国农业大学学报》（社会科学版）2013年第3期。

杨敏：《作为国家治理单元的社区——对城市社区建设运动过程中居民社区参与和社区认知的个案研究》，《社会学研究》2007年第4期。

杨书胜：《政府购买服务内卷化倾向及成因分析》，《理论与改革》2015年第3期。

杨甜甜：《作为行动领域组织中的权力与规则——评费埃德伯格的〈权力与规则〉》，《社会学研究》2007年第4期。

杨雪冬：《压力型体制：一个概念的简明史》，《社会科学》2012年第11期。

姚进忠：《赋权："村改居"社区服务的路径选择》，《城市问题》2011年第10期。

易臻真：《城市社区治理的内卷化危机及其化解——以上海市J街道基层治理实践为例》，《人口与社会》2016年第1期。

尹浩：《城市社区微治理的多维赋权机制研究》，《社会主义研究》2016年第5期。

尹利民：《也论项目制的运作与效果——兼与黄宗智等先生商榷》，《开放时代》2015年第2期。

袁方成、张翔：《使协商民主运转起来：技术如何可能——对"开放空间会议技术"及其实践的理解》，《甘肃行政学院学报》2015年第4期。

张必春、周娜：《社区公益券：社区治理的新抓手》，《四川师范大学学报》（社会科学版）2018年第2期。

张大维、陈伟东、孔娜娜：《中国城市社区治理单元的重构与创生——以武汉市"院落自治"和"门栋自治"为例》，《城市问题》2006年第4期。

张付强：《我国社区自治改革的内卷化分析——一种空间模型的视

角》,《公共管理学报》2009年第3期。

张经远:《管理激励理论述评及应用》,《科学与管理》2006年第4期。

张菊枝、夏建中:《社区自治:繁荣城市社区社会资本的有效路径——基于社区自治与社会资本的相关性分析》,《兰州学刊》2014年第2期。

张康之:《论组织化社会中的信任》,《河南社会科学》2008年第4期。

张雷、张平:《提升社区治理中居民参与自治的动力研究》,《天津行政学院学报》2015年第3期。

张良:《现代化进程中的个体化与乡村社会重建》,《浙江社会科学》2013年第3期。

张平、李静:《中国城市居民社区自治行为影响因素的访谈研究——计划行为理论的应用》,《社会主义研究》2010年第4期。

张振洋:《城市基层自治项目的分级运作机制探析——基于上海市S镇"乐妈园"项目的分析》,《社会主义研究》2018年第2期。

赵鼎新:《集体行动、搭便车理论与形式社会学方法》,《社会学研究》2006年第1期。

折晓叶、陈婴婴:《项目制的分级运作机制和治理逻辑——对"项目进村"案例的社会学分析》,《中国社会科学》2011年第4期。

郑雯睿、汪仕凯:《组织创新、公共事务管理与城市居民自治——上海市H居民区自治个案研究》,《广东社会科学》2015年第1期。

周雪光:《项目制:一个"控制权"理论视角》,《开放时代》2015年第2期。

朱光喜:《居民自治与业主自治:两种社区自治机制的比较——基于公共事务自主治理理论的视角》,《广东行政学院学报》2012年第4期。

英文文献

Boyle, Mary-Ellen, Ira Silver, "Poverty, Partnerships, and Privilege: Elite Institutions and Community Empowerment", *City and Community*, 2005.

Chen, F., "Between the State and Labor: The Conflict of Chinese Trade Unions' Dual Institutional Identity", *The China Quarterly*, 2003, No. 176.

Clark, S., "Post-socialist Trade Unions: China and Russia", *Industrial Relations Journal*, 2005.

Griffin, M., Hogan, N., Lambert, E., "Doing 'People Work' in the Prison Setting: An Examination of the Job Characteristics", *Criminal Justice and Behavior*, 2012, No. 39.

Jessop, B., *State Theory: Putting Capitalists in Their Place*, Cambridge: Polity Press, 1990.

Jessop, B., "The Rise of Governance and the Risk of Failure: the Case of Economic Development", *International Social Science Journal*, 1998, No. 50.

Lambert, E. Hogan, L., Cheeseman, K., Barton-Bellassa, S., "The Relationship Between Job Stressors and Job Involvement Among Correctional Staff: A Test of the Job Strain Model", *The Howard Journal of Criminal Justice*, 2012, No. 52.

Perkins D. D., Zimmerman M. A., "Empowerment Theory, Research, and Application", *American Journal of Community Psychology*, No. 23.

Peter, E., *Embedded Autonomy: States and Industrial Transformation*, Princeton, NJ: Princeton University Press, 1995.

Peter, E., *Bring the State Back In*, Cambridge University Press, United Kingdom, 1985.

Rappaport, J., "Studies in Empowerment: Introduction to the Issue", *Prevention in Human Services*, No. 3.

Riger, S., "What's Wrong with Empowerment", *American Journal of Community Psychology*, 1993, No. 21.

Soloman, B., *Black Empowerment: Social Work in Oppressed Communities*, New York: Columbia University Press, 1976.

Ulrich, B., *Risk Society: Towards a New Modernity*, London: Sage Pubulications, 1992.

Unger, J., Anita C., "China, Corporatism, and the East Asian Model", *The Australian Journal of Chinese Affairs*, 1995, No. 33.

Walder, A., "Local Governments as Industrial Firms: An Organizational Analysis of China's Transitional Economy", *American Journal of Sociology*,

1995, No. 36.

Wang Q., Chen X. J., Chen Y. S., "Development of A Scale to Measure Residents' Psychological Empowerment in Chinese Urban Community", *Journal of Community Psychology*, 2011, No. 39.

White, G., "Prospects for Civil Society in China: A Case Study of Xiaoshan City", *The Australian Journal of Chinese Affairs*, 1993, No. 29.

Zimmer, Troy A., "Community and Communality in Voting Participation", *Sociological Perspectives*, 1983.

Zimmerman, M. A., "Taking Aim on Empowerment Research: On the Distinction between Individual and Psychological Conceptions", *American Journal of Community Psychology*, 1990, No. 18.

政策文件

中共中央、国务院印发《质量强国建设纲要》,2023年。

中共中央、国务院印发《关于加强基层治理体系和治理能力现代化建设的意见》,2021年。

中共中央、国务院印发《关于加强和完善城乡社区治理的意见》,2017年。

中共中央办公厅、国务院办公厅印发《关于加强城乡社区协商的意见》,2015年。

中共中央办公厅、国务院办公厅关于转发《民政部关于在全国推进城市社区建设的意见》的通知,2000年。

中共中央办公厅、国务院办公厅印发《关于加强公共文化服务体系建设的若干意见》,2007年。

中共中央办公厅、国务院办公厅印发《关于推进城市安全发展的意见》,2018年。

中共中央办公厅印发《关于加强和改进城市基层党的建设工作的意见》,2019年。

中共中央办公厅印发《关于解决形式主义突出问题为基层减负的通知》,2019年。

中共中央组织部等四部委印发《关于深化城市基层党建引领基层治理的若干措施》,2022年。

民政部、中央组织部、中央综治办等十余个部门联合印发《城乡社区服务体系建设规划（2016—2020年）》，2016年。

民政部印发《关于大力培育发展社区社会组织的意见》，2017年。

后　　记

　　早晨，第一缕阳光透进窗户，似乎预示着黎明即将来临。推开窗，伸出手，想紧紧抓住这即将逝去的年华，可是，总是从指尖悄悄滑落，抓不到，也握不住。片刻顿悟后，还是和往常一样，回到桌前，开始一天的写作。行文至此，书稿即将付梓，突然有种如释重负的感觉。本书是在我博士论文的基础上，经过多次修改而成。翻阅文档，看着滚动的页码和文字，思绪万千、五味杂陈。尽管本书仍有诸多不足，但当打上最后一个句号时，也算是对自己十多年来研究的一个总结和交代。

　　基层群众自治制度是我国一项基本政治制度，是人民当家作主的重要载体，主要表现形式为居民自治和村民自治。但与20世纪末和21世纪初的研究热潮相比，现在逐渐变冷，甚至还有"不合时宜"的看法。虽然随着时代的变迁和利益的分化，基层群众自治的理论和实践需要完善和更新，但其内涵的"自我管理、自我服务、自我教育、自我监督"的精神仍将延续。中国的基层治理不能片面依赖党和政府，激发群众的主体性、能动性和创造性是必然之举。党和政府培养的不是"社会巨婴"，而是具有自我反思和自我行动的人。健全党委领导、政府负责、民主协商、社会协同、公众参与、法治保障、科技支撑的社会治理体系，建设人人有责、人人尽责、人人享有的社会治理共同体是我们的理想追求。基层群众自治在这个共同体建设中应当且必将有所作为，政府治理同社会调节、居民自治良性互动的目标也不会改变。因此，从这个意义上讲，基层群众自治的议题仍有很大的研究价值和学术空间。

　　近五年来，笔者围绕基层群众自治，在CSSCI来源期刊上发表了一系列论文。比如，《找回居民：新时代基层治理价值重塑与深度转型》《行动者视域下社区居民自治发展样态与集体行动》《活力激发与秩序重构：党建引领基层群众自治的双重目标》《我国城市社区居民自治单元重构——兼对"自治单元下沉"论的反思》《社区居民公约的制定逻辑及绩效检视——基于两类公约的对比分析》《社区居民自治项目的运作机制及绩效检视》《社区居民自治研究范式转换及发展趋向》《居民自治内卷化的根源》等，期望对此研究有所贡献和突破，也希望有更多的人行动起来，依靠自治力量助力基层社会治理。深化和完善基层群众自治的关键是要使其有效运转起来，这也是写此书的思考原点和逻辑起点。

  本书的完成要感谢的人有很多。感谢博士生导师陈伟东教授的启发和点拨，并为我提供了广阔的思想空间和调研平台。老师睿智幽默、思维敏捷、乐观豁达、侃侃而谈的形象我仍记忆犹新。感谢妻子王永春女士的无私奉献。读博期间，她精心照顾家庭，抚养女儿成长，不断给我鼓励。博士毕业，女儿已满一岁，活泼可爱，甚是欣慰。感谢父母的辛勤付出。父母都已过花甲之年，但仍坚持供我求学，时常嘘寒问暖，让我专注学习，无后顾之忧。他们让我倍感温暖。当然，还要感谢一起调研的兄弟姐妹，大家分工合作、一起熬夜，相处非常愉快。感谢接受、配合我调查的政府工作人员和普通居民，他们给我提供了诸多便利的调研条件。感谢四川大学马克思主义学院给予的出版资助，以及对本人工作的诸多帮扶。感谢出版社编辑老师的精心编校，才能使此书顺利出版。

  很多感谢难以言表，唯有化作动力，继续前行。学术研究是一项枯燥而又严谨的工作，唯有持之以恒才会有所收获，社会科学的研究更是如此。曾不断质疑，社会科学的研究是否有价值，社会科学工作者对社会是否有贡献。带着怀疑，一度游离不定，不知如何抉择。狄更斯在《双城记》中说："这是一个最好的时代，也是一个最坏的时代。"我想，社会科学的最高价值就在于发现时代的"好"与"美"，遏制时代的"坏"与"恶"，为社会善治贡献力量。如此理解，也就释然了。

  带着感恩的心，学术研究，仍会继续，静待花开……

许宝君
2024年10月于家中